日本教育行政学会年報・47

今日の社会状況と教育行政学の課題

日本教育行政学会編

教育開発研究所刊

I　年報フォーラム

●今日の社会状況と教育行政学の課題

テーマの趣旨……………………………………… 年報編集委員会 … 2

我が国の学術行政及び教育行政の現状と諸問題
——日本学術会議の会員任命拒否事件の分析を通して

……………………………………………… 古賀　一博 … 4

国際比較に見るCOVID-19対策が浮き彫りにした教育行政
の特質と課題
——フランス，スペイン，ドイツ，日本の義務教育に焦点をあてて

…… 園山　大祐・辻野けんま・有江ディアナ・中丸　和 … 25

教員供給の問題を教育行政学はどう分析・解題するか
——労働（市場）分析とエビデンスの政治への着目

……………………………………………… 川上　泰彦 … 46

「教員の専門性」と民意——「民意代表」としての地方議会

……………………………………………… 阿内　春生 … 65

成長戦略下における学校教育の情報化政策
——「個別最適な学び」「データ駆動型教育」構想を中心に

……………………………………………… 谷口　聡 … 84

今日の「危機」と教育行政学の課題…………… 竺沙　知章 …105

II 研究報告

学校統廃合に伴う教員人事異動の動態
——単位学校における教職員組織に焦点をあてた教員人事研究
　………………… 浅田　昇平・榊原　禎宏・松村　千鶴 …126
社会経済的背景に配慮した教育資源配分の制度原則とシステム
——スウェーデンの配分システムを参照して
　……………………………………………… 貞広　斎子 …146

III 大会報告

●公開シンポジウム　アイヌ民族をめぐる法制と教育行政の課題

《趣旨》………………… 安宅　仁人・玉井　康之 …166
《報告》
アイヌ施策推進法——アイヌ民族法制の到達点
　……………………………………………… 常本　照樹 …168
共生を志向する教育——2つの世界をつなぐ
　…………………………………………北原モコットゥナシ …172
アイヌの人たちの歴史・文化等に関する教育の充実に向けた
北海道教育委員会の取組について……………… 赤間　幸人 …176
《指定討論》三氏の報告を受けて ……………… 小川　正人 …180
《総括》アイヌと教育をめぐる教育行政学上の意義と課題
　……………………………………………… 安宅　仁人 …184

●課題研究 I　緊急事態に直面する教育行政・教育行政学の課題
　　　　　　⑴—「全国一斉休校」から見えたこと

《趣旨》………………… 勝野　正章・高野 和子 …188
《報告》
地方自治と全国一斉休校——指示・要請・指導助言

　　　　　…………………………………………　中嶋　哲彦…190

露わになったこと，見直されたこと，見過ごされていること
　──教育方法学から見た「学びの保障」

　　　　　…………………………………………　亘理　陽一…194

一斉休校と子ども・若者・家族──誰が実態をとらえ支援したのか？

　　　　　…………………………………………　末冨　　芳…198

《総括》子ども・若者の参加保障も視野に

　　　　　…………………………………　勝野　正章・高野　和子…202

●課題研究Ⅱ　教育行政学における基礎概念および重要命題の継承と発展─ポスト戦後社会における規範・理念の定立と事実分析との往還

《趣旨》…………………………………………　清田　夏代…206

《報告》

東京大学系譜の教育行政学──理論枠研究アプローチ

　　　　　…………………………………………　広瀬　裕子…208

広島大学系譜の教育行政学──実証的研究アプローチ

　　　　　…………………………………………　河野　和清…212

東北大学系譜の教育行政学──史資料分析アプローチ

　　　　　…………………………………………　大桃　敏行…216

《指定討論》教育行政学の魅力と未来
　──教育学における位置と意義に注目して

　　　　　…………………………………………　山下　晃一…220

《総括》教育行政学の命題，基礎理論，そして存在意義を問う

　　　　　…………………………………………　髙橋　　哲…224

●若手ネットワーク企画

若手研究者のキャリア形成について

　……　植田みどり・元兼　正浩・竺沙　知章・小野まどか…228

Ⅳ　書評

福嶋尚子著『占領期日本における学校評価政策に関する研究』
　………………………………………… 高橋　寛人 …232

榎景子著『現代アメリカ学校再編政策と「地域再生」』
　………………………………………… 篠原　岳司 …236

柏木智子著『子どもの貧困と「ケアする学校」づくり』
　………………………………………… 福島　賢二 …240

藤岡恭子著『ジェームズ・カマーの学校開発プログラム研究』
　………………………………………… 後藤　武俊 …244

井深雄二著『現代日本教育費政策史』………… 植竹　丘 …248

青木栄一編著『文部科学省の解剖』…………… 渡辺　恵子 …252

浜田博文編著『学校ガバナンス改革と危機に立つ「教職の専門性」』
　………………………………………… 藤村　祐子 …256

広田照幸編『歴史としての日教組』（上巻，下巻）
　………………………………………… 水本　徳明 …260

大桃敏行・背戸博史編『日本型公教育の再検討』
　………………………………………… 武井　敦史 …264

日本教育行政学会会則・268
第19期役員等・272
日本教育行政学会年報編集委員会規程・273
日本教育行政学会著作権規程・275
日本教育行政学会年報論文執筆要綱・276
英文目次・279
編集委員・281

Ⅰ 年報フォーラム

● 今日の社会状況と教育行政学の課題

テーマの趣旨　　　　　　　　　　　　　　　　年報編集委員会

我が国の学術行政及び教育行政の現状と諸問題
　　——日本学術会議の会員任命拒否事件の分析を通して
　　　　　　　　　　　　　　　　　　　　　　　古賀　一博

国際比較に見るCOVID-19対策が浮き彫りにした教育行政
の特質と課題
　　——フランス，スペイン，ドイツ，日本の義務教育に焦点をあてて
　　　　園山　大祐・辻野けんま・有江ディアナ・中丸　和

教員供給の問題を教育行政学はどう分析・解題するか
　　——労働（市場）分析とエビデンスの政治への着目
　　　　　　　　　　　　　　　　　　　　　　　川上　泰彦

「教員の専門性」と民意
　　——「民意代表」としての地方議会　　　　阿内　春生

成長戦略下における学校教育の情報化政策
　　——「個別最適な学び」「データ駆動型教育」構想を中心に
　　　　　　　　　　　　　　　　　　　　　　　谷口　聡

今日の「危機」と教育行政学の課題　　　　　　竺沙　知章

テーマの趣旨

年報編集委員会

　第46号の年報フォーラムでは、「正義」をテーマとし、その概念の検討とともに、「正義」が社会の中でどのように判断されるべきかを、理論的、事例的に考究することに取り組んだ。それは、今日の社会状況において、「正義」の重要性とともに、その不確かさを浮かび上がらせることにもなった。

　加えて、この20年余で政治や行政における政治主導や地方分権が進展する中では、さまざまな政策課題に教育行政が対峙する場面が見られるようになった。しかし、そのスピードゆえに、個々の施策がどのような教育行政研究上の課題を含意するかを整理することが難しい、という場面も見られるようになった。第46号で取り上げた「正義」を語ること、議論することの難しさに加えて、このスピード感もまた今日の社会状況の特質が表れていると言えよう。そこで、第47号の年報フォーラムでは、そうした「スピード感」の中で提起されている教育行政学の課題に向き合い、その姿を試論的に、描くことを目的とすることにした。

　今日の社会の状況をどのように捉えるべきか、どのようなことが起こっているのか、その現象や解決すべき課題を整理してとらえることが難しくなっていると思われる。またその現象の意味をとらえ、解釈することよりも、（表層的とも言える課題のとらえのもとで）具体的な対処をどのようにすべきか、その結果を問う議論が支配的になっているように思われる。本フォーラムでは、今日の社会において生じている教育行政上の諸現象を読み解き、その特質を浮かび上がらせることにより、教育行政学としてどのようにその

諸現象を整理し，どのような課題や論点が内在しているのかを明らかにすることを目的とする。

　取り上げているのは，日本学術会議の委員任命拒否の問題，新型コロナウイルス感染拡大への諸対応の問題，教員供給の問題，地方議会での教育問題の議論の状況，学校教育における情報化政策の問題，そして今日の「危機」における教育行政学の課題についてである。現在，動いている問題状況を検討していることから，明快な結論を提示するのは難しいものの，今後の課題について問題提起を試みたものである。本フォーラムをきっかけとして，教育行政学の新たな展開が進展していくことを期待したい。

（文責　竺沙知章）

我が国の学術行政及び教育行政の現状と諸問題

―日本学術会議の会員任命拒否事件の分析を通して―

古賀　一博

1．本稿の目的

　本稿では，先ず，昨年（2020年）夏発生した日本学術会議の会員任命拒否事件（以下，「事件」という）の経緯とそれに対する本学会の対応を説明するとともに，同事件の違憲性・違法性を指摘する。併せて，同事件が惹起する学術行政ひいては教育行政上の看過し難い諸問題を検討した上で，今後の日本教育行政学会の学術活動と教育行政学研究の課題に関する筆者の見解を開陳して，本稿の目的としたい[1]。

2．事件の経緯

　周知のように，日本学術会議は，210名の会員数で構成され，その会員は同会議の推薦に基づいて内閣総理大臣が任命することになっている。また，その任期は6年で3年ごとに半数の105名が交代することになっている（日本学術会議法第7条）。ところが，同会議が推薦した105名のうち一部（6名）の者が政府の任命リストから外されていた。これが本稿の論究対象とする事件である。

　しかし，この事件発生には既に伏線があった。まず，2016年に，3名の会員が定年のため，その補充を提案した日本学術会議側の推薦案に対して政府

は同意をせず，欠員のままとしていた。そこで，2017年，政府の要請に応える形で，同会議は交代数105名を超える数の推薦名簿を事前に提出し，調整の結果，105名が任命された。続く2018年には，2016年の時と同様に，補充のための日本学術会議側推薦案に対して政府が難色を示し，補充が見送られていた[2]。つまり，今回の事件発生以前から政府は日本学術会議から推薦された会員候補者を機械的には会員としない既成事実を水面下で作っており，同会議側も一度は事前調整という形で協力をしていた。

　そして，2020年8月31日，先にも示した通り，日本学術会議は，法定通り，次期の新会員候補者105名を推薦するも，政府は同年9月28日特定候補者6名の任命を拒否して，99名の推薦だけを認めたのである。2017年時の推薦状況とは異なり，今回は日本学術会議からの推薦が定員枠通りの105名で事前調整もなされなかったことが結果としてこの問題を顕在化させたともいえる。この間，内閣は安倍晋三から菅義偉へ政権交代しており，任命拒否は菅首相によるものではあるが，上述の伏線からもわかるように，今回の事件は現政権の唐突な態度変容というより，むしろ前政権時代から続く政治関与が鮮明化したものであったことがわかる。

　任命拒否に対して，同年10月3日，日本学術会議側は，任命拒否の理由の説明と拒否された6名の候補者を任命するように求める要望書（以下）を内閣へ送付したが，政府は人事を見直す考えがないことを明示した。

第25期新規会員任命に関する要望書

令和2年10月2日

内閣総理大臣　菅義偉　殿

日本学術会議第181回総会

　第25期新規会員任命に関して，次の2点を要望する。

1．2020年9月3日付で山極壽一前会長がお願いした通り，推薦した会員候補者が任命されない理由を説明いただきたい。
2．2020年8月31日付で推薦した会員候補者のうち，任命されていない方について，速やかに任命していただきたい。

加えて，菅首相は，任命拒否の理由を「総合的，俯瞰的な活動を確保する観点から判断した」と説明するにとどまり，具体的な判断理由を明示しなかった。同年10月16日，菅首相は日本学術会議梶田会長と会談し，同会長から再度任命拒否の理由及び6名の速やかな任命を求められたが，任命拒否の姿勢は依然変わらなかった。その後，菅首相は10月28日から30日にかけての国会答弁において，任命拒否の理由を「民間出身者や若手が少なく，出身や大学に偏りが見られることを踏まえ，多様性が大事ということを念頭に私が判断した」と述べたものの，「個々人の問題にお答えすることは差し控える」として任命拒否をめぐる疑念が氷解されたとは言い難い状況が続いた。

3．事件に対する本学会の対応

　日本学術会議の動きと歩調を合わせる形で，10月4日9時40分には日本教育学会事務局から以下の内容の会員宛電子メールが発信されていた。

　「日本教育学会法人理事会では，理事・幹事の総意により，10月3日に次のような方針を決定いたしました。1．この件について，本学会として何らかの意見表明をする。2．教育学関連学会連絡協議会に呼びかけて，同協議会の加盟学会とこの件で連携をとっていく。3．他の人文社会系学会で動きがあるときには，そこに合流することを検討する。」

　その直後，同日15時48分には，本学会も加盟する教育関連学会連絡協議会より加盟学会代表宛の電子メールを受信した。同メールには，「教育関連学会連絡協議会の運営委員会において代表名でそれぞれの学会に声明を出すよう呼びかけを行うことが決定された」ので，「貴学会での検討」を依頼する旨の内容が記されていた。

　また，翌5日11時38分には，日本教育学会事務局より教育関連学会連絡協議会加盟学会事務局宛の電子メールが届き，同メールには「日本教育学会でも独自に声明を発表する準備中であり，加盟学会もそれへの賛同をお願いしたい」旨の依頼が記され，未定稿ではあるものの「声明文案」と「賛同への依頼文書」が添付されていた。

　一方，本学会は，折よく10月２日から４日までの間，北海道大学で第55回大会（オンラインによる）が開催されていた。そのため，10月２日の全国理事会でもこの事件に関する発言があり，その対応を協議することとなった。当日の理事会では「日本教育学会が声明を出すことを検討しているので，その動向を踏まえた対応もあり得る」との意見もあり，本学会事務局では，10月５日12時23分に学会理事全員に緊急のメール審議を依頼した。審議事項は，「①本学会独自に声明を発するか，②日本教育学会の声明文の趣旨を確認し，賛同するか」のいずれを選択するべきかを確認するものであった。また，返信の際は，各自の回答結果を構成員全員で共有できるよう求めた。日本教育学会の声明文案は10月６日まで意見募集がなされており，かつ同学会の声明に賛同する場合の第一次集約が10月７日，第二次集約が10月22日となっていたため，本学会としては，緊急事案ではあるが，手続き上の瑕疵がないよう配慮して全国理事会での意見集約を10月８日17時までとして，第二次集約に間に合うようなスケジュールで動くこととした。

　全理事31名中，「①独自に声明を発するべき」とする意見や無回答の理事も僅かに存在したが，「②日本教育学会の声明文の趣旨を確認し，賛同」との意見が大半を占めたので，会長としては「②日本教育学会の声明文の趣旨を確認し，賛同する」方向で動くこととした。

　その際，日本教育学会は，前述の10月５日11時38分発信のメールで賛同の仕方を「A学会として賛同・加入，B会長が賛同・加入，C理事有志が賛同・加入，Dその他（会員有志，など），E本学会は特に何もしない，賛同しない・加入しない」の５つの選択肢の中から選択するよう求めていたので，急遽，10月９日12時53分発の電子メールで臨時の常任理事会を招集した。また，日本教育学会は，先のメール（10月５日11時38分発信）で「今後，他の人文社会系学会と一緒に日本教育学会が共同声明を作成して大きなまとまりで意見表明していく際に，共同声明に加わる」ことも求めていたので，この点に関してもこの常任理事会で意見交換を行った。

　常任理事会において，会長である筆者は，「今回の事件に関する自身の個人的意見は日本教育学会の声明文内容に沿うものであり，何ら異論はない」

ものの，理事の中に無回答者がいたことをどう理解すべきか，「黙示的同意」
と捉えるのか「間接的不同意」と捉えるのか判断に窮している点を吐露した。
さらに，学会は，多様な所属機関に属しかつ多様な見解を有する個々人の主
体的な集合体であり，本来自由闊達な発言・発表が保障されるべき場である。
しかし，「学会としての賛同・加入という選択が，結果的に学会内における
同調圧力を増大させ，無意図的にでも個々人の意見や見解が萎縮したり，阻
害されたりする」可能性も払拭できないので，「A学会としての賛同・加入」
には違和感を禁じ得ず，さりとて「C理事有志が賛同」では本学会会則第2
条に照らしても学会の「意思表明」としては不十分であり，「B会長が賛同・
加入」「他の人文社会系学会との共同声明にも会長が加入」が穏当とする原
案を提示した。常任理事会では，会長提案に異論は出ず，これを原案とし，
10月12日8時19分発の電子メールにて，全国理事会へ再度緊急のメール審議
を依頼した。その際，15日午後12時を回答の締め切りとして，前回同様，理
事全員へ各自の回答結果を構成員全員が共有できるよう求めた。

　日本教育学会の声明文（確定版）が10月7日付で発表されたので，全国理
事会へは，これを添付し，かつ常任理事会において賛意を得た会長見解を原
案とする形で，改めて「1．日本教育学会の声明に賛同するかどうか，2．
その際の賛同方法は，A，B，C，D，Eのいずれにするか，3．他の人文社
会系学会との共同声明に加入するかどうか，4．加入の仕方をどうするか」
の4点について，各理事の意見を聴取することとした。日本教育学会への回
答締め切りが10月22日だったので，本学会の回答締め切りを10月15日午後12
時とし，前回同様，理事全員へ各自の回答を開示するよう依頼した。

　全理事31名中25名の理事から回答があり，回答者全員から常任理事会での
原案「日本教育学会の声明文に会長が賛同」「共同声明にも会長が加入」に
賛意が示された。ただ，ここでも6名の理事から回答がなかったことをどう
解釈すべきか，大いに悩ましいところではあった。

　いずれにせよ，全国理事会での審議結果をもとに，10月16日15時57分発信
の本学会員宛電子メールにて臨時総会を開催し，これまでの2回にわたる臨
時全国理事会及び臨時常任理事会での審議経過を簡潔に記した上で，先の臨

時全国理事会での判断，すなわち「日本教育学会の声明文に会長が賛同」「他の人文社会系学会との共同声明にも会長が加入」に対する会員個々人の意見を聴取することとした。回答の締め切りは，10月18日午後12時までとし，無回答の場合は，原案承認とみなす旨も明示した。なお，電子メールによる総会参加ができない会員には郵送（19日消印有効）による意見聴取を同時に行った。

日本学術会議第25期新規会員任命に関する緊急声明

　菅義偉内閣総理大臣は，日本学術会議が第25期新規会員候補として推薦した6名を任命しませんでした。また，その理由については，10月5日の内閣記者会でのインタビューで，「総合的，俯瞰的な活動を確保する観点から，今回の任命についても判断した」と述べていますが，「個別の人事に関することについてコメントは控えたい」と述べるなど，任命見送りになった経緯および理由を十分説明していません。これは，日本学術会議法に定められた同会議の独立性を脅かすものであり，ひいては日本国憲法の保障する「学問の自由」を侵害する重大な事態です。教育学の進歩普及を図り，もって，わが国の学術の発展に寄与することを目的とする本学会は，このことを深く憂慮します。

　以上により，日本教育学会は，内閣総理大臣に対して以下のことを強く要望いたします。

1. 日本学術会議が去る8月31日付で推薦した会員候補者のうち，任命されていない6名の方について，任命見送りになった経緯および理由を十分に明らかにすること。
2. 上記6名の方の任命見送りを撤回して，すみやかに任命すること。

　2020年10月7日

　　　　　　　　　　　　　　　　　　　　　一般社団法人 日本教育学会

　臨時総会の結果，3件の意見が寄せられた。2件の意見は，日本教育学会声明文及び他の人文社会系学会との共同声明に「可能であれば，A学会として賛同・加入を希望」していたが，それぞれ表現方法は異なるものの，「次善策として」「時間的制約により」という修飾句を伴い「B会長が賛同・加入」「共同声明にも会長が加入」という原案に強い反対の意思は示されてい

なかった。残り1件は，現状では「B会長が賛同・加入」を支持するが，大きな反対意見が出なければ，「A学会としての賛同・加入」への切り替えもあるとの意見であった。

　そこで，この臨時総会の結果を，10月20日16時34分発信の電子メールにて全国理事全員へ周知するとともに，同日16時46分の電子メールで日本教育学会事務局へも本学会として「B日本教育学会の声明文に会長が賛同」及び「他の人文社会系学会との共同声明にも会長が加入」することを届けるに至った。また，本学会会員へも10月24日19時52分発信の電子メールにてこの結果を通知した。

　日本教育学会事務局から11月6日9時59分発信の電子メールで，謝辞とともに同日10時30分より日本記者クラブにて人文・社会科学系学協会「共同声明」が公表されることの通知，及びそれに関して，2020年11月4日現在，「共同声明」は言語学，文学，哲学，宗教学，歴史学，文化人類学，心理学，社会学，社会福祉学，社会政策学，経済学，経営学，法学，政治学，科学史，教育学など人文・社会科学系諸分野からの104学協会（4学会連動を含む）が発出主体となり，115学協会（1学会連動を含む）が賛同していること，教育学分野からは，28学協会が発出主体となり，11学協会が賛同したことが記されていた。あわせて，それぞれの学協会ホームページにて当該「共同声明」を掲載してほしい旨の依頼もあった。そこで，この依頼を受け，本学会のホームページにおいても，11月9日に当該「共同声明」を掲載した。紙幅の都合上，具体は，本学会のホームページを参照されたい[3]。

　以上が，事件に対する本学会としての対応の経緯である。本学会の一連の対応に関して，様々な意見があることは十分に了解しており，忌憚のない意見や批判を甘受するつもりでいる。また，そのことこそが，学会としての自由闊達な意見交換を保障することにも繋がると確信しているからである。

4．事件の違憲性・違法性

　次に，事件の違憲性・違法性に関する筆者の見解を披瀝したい。

(1) 「学問の自由」の侵害

日本国憲法第23条は,「学問の自由はこれを保障する。」と明記しており,我が国において学問の自由が保障されなければならないことは自明である。しかし,この自由を単に個人的な自由の範囲に矮小化して捉え,今般の任命拒否は「学問の自由」を侵害しないという主張が散見される[4]。

しかし,筆者はこの考えには与しない。そもそも憲法が保障する「学問の自由」には,「研究者集団の自律性の保障」というものが含意されていると解すべきである。憲法学者の長谷部恭男も憲法23条が規定する「学問の自由」は「学問の自律性,つまり当該学問分野で受け入れられた手続及び方法に基づく真理の探究の自律性を確保すること,とくに,政治の世界からの学問への介入・干渉を防ぐことを,その目的とする」[5]と述べているし,最高裁においても大学という研究者組織における自治,自律性が包摂されるものと解されている[6]。政治の世界から学問への介入や干渉の歴史は,国内外を問わず枚挙にいとまがない。その反省から,日本国憲法では本規定が設けられたのではなかったのか。確かに,日本学術会議は大学ではないが,多様な学問分野の「優れた研究又は業績がある科学者」(日本学術会議法第17条)の中から選抜された日本を代表する公的な研究者組織であり,その組織の自律性を損なう行為はやはり憲法第23条の理念から逸脱しており許されないと考える。

歴史的に見ても,昭和58年当時首相を務めていた中曽根康弘は,日本学術会議法の改正(会員選出方法の変更)の折,「政府が行うのは形式的任命にすぎない」とし,「実態は各学会なり学術集団が推薦権を握っている」と言明していた[7]。換言すれば,日本学術会議会員の人選に憲法23条の理念が及ぶものと当時の政府も認識していたといえよう。にもかかわらず,今回の任命拒否である,到底首肯し難い。

(2) 日本学術会議法違反

加藤勝信官房長官は,2020年10月7日の記者会見で,日本国憲法第15条を根拠にして,「公務員の選定罷免権は国民固有の権利」であり,「任命権者た

る首相が推薦通りに任命しなければならないというわけではない」と述べ，政府の任命拒否を正当化した。確かに，国民主権原理の下，憲法第15条１項は「全ての公務員が主権者である国民によって選ばれなければならないこと」を定めたものであり，現状，日本学術会議会員も国家公務員の身分を保有する以上，首相の任免権の根拠が同条にあること自体に疑義はない。

　しかし，同時に，日本国憲法は内閣の業務を定める第73条４号で，「法律の定める基準（下線−筆者）に従ひ，官吏に関する事務を掌理すること」と規定している。すなわち，国家公務員は，内閣が恣意的に選任罷免できるのではなく，国民の代表たる国会が定めた法律の示す基準に基づいて任免されなければならないのである[8]。

　では，日本学術会議会員の任命に関する基準はどうであろうか。日本学術会議法第７条の「会員は，第17条の規定による推薦に基づいて（下線−筆者），内閣総理大臣が任命する。」ことになっており，第17条では「日本学術会議は，規則で定めるところにより，優れた研究又は業績がある科学者（下線−筆者）のうちから会員の候補者を選考し，内閣府令で定めるところにより，内閣総理大臣に推薦するものとする。」とされているので，日本学術会議が「優れた研究又は業績がある科学者」と判断し推薦することが「事実上の基準」と解される。

　当然のことであるが，この「優れた研究又は業績」の有無や程度を判別でき得るのは，それぞれの分野の専門的知見を保有する人々のみであり，首相や内閣府の官吏にはその能力があるとは思えない。それゆえ，日本学術会議法は，これらの専門分野の知見を有する学術会議自体に選考推薦を委ねたのである。にもかかわらず，この推薦通りの任命がなされないことは到底理解し難い。

　よしんば，政府の任命拒否が正当化されるとすれば，学術会議の推薦が「優れた研究又は業績」に基づいていないことが証明され得る場合か，あるいは候補者自身が会員として不適切な人物（犯罪や研究不正等）であることが証明される場合くらいであろう。であるならば，任命拒否の理由開示を頑なに拒む必要はないはずである。

と同時に，前述の日本学術会議法第7条は，会員数を210名と法定している
が，現状において6名欠員のままであり，このこと自体が同法違反の状態
にあることも付言しておきたい。

(3) 内閣法違反

　内閣法第6条は「内閣総理大臣は，閣議にかけて決定した方針に基いて，
行政各部を指揮監督する。」としているが，菅首相は，2020年10月9日の会
見で「今回の任命の決定にあたって学術会議から提出された推薦リストを見
ていない」「会員候補リストを拝見したのはその直前だったと記憶している。
その時点では最終的に会員となった方（99名）がそのままリストになってい
た」と発言していた[9]。この発言の通りであれば，菅首相の今回の任命拒否
（指揮監督）には「閣議にかけて決定した方針が存在していない」点で，内
閣法第6条違反でもある[10]。

(4) 行政手続法違反

　さらに，行政手続法第1条2項は，「処分，行政指導及び届出に関する手
続並びに命令等を定める手続に関しこの法律に規定する事項について，他の
法律に特別の定めがある場合は，その定めるところによる。」として，行政
指導が法律に従わなければならないことを明示している。加えて，同法第32
条は，行政指導の一般原則として「行政指導にあっては，行政指導に携わる
者は，いやしくも当該行政機関の任務又は所掌事務の範囲を逸脱してはなら
ないこと及び行政指導の内容があくまでも相手方の任意の協力によってのみ
実現されるものであることに留意しなければならない。」と規定している。

　一般論として，内閣総理大臣は，広く行政全般の領域に責任を負うことか
ら，日本学術会議に対しても行政指導を行う権限を保有していること自体は
否定しない。しかし，今般の拒否が仮に行政指導行為ならば，あくまで国会
が定めた法律（日本学術会議法）の規定遵守を前提として，しかも相手方
（日本学術会議側）の任意の協力が不可欠なのであり，この点に関しても今
回の任命拒否は，行政指導の域を完全に逸脱しており，到底認められない[11]。

5．事件が惹起する学術行政・教育行政上の諸問題

　以上，事件の違憲性・違法性について憲法学者や行政法学者の意見も参考に筆者の見解を開陳してきたが，今後本件により惹起するかもしれない諸問題，さらには事件から看取される課題についても考究してみたい。

⑴　大学の自治への干渉の危険性

　筆者が先ず懸念する点は，今般の事件を契機に「任命拒否」が拡大・運用され，「政府による無限定の人事権の行使」が常態化しないかという点である。とりわけ，大学は，日本学術会議と至近距離の存在であり，その意味で最も狙われやすい立場にある。例えば，国立大学の学長の任命は，「国立大学法人の申出に基づいて，文部科学大臣が行う。」（国立大学法人法第12条）ことになっているが，政府側主張と同じ論法でいけば，文部科学大臣は各大学法人の申し出通りの任命を行わなくとも違法ではないことになる。事実，萩生田光一文科大臣は，2020年10月13日の会見時点では，国立大学学長の任命については「基本的には（大学側の）申し出を尊重したい」と述べてはいるものの，「文科相の判断で任命しないこともありうる」との含みを残している[12]。

　国立大学は，競争的環境の中で世界最高水準の大学を育成することを目指して，平成16年4月に法人化された。しかし，スタートから17年経った現在，その実情はというと，研究実績における国際的な大学ランキングは下降の一途を辿りながら，学長のリーダーシップという美名の下で学内集権化が増幅され，法人化以前と比べ明らかに学部自治力は衰退化してきている。この背景には，教員人事権と予算配分権を学長が事実上掌握しているからであり，いわば「人と金」を通した学内支配が常態化してきた結果といえよう。

　その学長人事を突破口に大学行政への直接介入にまで成功すれば，現行制度上，各大学の部局長以下の人事は容易にその手中に収め得るし，ひいては大学教員個々の人事にまでその介入が及ぶ危険性も多分に孕む。直接介入せ

ずとも，大学側が「自主規制」あるいは「忖度」して文部科学省に阿る学長
人事を行っても結果は同様である。このことは，大学人としての研究者個々
の研究内容に対する「圧力」にも繋がりかねないことを意味し，行政による
大学支配が一層強化されることになる。

　また，人事と並んで看過できないのが予算である。国立大学法人化後，経
常的な運営交付金の減額と競争的資金への予算の振分け増加により，各大学
とも基礎的研究分野のポスト削減や外部資金の獲得に向けた「営業努力」に
苛なまれている。現状においても，基礎的研究の軽視や予算獲得の可能性が
高い近視眼的研究への偏重傾向が問題視されているが[13]，ここに学長人事を
通して政府意向に叶う関連研究への予算配当という流れが定着すれば，日本
学術会議が一貫して反対してきた「戦争を目的とする科学の研究」もあっさ
りクリアされてしまうのではないだろうか。事実，研究予算確保が厳しい現
状の下，関連分野の研究者の中には，日本学術会議の基本方針に疑義を持つ
研究者も存在している[14]。大いに気がかりである。

(2)　論点のすり替えによる本質の隠蔽とすり替えの真意

　前述のように，政府は，今般の任命拒否の理由を「総合的，俯瞰的な活動
を確保する観点」とか「民間出身者や若手が少なく，出身や大学に偏りが見
られることを踏まえ，多様性が大事」ということを挙げている。無論，前者
は具体的な理由になっておらず，後者に至っては，現行制度が「優れた研究
又は業績」を選抜の基準とする以上，必然的に一定の偏りは不可避であるし，
当該の6名を任命拒否したところで，首相指摘の内容が達成されるとは到底
言えず，苦しい後付け理由に過ぎない。

　しかし，これらの理由にならない理由よりももっと深刻なのは，問題の本
質（「学問の自由」の侵害や「法に基づく行政」の逸脱）に関する議論を避
け，論点のすり替えを行っている点である。すなわち，政府及び与党は，
「今般の任命拒否は適法であり，むしろ日本学術会議の在り方自体に課題が
あるため，同会議を行政改革の対象として検討する」との姿勢を素早く打ち
出し，国民の関心を組織改革問題へと誘導している。自民党は，「日本学術

会議の在り方を検討するプロジェクトチーム」（座長：塩谷立元文科大臣）を立ち上げ，年間約10億円の国費支出の妥当性や組織形態の検討を進めている。党内の議論を主導する下村博文政調会長は，個人的意見と前置きしつつ，「学術会議側が推薦者全員の任命を主張するのであれば，行政組織でない方がより自由になる」と主張する。加えて，下村は「行政組織でなくなるから一切税金を投入すべきではないとは考えていない」と述べるとともに，新組織の自主財源確保も容認している。同時に，下村は学術会議の「軍事的安全保障研究に関する声明」に触れ，民生研究と軍事研究との線引きの困難性を指摘し，学術会議の軍事研究忌避への過剰な反応は，高額な外国防衛装備品の購入を促進し，国防的観点からも問題という[15]。

　同様に，井上信治科学技術政策担当大臣は，2020年11月26日，日本学術会議の梶田隆章会長と会談し，「学術会議を国の機関から切り離し，しっかり組織の在り方も見直してもらいたい」と述べている[16]。ただし，同大臣も，日本学術会議の完全民営化には否定的であり，「政府として一定の方向性を出した上で，来年以降に制度設計を行う有識者会議の設置を検討する」との考えを示した。加えて，井上は，「デュアルユース（軍民共用）の研究については時代の流れがあり，単純に切り分けるのが難しい」点に触れ，そこをどうするべきかという「ボール」を日本学術会議への課題として投じている[17]。

　このように，政府及び与党の政治的意図は明白である。すなわち，日本学術会議を国家機関から切り離し，独立行政法人化することによって，これまで以上の自由度を保障するかの如く形式的な装いを整えながら，その実，財政的な支配を通して当該組織の運営を実質的に手中に収めること，とりわけ，そのことを通して軍事研究への協力を取り付けることである。国立大学の法人化とその後の推移の中で，一部の国立大学が既に防衛装備庁の研究助成制度に応募して採択されている事実[18]があることを想起してしまうのは筆者だけであろうか。独立行政法人化という巧妙な手段を使って，結果的に政府意向にそった運営強化と研究生産を促すやり方は，国立大学の経験を踏まえて織り込み済みなのであろう。

(3) 教育の政治的統制の強化

　今般の事件は，直接的には学術行政上の問題ではあるが，大学行政のみならず，初等中等教育行政においても通底する要素がある。

　平成18年12月15日に可決・成立した改正教育基本法の審議中，同法に関する特別委員会において，伊吹文明文科大臣（当時）が「法律に基づいて行われる教育行政というものは，不当な支配には属さない」と明言したことを筆者は現在でも鮮明に記憶している。しかし，少なくとも改正前の教育基本法に規定されていた「不当な支配」の解釈は，単に一部の学校現場の偏向教育を防止するといった矮小化した意味合いだけではなく，「政治的，官僚的な支配」をも包摂し得るより広範囲な支配を想定し，「教育の行政」として中立性を担保するための安全弁と考えられていたはずである[19]。少なくとも，ここには政権与党といえども，場合によっては「不当な支配」の対象となり得るという良識・弁えがあった。

　伊吹の論理に従えば，「政権を奪取し法律に規定しさえすれば，その内容は不当な支配に当たらない」わけであり，ここに「不当な支配」をめぐる政権与党の驕りに基づく傲慢な解釈の変化が読み取れる。まさに，「民主主義」という錦の御旗の下，選挙民から選出されたという手続き的な正当性のみを盾に「政治主導」というスローガンを掲げて，独善的な長期支配を続けてきた一極体制の結果ではないだろうか。本来，権力者ゆえに具備すべき為政者としての「俯瞰的で総合的な」思慮はどこへ行ったのであろうか。

　無論，筆者も民主主義そのものを否定するつもりは毛頭ない。しかし，その民主主義に基づく「政治主導」「政治支配」の結果として惹起しているのが今般の事件である。上述の教育基本法の改正，平成26年改正の「地方教育行政の組織及び運営に関する法律」による「国の関与の見直し」や「総合教育会議」の新設なども，背景は皆同根であり，学術行政・教育行政に対する政治的統制・関与が着実に強化されてきている。

　佐藤学は，アメリカにおける学問の自由の歴史について触れる中で，「学問の自由は民主主義によって支えられるが，もう一方で民主主義によって生じる世論によって脅かされるというジレンマ」[20]を指摘している。正鵠を得

た指摘であり，今日の教育行政の現状にも大いに通じる。

⑷　国民的関心の薄さと教育関係者の責任

　もう一つ，事件の結果として筆者が危惧の念を抱くのは，本件に対する国民の関心の薄さである。三島憲一は，今般の事件に関する政府の対応（拒否の根拠と理由を示さないこと）を「民主主義の空洞化作業」と喝破するとともに，政府のこうした対応自体が多くの選挙民に容認され，特に若い世代の関心を引いていない点を指摘する[21]。また，事件発生から2ヶ月余り後の11月実施の毎日新聞世論調査[22]でも，「菅政権は日本学術会議のあり方について見直しを検討しています。これをどう思いますか」という質問に対して，「適切だ」58%，「適切ではない」24%，「わからない」18%の回答であった。

　新型コロナウイルス感染拡大という社会的状況が大きく影響して，本事件への国民の関心自体が希薄化しているのかもしれない。しかし，政府の対応に多くの人々が好意的な反応を示している点は，学界における問題意識とは余りにも乖離しており，愕然とせざるを得ない。コロナ禍ばかりではなく，政府による「問題のすり替え」戦法が功を奏したのかもしれないが，筆者はこの遠因の一つに我々教育関係者にも責任の一端があると考えている。

　学問の世界に籍を置く者として，「学問の自由」の保障が単に我々研究者集団にとって不可欠なだけではなく，その保障を通して国民全体の権利保障にいかに深く寄与しているかをより具体的にかつ広範囲に国民へ伝える努力が十分であったか。同時に，大学教育を通して学生にも「学問の自由」の社会的重要性を十分理解させ得ていたであろうか。また，大学における教員養成を介した初等中等教育段階の児童生徒たちの「政治的社会化」の促進はどうであったのか，研究者・教育関係者の一人として大いに反省させられる。

6．結語〜日本教育行政学会の学術活動への提言〜

　最後に，事件を契機として，日本教育行政学会の今後の学術活動をめぐる筆者の意見を示しておきたい。

　まず，当然のことであるが，学会は，その学会が射程とする学問分野に関心を持つ多様な会員個々の様々な研究発表を許容し，自由闊達な議論が保障される場であり，そのことが確保されない学会は学会の名に値しない。そもそも，学問自体が先行する研究の批判的分析という作業を抜きにしては成り立ち得ない特質を有しており，研究者は基本的に批判的思考を常に内在化した存在なのである。従って，本稿で開陳してきた見解も当然批判的分析の対象であり，この小論を契機に個々の会員からも積極的な意見提示を通して，事件をめぐる議論を賦活化してもらいたい。

　次に，いみじくも自由闊達な議論が保障される場が学会であるならば，会員個々の意見表明や研究活動及びその成果報告（発表）に「自主規制」や「同調圧力」が働くことは断じて許されない。この観点が学会運営をめぐって改めて強く求められる。実際のところ，小論の主張とは異なる見解を有する会員も存在するであろう。事件に対する本学会の対応を検討する際，代表者である筆者が最も苦慮した点がまさにこの部分であった。

　特定の主義や主張に偏重した研究活動ばかりが目立つ学会は，結果として学会の活性化を妨げ，その魅力を低減させることに繋がる。政府側対応に対する批判や指弾だけに終始せず，日本学術会議側の「過去の事前調整」や「今回の穏当な反応」自体への総括，さらには「独立行政法人化」をめぐる組織形態の徹底検証など，多角・多面的な分析も今後不可欠と考える。

　振り返ると，戦後日本の教育行政制度は，当初，公選制の下で民主的かつ地方分権的な制度としてスタートしたものの，地教行法の成立によりその枠組みを大きく変更することになった。このことに対する評価は賛否両論あろうが，相対的とはいえその政治的中立性についてはかろうじて維持されてきたように思われる。ところが，昨今の教育行政の実情は，今般の事件に象徴されるように，その政治的な中立性が大きく揺らいでいる。

　にもかかわらず，我が国の教育行政学研究は，この危機的状況に対して効果的な処方策を展開し得るだけの十分な研究成果を発信してきたとは言い難い。さらには，それら枠組み自体を価値中立的に分析した上で，その内包する本質的課題や限界性にまで踏み込んで抉り出してきたであろうか。奇しく

も，米国では近年，戦後我が国がモデルとしてきた米国型教育行政の枠組み自体を「例外主義」として捉え，教育行政に対する政治家の積極的な関与が顕在化しているという[23]。いわば，米国の教育行政自体が従来の政治的中立性という特質を大きく変容させているのである。これらの動向も注視しつつ，今後の我が国の教育行政学研究のより一層の深化が求められる。

　いずれにせよ，本学会は，現下のような政治的な意図には泳がされず，何人にも阿らず，「学問の自由」を堅持して，会員一人ひとりに自律的で主体的そして多様な研究活動が常に保障される学会でなければならない。

（福山平成大学）

〈註〉

(1)　なお，筆者は現在，日本教育行政学会の会長職にあるが，本稿はあくまで一教育行政学研究者としての見解を開陳するものであり，本学会の統一的な意見声明ではないことを付言しておきたい。

(2)　https://www.tokyo-np.co.jp/article/60132 "安倍政権時から水面下で選考に関与 学術会議：東京新聞 TOKYO Web"（日本語）．2020年11月22日閲覧。

(3)　https://www.jeas.jp/act/infolist/ 日本教育行政学会ホームページ「日本学術会議新規会員任命問題に関する本学会の対応について」2020年11月9日配信。

(4)　https://asahi.gakujo.ne.jp/common_sense/morning_paper/detail/id=3163 朝日学情ナビ「日本学術会議6人除外で「学問の自由」の危機!?」2020年10月16日配信。

(5)　長谷部恭男『憲法（第7版）』新世社，2018年，237頁。

(6)　最高裁判例（最高裁判所大法廷判決昭和38年5月22日刑集17巻4号370頁。）

(7)　1983年5月12日，参議院文教委員会。木村草太「学問の自律と憲法」佐藤学他編『学問の自由が危ない』晶文社，90頁。

(8)　木村草太「学問の自律と憲法」佐藤学他編『学問の自由が危ない』晶文社，94頁。

(9)　https://www.jiji.com/jc/article?k=2020100900705「菅首相，推薦リスト「見ていない」会員任命で信条考慮せず－学術会議長と面会も」時事通信ニュース，2020年10月9日19時49分配信。

(10)　岡田政則「首相による学術会議会員任命拒否の違法性」佐藤学他編『学問の自由が危ない』晶文社，242頁。

(11)　高山佳奈子「任命拒否の違法性・違憲性と日本学術会議の立場」佐藤学他編

『学問の自由が危ない』晶文社，73頁。

⑿　https://www.asahi.com/articles/ASNC47R32NBVUCVL016.html 「学術会議は特権なのか 広田照幸さん「批判という使命」」朝日新聞デジタル版，2020年11月5日16時00分配信。

⒀　文部科学省「国立大学法人後の現状と課題について（中間まとめ）」平成22年7月15日，29頁。

⒁　小松利光（日本工学会副会長）「新年展望11 安保研究 学者の良識で」読売新聞，2021年1月16日，13版。

⒂　https://mainichi.jp/articles/20201110/k00/00m/010/023000c 「「軍事研究否定なら，行政機関から外れるべきだ」自民・下村博文氏，学術会議巡り」毎日新聞　2020年11月10日11時30分配信。

⒃　https://www.sankei.com/politics/news/201126/plt2011260032-n1.html 「学術会議「国から切り離しを」井上担当相，梶田会長に検討要請」産経新聞，2020年11月26日21時03分配信。

⒄　https://www.sankei.com/article/20201205-X6WMBKQHT5I6XN7H24XABTUVMA/ 「《独自》日本学術会議改革　完全民営化に否定的　井上担当相」産経新聞，2020年12月5日18時22分配信。

⒅　例えば，筑波大学は，2018年12月に「軍事研究を行わない」との基本方針を示していたが，1年後の2019年12月には防衛装備庁の研究助成制度「安全保障技術研究推進制度」に応募し，採択されている。

⒆　佐々木幸寿「改正教育基本法第16条第1項の解釈と国・地方公共団体の関係」日本学校教育学会編『学校教育研究』22巻，2007年，151頁。

⒇　佐藤学「日本学術会議における「学問の自由」とその危機」佐藤学他編『学問の自由が危ない』晶文社，40頁。

㉑　三島憲一「学術会議だけの問題ではない」佐藤学他編『学問の自由が危ない』晶文社，163頁。

㉒　https://mainichi.jp/articles/20201108/ddm/012/010/047000c　毎日新聞，2020年11月8日。18歳以上を対象にコンピュータで無作為抽出した電話へのアンケート調査。携帯726件，固定314件の回答結果。

㉓　ジェフリー・ヘニグ著，青木栄一監訳『アメリカ教育例外主義の終焉－変貌する教育改革政治－』東信堂，2021年3月31日。

The Actual Conditions and Serious Problems of Academic Administration and Educational Administration in Japan —Rejection of Appointment as Members of Science Council of Japan—

Kazuhiro KOGA, *Fukuyama Heisei University*

The purpose of this paper is as follows: First, it describes how the Prime Minister rejected the appointments of certain candidates to be members of the Science Council of Japan last year and how the Japan Educational Administration Society, headed by the author of this paper, reacted to the rejection. Secondly, this paper points out why the rejection of nominated candidates constitutes a violation of the constitution and concerned statutes and analyzes how this disapproval has important consequences for academic administration and educational administration in Japan. Finally, it offers the Japan Educational Administration Society some recommendations about its academic activities. The paper consists of the following:

I The purpose of this paper
II The circumstances of the case: The rejection of appointments to the Science Council of Japan by the Prime Minister
III The Japan Educational Administration Society's reaction regarding this case
IV Unconstitutionality and illegality of the case
  (1) Violation of "Academic Freedom" of the Constitution
  (2) Violation of the Science Council of Japan Act
  (3) Violation of the Cabinet Act
  (4) Violation of the Procedures of Administration Act

V Serious problems of academic administration and educational
administration caused by this case

(1) Risk of interference in university autonomy

(2) Concealment of the essence of the problems by changing of the
points at issue and the real intention

(3) Increase in political control of education

(4) People's low concern about the case and responsibility of scholars
and educators

VI Conclusion: Recommendations for the Japan Educational
Administration Society

On August 31, 2020, the Science Council of Japan recommended 105
candidates as new members, according to the Science Council of Japan
Act, Article 7. However, the Prime Minister did not appoint six of these
candidates as new members. In addition, he did not explain in detail the
reason for not approving these candidates. The Japan Educational
Administration Society, together with other academic societies, complained
to the Prime Minister about the unjustness of rejecting these
appointments. The Prime Minister's rejection of these appointments to the
Science Council of Japan is clearly unconstitutional and illegal, and he
should repeal the decision and immediately appoint them as members.

This case shows that political control has gradually increased in
academic administration and educational administration in Japan. The
arrogance of the present government and its party, which have retained
political power for a long time, exists in the background of this case. The
democratically elected government and the current ruling party have
violated "Academic Freedom" secured by the constitution. This means
that "Democracy" itself already has become a dead letter. Due to the
COVID-19 global pandemic, the Japanese people's concern about this case

is not high. However, it is part of the mission of scholars and educators to help people to comprehend the indispensability of "Academic Freedom" for a democratic state; hence the writing of this paper.

Key Words

Science Council of Japan, Academic Freedom, Political Control, University Autonomy, Educational Administration

国際比較に見るCOVID-19対策が浮き彫りにした教育行政の特質と課題

―フランス，スペイン，ドイツ，日本の義務教育に焦点をあてて―

園山大祐／辻野けんま／有江ディアナ／中丸和

1. はじめに

　2019年末に確認されたCOVID-19（新型コロナウイルス感染症）による災禍は瞬く間に世界中へ拡がり，現代社会がいかにグローバル化しているかということを白日の下に晒した。COVID-19は，医療・公衆衛生，経済活動から教育に至るまで人間生活の至るところに深刻な影響を及ぼしている。発生確認から1年を経てもなお，多くの国でロックダウンや休校措置[1]がとられている。各国における休校措置が家庭や地域社会での生活に直ちに深刻な影響をもたらしたことで，これまで自明視されその意義を抽象的にしか考えにくかった学校の機能が，意外な形で具体的に問い直されることとなった。

　一方，COVID-19への各国の対応には差異も少なくない。それは，国ごとの教育行政の違い，とりわけ義務教育の特質の違いなどにも起因している。たとえば，スペインやドイツでは日本と同様に義務教育制度を就学義務として定めているが，フランスは教育義務と定めている。また，同じ就学義務をとる3カ国でさえ，中央―地方の権限配分をはじめ教育行政の構造上の相違がある。子どもを守ることは共通の目的でありながら，対応に相違があるとすれば，その相違は教育行政のいかなる特質を投影しているのだろうか。

　平時には顕在化しにくかった各国における教育行政の特質について，今回の非常時が何を浮き彫りにしているのかを検討するのが本稿のねらいである。

以下，フランス（2節），スペイン（3節），ドイツ（4節），日本（5節）の順にとりあげ，考察（6節）を行う。紙幅の制約から各国の状況を略述せざるをえないため，各国の情報を補う特設サイト「コロナと教育（日欧比較）」を執筆者間で立ち上げている（以下「特設サイト」[2]とする）。公開している情報は，①各国における上半期のCOVID-19対応（2020年度日本教育行政学会大会自由研究発表資料），②COVID-19関連の教育政策の資料一覧，③国際比較表，である。本稿では紙幅の都合上，資料の原語表記や出典元URL等は省略したが，②で詳述している。

　COVID-19はいまだ進行中の災禍であり，先行研究の蓄積はまだ限られているため，各国の政策文書や各種報道も情報源としている。以下の各国の記述においては，まず各節の(1)COVID-19関連政策を理解するために前提となる教育制度の特徴を概観する。(2)ではCOVID-19関連政策を概観する。(3)ではパンデミックが浮き彫りにした教育行政の特質を考察する。本稿の内容は2021年3月末までの情報が中心となるが，その後の動向も要所で補足した。

2．フランス

⑴　前提となる教育制度の特質

　まず，フランスにおける義務教育制度の特徴を概観した上で，2020年3月から2021年4月までの経過を追いつつ，最初の休校以降，外出制限下においても通学継続措置に拘った中央政府の施策について検討する。

　フランスにおける義務教育制度は，障碍者，外国人や難民も含むすべての子どもを対象とする教育義務となっている。2019年9月より義務教育年齢をそれまでの6歳から3歳へと早め，16歳までと修正したところである。厳格な修得主義をとり，初等教育段階から原級留置，並びに飛び級がある。何よりも，「義務教育は，公立もしくは私立の学校において，または家庭において父母，父母のいずれか，もしくは父母の選ぶ何人でも，これを行うことができる」（教育法典第3章第1節L131-2条）とされるように，就学義務ではなく教育義務をとる点がフランスの特質である。

　「学校に就学することができない子どもの教育を主として保障するために，遠隔教育に係る公共サービスを組織する」（同法同条第2項）とされており，メディア教育や教材が国立遠隔教育センターを中心に用意されてきた。さらに，教育課程基準においても3年の学習期内で調整することとされている（同法L311条）。休校があったため授業時数が2019年度は満たないまま，2020年度新学年を迎えたが，学習期内で補完するなど教員裁量に任された。

(2)　COVID-19関連政策の概観

　フランスは，第1期として2020年3月16日より，休校に追い込まれたため，遠隔授業の対応及びCOVID-19禍に応じた態勢と人員が用意された。第2期は5月11日より段階的な登校が実施され，6月22日からの2週間は全学年の登校へと拡大された。夏休みは例年通り実施された。専門機関である国立感染症研究所（パスツール研究所）が，感染症対策に一貫して大きな役割を果たしてきた。2007年に設置された首相府直属の疫学の専門家による高等保健委員会の議定書（6月22日）及び意見書（7月7日）により，教育機関に子どもを受入れるための規則が決められた。これらは，7月10日には政令として施行され，知事の権限において教育機関の閉鎖等（3つの段階に分けられている：緊急時における閉鎖段階，感染者増加段階，管理可能な段階）について判断できることになっている。第3期として新年度である9月から国民教育省の指針の下，学校は再開された。10月より2度目の外出制限措置のなかでも，高等教育以外の学校は基本継続されたが，変異種への対応として2021年4月6日から10日の1週間を遠隔授業に切り替えた。また春休みは全国同一時期の2週間とされた。4月26日から遠隔授業とされ，5月3日より保育学校と小学校は2部制による対面授業，中等教育については対面と遠隔のハイブリッド授業とした。

(3)　パンデミックが浮き彫りにした教育行政の特質

　フランスは，OECD諸国の中でも，休校期間は平均以下と短い。国民教育大臣の固い信念の下，保健衛生議定書を厳守することを条件に通学による対

面授業を重視してきた[3]。しかし，生徒の精神衛生上の問題の表面化が指摘されている（Le monde 21年3月17日付）。変異種の感染者が増えた21年2月下旬以降，さらなる学級閉鎖や，教員の陽性反応による代替教員配置の問題などがある[4]。フランス小児科医の声明（21年1月25日付）は，子どもの社会化，健康，精神衛生上，学校における対面授業の維持を指示する。

　2020年5月の休校中の中高生の学習状況調査[5]によれば，4割の生徒は一日3時間未満自宅で勉強をしていたとする。自立した勉強が可能な生徒の特徴は，高成績，女子，高所得層の家庭とされている。また保護者の支援をより多く受けたのも，同様の特徴となっている。つまり，この間の学習の質量に格差が開いた可能性が指摘できる。デジタル教材やビデオ教材などが普及していたフランスでは，こうした利用率と利用者の特徴から，今後の課題として自立的な学習だけでは難しいため，対面授業の重要性が示された結果とも言える。本調査結果を踏まえれば，学習意欲や共同作業などを補うためにも一定の学級生活は必須と言えるのではないだろうか。

　2020年秋に，デジタル教材とその活用に関して全国大会を実施し，この間の状況を把握し，今後の改善点を40項目にまとめた[6]。地方教育委員会毎にも，それぞれの課題がまとめられている。学校が休校中の代替として遠隔教材へのアクセスに関して家庭間の環境の格差への対応に苦慮した点，また教員自身のデジタル教材の利用経験の格差もあり，今後の研修の必要性があること，並びに，サイバーセキュリティに課題がある。また子どもへの健康被害や，保護者支援の必要性など課題も多い。この全国大会には，国民議会（下院），過疎地域協議会（APVF），教育課程高等審議会，教職員組合，全国保護者団体（PEEP）などからも提案書や調査報告書が提出されている。

　最後に，パンデミックが浮き彫りにしたフランスの教育行政の特質を3点挙げる。①当初より国民教育大臣の声明や記者会見において，常に社会的弱者への注意喚起がされ，障碍者，外国人，基礎疾患のある生徒と教職員への細心の配慮を保障するとされてきたこと。また休校中においては，課題はあるが生活困窮家庭への給食や朝食の整備，自宅にデジタル環境がない場合の対応（紙媒体の郵送や携帯による通信等），放課後や休暇中の学童の継続・

推進，エッセンシャルワーカーとしての教職員のPCR検査やワクチン接種を優先するという措置が取られてきた。遠隔デジタル教材は以前から充実しており，教師や保護者の活用に課題はあるものの，多くは国立の自前の教材作成であり学校のICT化における産業化に歯止めをかける可能性はある。

　②この１年は，初期の休校を除いて，2020年９月より，高等保健委員会の議定書に準じて，義務教育段階は基本対面授業を重視し，休校を最小限に抑える方針[7]で中央政府の方針に地方・学校が従うという図式で進めてきた。これは，社会的弱者はもちろんのこと，学習権は，子どもの基本的な権利であるため，等しく教育機会の保障を公教育（契約私立学校含む）が担う，政治的優先事項という国民の支持もあるためであろう。

　③2020年10月２日に，大統領より『共和国諸原理の尊重の強化と分離主義との闘いに関する法』の作成が求められ，2021年２月12日に下院で可決された。教育の義務は，140年前の公教育成立以来，その選択肢の１つにホームスクールが含まれていたが，本法案の第21条でこれまでの申告制から，審査による許可制に変更するとされている。とりわけ保護者から，国際人権規約の宗教的・道徳的教育の確保の自由（社会権規約第13条），並びに思想・良心の自由，信教の自由（自由権規約第18条）に反するとの反発が起きている。また許可制になると，これまでいじめなどを理由に不登校となった子どもの選択肢がなくなる可能性もあり，複数の団体が学習権の保障の観点から法案に反対している。法案の目的は別のところにあるとも言えるが，この問題はCOVID-19禍の遠隔授業や休校中の学校と家庭の役割について，どこまで国家（行政）の介入を認めるか，その正当性を問う，人権問題として公教育の国民的議論を再燃させた内容である。

3．スペイン

(1)　前提となる教育制度の特質

　スペインの義務教育は６から12歳の初等教育と12から16歳の前期中等義務教育の10年間であり，国籍及び在留資格に関係なく就学義務が課される。ま

た，修得主義を採用しており，進級のための基準が設けられ，前期中等義務教育第4学年を終えると修了資格を取得することができる。

　1975年の独裁政権の終焉とともに民主化への移行がはじまり，1978年憲法に自治州制度が導入されると中央の権限は各自治州当局へと分権化されていった。1990年法に伴う教育改革によって，中央と自治州の教育行政の役割が明確にされた。中央の教育省は，国家としての教育制度及びその法律を制定し，教育予算及び特別な教育政策やプログラム等の各種補助金の配分を行う権限がある。他方，各自治州では中央が制定した法律に則って独自の教育法を制定し，教育当局は学校の設置及び運営，教職員の給与，生徒の給食費や教科書代等の免除・給付制度を管轄する。また，教育内容については中央（最低基準）と地域（自治州の特徴）がそれぞれ5割程度を決定することができる。さらに，就学義務との関連では，各自治州は中央の法制度に基づき，独自の不登校生徒や欠席の取扱いの基準と指針を策定する。

⑵　COVID-19関連政策の概観

　2020年3月11日に世界保健機関（WHO）が「パンデミック宣言」を発表した直後の閣議決定では，2019年度の義務教育年間最小授業日数175日の適用が決定され，多くの自治州政府は2週間程度の休校を決定した[8]。そして，3月14日の警戒事態宣言（以下，宣言）により，スペイン全土のすべての教育機関の活動が停止した[9]。政府のイニシアティブによって既存の遠隔教育を実施する研究機関や一般企業への教材提供の協力要請もあり，宣言から数日後にはオンライン学習教材の提供が行われた。また，教員・家族・生徒向けの学習教材プラットフォームサイトが作られ，就学年齢の生徒を対象としたテレビ教育番組も放映された[10]。インターネットとテレビ放送を介して，より多くの生徒たちの教育機会の保障が図られた。

　教員らは電話，メール，SNSを通じて生徒や保護者と連絡を交わし，オンライン授業や課題の提供及び管理に力を注いだが，学習環境の不整備，言葉の壁，障碍等を理由に連絡が取れないことが全体の2割程度あった[11]。社会的弱者への対策としては，奨学金制度への増額，学習支援の受入れ体制及び

デジタル教育の強化に３億ユーロと過去最大の教育予算が2021年度に充てられることになった[12]。また，長期間の休校により，学食・給食費免除対象の貧困家庭の生徒たちの栄養ある食の保障への対応については，自治州政府に委ねられる旨が政令法（Real Decreto-ley）第８条に明文化された[13]。それに伴い，各自治州は独自の対応（委託業者の宅配や食品券等）を採ることになった（La Vanguardia 20年３月16日付，Epagro 20年４月10日付）。

　COVID-19禍では，中央と地方の教育行政の情報を共有し，スペイン全土に関連する教育施策の調整を図る常設機関の「教育省，大学省及び自治州代表者会議」（以下，政府各州会議）は，進級基準の緩和，通常の夏季休暇の実施，学校再開にむけた感染予防方針の決定のために議論を重ねた。新年度が始まると，新たに浮上した課題に対応した。例えば，学校再開にあたり少人数制の教育活動の推奨だけでなく，加配教員を確保するために教員採用要件の緩和に関する政令法が制定された[14]。自治州の感染対策として追加財源が国から地方行政に移譲されたが，感染対策ではないところに充てられていることもある[15]。それゆえ，十分な安全が確保されない不安などから早期退職を希望する教員が一部地域でみられた（Hoy 21年１月22日付）。

　このような現状に対し，教育施策の決定に一定の影響力がある保護者団体[16]や労働組合[17]は，教育行政に改善を求めた。これまで通学していた障碍のある生徒に対し対面授業と同等のオンライン授業の提供が求められる一方で，特別なケアを必要とする障碍のある子どもらのための加配教員も要請された[18]。また，労働組合は教職員が業務を遂行する上で，安全確保の観点からエッセンシャルワーカーとされるべきとし，ワクチンの優先接種，高機能マスクの支給，感染症による家族の看病や子どもの付き添い等に伴う収入減に対する補償，有給休暇制度の整備を求めた。2021年３月下旬には，教職員らがエッセンシャルワーカーとして認められ，なかでも特別支援学校，そして幼児学校（escuela infantil）を併設していることが多い小学校の教員らがワクチンを優先接種できるようになった。

⑶ **パンデミックが浮き彫りにした教育行政の特質**

　今回のパンデミックが浮き彫りにしたスペインの中央及び地方教育行政の特質について概括すると，まず中央と地方の教育行政の役割分担を確認できた。各自治州の状況を考慮しつつもスペイン全土の教育施策については，政府各州会議を中心に教育制度全般の方針が出され，また疫学的なエビデンスを提供する専門機関の助言のもと保健省と教育省，自治州代表者らが感染予防方針を定めた[19]。この方針が自治州の地域性や財政事情，感染状況等を考慮しつつ，さらには学校の一定の自治の下で実行されてきた。それゆえに，2020年10月から2021年5月9日まで続いた二度目の警戒事態宣言では，夜間外出規制や地域間の移動制限等の蔓延防止のための措置が採られた。近隣国では休校措置も採られる中，2020年3月に実施されたような大規模な長期休校は行わず，学校の判断による休校もほとんど見られない[20]。

　また，就学義務を課すスペインにおいては，一部例外を除き原則対面授業が実施され，各自治州とその自治体における欠席の取扱いの基準と指針に基づく対応がなされた。生徒や家族の基礎疾患等の理由に基づかない通学拒否に対し，学校や地方教育行政から通学の督促状がその保護者に送られ，これに応じない場合は行政や司法機関が介入する。実際，司法判断を待つ事案も出てきており，就学義務の在り方について学校教育の意義が問われている[21]。同時に対面授業は前提であるが，遅れていたデジタル教育の強化が急がれる。

　そして，社会的弱者への対応については，過去最大の教育予算が充てられ，COVID-19対策関連の政令法や全国的な方針が設けられているが，具体的な取り組みについては各自治州や学校の自治に委ねられているため，感染対策に充てられていないといった課題も見受けられる。教育行政の分権化による地域の特徴に合わせた対応の差は従来通りで，これには迅速に対応できる利点もある。他方，自治州間による教育予算の格差がこれまでも，教育の取り組みや生徒に影響し，ひいては，義務教育未修了者を早期に生み出す危険もある[22]。従来から深刻な教育課題を抱える自治州に対する手厚い支援とCOVID-19禍における共通の教育水準の確保も必要である。

4．ドイツ

⑴　前提となる教育制度の特質

　ドイツの教育行政を基礎づけるのは「国家の学校監督」（連邦基本法第7条1項）だが，教育・文化政策は「文化高権（Kulturhoheit）」の原則に基づき16ある州の権限に帰属するため，学校監督を行う国家とは州を指す。COVID-19にともなう休校措置などの判断も州の権限で行われている。全国的なロックダウンは，メルケル首相と各州首相との協議を経て決定される。

　他方，州を超えた教育政策の調整を図る際には，各州文部大臣の合議機関「常設文部大臣会議（KMK）」があり，COVID-19対策についても大きな役割を果たしている。連邦教育・研究省（BMBF）には各州の教育政策に対する直接的な決定権がなく，全国的な調整はKMKが行う点に特徴がある。

　休校を含む一連の感染症対策は，伝統的な義務教育制度を揺るがす問題となっている。ドイツの義務教育は，外国人や難民も含むすべての子どもを対象とする就学義務であり，それも一般教育学校だけでなく職業学校が加わる特質がある。州差はあるが，初等教育段階から原級留置がある厳格な修得主義，分岐型学校制度，ホームスクール不承認などが共通の特徴である。

⑵　COVID-19関連政策の概観

　ドイツでは2020年の第1波の際，KMKが「コロナウイルスへの対応」（3月12日）[23]を決議し，各州が時期を定め（3月16〜18日）休校に入った。ほぼ同時期に行われたメルケル首相演説（3月19日）は，自由を制約された東ドイツでの経験にふれ，民主主義社会における政治の透明性を確保しながらも断腸の思いで移動の自由の制約をする覚悟を示し共感を呼んだ。

　第1波のその後の対応は，KMKが3月25日に「卒業試験は原則維持」とする方針を公表したのを皮切りに，全国試験の参加義務の緩和や学期の維持と休暇の確保，学校再開の準備などを次々に公表した。学校再開時の具体的な対応もKMK決議「コロナ・パンデミック—学校における授業再開のため

の基本構想」（4月28日）で示された。子どもの学習権保障や段階的学校再開もそれぞれKMKが方針を公表し，各州はそれをふまえて対応した。

　第1波における感染症対策では，ヨーロッパで成功モデルとされたドイツだが，夏休み明けからも新規感染者数が増加し続け，12月に入ると1日あたりの感染者数が2万人を超える。ドイツの総人口が約8千万人と日本の約3分の2であることを考えると，その深刻さが分かる。11月2日には部分的ロックダウンが実施され営業禁止・制約が行われたが，全国的な休校措置はとられなかった。ところが死者が952人を記録した2020年12月16日，連邦政府は2回目の完全ロックダウンに踏み切った。年が明けても感染拡大が収まらず，休校措置は延長に延長を重ねた。ただし，卒業試験やアビトゥアを控えた第10，12，13学年の小規模授業は各学校判断で実施可能とされた。

　連邦保健省に置かれる専門機関である「ロベルト・コッホ研究所（Robert Koch-Institut）」が，感染症対策に一貫して大きな役割を果たしてきた。政策決定に際して科学が重視される長い伝統がある。

(3)　パンデミックが浮き彫りにした教育行政の特質

　パンデミックが浮き彫りにしたドイツの教育行政の特質は，次のように概括される。休校決定は州文部省と学校監督機関の判断で行われ，全国的な調整はKMKが行う。教育政策の決定過程において，教員（教員組合），保護者（父母協議会），生徒（生徒会）という当事者の参加権を法制上で直接保障する点が特徴的である。

　ロックダウンはメルケル首相と各州首相との協議を経て決定される。COVID-19関連政策には，とくにロベルト・コッホ研究所からの科学的知見が参照されている。ドイツの就学義務の法的根拠は州法にあり，連邦基本法（憲法）上には直接の規定が無い。基本法上では，人が自らの人格を自由に発達させる権利（第2条），自然権としての親の教育権（第6条），国家の学校監督（第7条）が明文化され，子ども―親―国家のトライアングルを形成する。就学義務は，継続的な学習を強いる点で子どもの基本権への国家の介入とされ，正当性が認められる範囲に限定される[24]。義務教育及び教育課程行

政とかかわって特徴的なのは，厳格な就学義務にもかかわらず，COVID-19の影響による休校期間の授業時数を学校再開後に急いで回復させようとする傾向はみられないことである。週休日の確保や長期休暇等は通常通りとなっている。年度終了までに扱いきれなかった教育課程内容は，翌年度へ繰り越される。移民・難民の教育保障も重視される。教員はエッセンシャルワーカーと位置付けられており，ワクチン接種も優先グループに属している。

　学校教育のICT化は，スイスやオーストリア等のドイツ語圏諸国の中ではドイツが最も遅れている。従来認められなかったホームスクールの議論が休校により再燃している。学校外の教育機会として，地域クラブ（Verein）や青少年援助施設（Jugendhilfe）が普及しているが，ロックダウンでいずれも活動停止となった。

5．日本

(1)　前提となる教育制度の特質

　日本では，就学義務を親に課している。また，制度上は修得主義であるが，実際には原級留置はほとんど行われておらず，国際比較上は年齢主義・履修主義とみるのが妥当である[25]。

　また，都道府県及び市町村の教育委員会は，地方教育行政に関する権限をもつとされるが，現実には国の影響力が一般的な指導・助言・援助を超えて広範に及ぶ。学校保健に関わる基本的法令として，学校保健安全法が存在する。同法第20条によると，市町村立の公立学校では，基本的に市町村教育委員会が自らの判断で学校を臨時休校する権限がある。一方で，学校における感染症対策に影響を与えうる法律として2012年に制定された新型インフルエンザ等対策特別措置法がある。そこでは対策は都道府県単位で行われるため，国が市町村に対して直接に特定の措置を要請することはなく，都道府県本部長による区域内の市町村に対する総合調整及び指示を通じて必要な措置を実施することとなっている。

⑵ COVID-19関連政策の概観

　前項で見たような原則にもかかわらず，2020年2月27日には首相による全国一斉休校の要請がなされ，3月4日時点では全国の約99％の学校が休校状況となった。COVID-19の対策について医学的な見地から助言等を行うために2020年2月に専門家会議が設けられていたが，一斉休校要請はこの専門家会議にも相談されなかった。さらに，学校保健に関して保健所が学校と連携することが法律で定められているものの，休校決定にあたって学校と専門機関たる保健所間の相談等の措置を待たずして全国一斉休校の要請がなされた。安倍首相は，スペイン風邪の対応を参考にしたと国会で答弁したが，全国一斉の休校判断の根拠の合理性をめぐる批判が根強くある。

　休校中，子どもたちの健康状態や学習習慣の乱れ，学習の遅れなどを懸念する声が広がり，各学校はその対応に追われることとなった。日本では学校教育におけるICTの活用状況が芳しくないこともあり，多くは教科書や紙の教材を活用した課題が学校から子どもたちへ課され，学習動画の活用や同時双方向型オンライン指導は過半数以上の公立学校では行われなかった。

　このように休校期間中，子どもの学習保障や健康管理のための対応に追われた学校であったが，学校再開後も，「学習の遅れ」を取り戻すための対応を迫られることとなった。例えば，2020年6月時点で公立学校の設置者の約95％が夏季休業期間の短縮を予定していた。文科省は，分散登校や長期休業期間の見直し等の対応策を講じた上での特例的対応として，「教育課程の編成見直し」「学びの重点化」といった弾力的な教育課程編成を提案したが，ここには緊急事態下でもなお学習指導要領をあくまで前提とする，教育課程の遂行に対する文科省のこだわりも垣間見える。このような対応は既に述べた他の3カ国では見られず，日本固有の措置であったと言える。

　休校期間中は「学習の遅れ」に加えて，「子どもの居場所の確保」も問題となった。これに対し，文科省及び厚労省は，「放課後児童クラブ等の業務に教職員が携わることによる子どもの居場所の確保」「学校で臨時休校中に子どもを預かる，放課後子ども教室などで居場所の確保」といった取り組みを促進することを求めた。また，臨時休校中の子どもたちの食事に関しても

学校外の子ども食堂の活動に注目が集まったが，希望する家庭に教職員が弁当を配達したりする自治体もあった。

　2020年6月以降，地域全体での一斉休校に対しては慎重な姿勢が取られるようになる。本格的に学校再開がなされた後，感染者数は一旦減少したものの，特に8月や11月にかけて増加した。さらに2021年1月8日には大幅な感染拡大を受けて一部地域に2度目の緊急事態宣言が発出された。これに対し文科省は，一斉休校の要請は行わず，むしろ対象地域の学校設置者に対して，緊急事態宣言が出ても一斉休校を回避するよう要請を行った。

(3) パンデミックが浮き彫りにした教育行政の特質

　日本では，一斉休校が行われた際には教員が通勤して子どもたちの状況把握等を行ったり，緊急事態宣言下でも学校に通勤したりすることが求められた一方で，感染不安を理由とした教員の特別休暇制度への言及は乏しい。また，諸外国とは異なり，教員の側から通勤拒否，ワクチンの優先接種[26]，PCR検査などを求める声はあまり出てきていない。エッセンシャルワーカーとしての位置づけも弱い。

　また，ICTのハード面整備については，全自治体等の97.6％が令和2年度内に学校のインターネット整備やICT端末の納品を完了する見込みとされており，2020年8月時点では納品が完了している自治体が全国の2％ほどしかなかったことを踏まえると，急速に整備は進んだことがわかる。義務教育におけるICT利用について，不登校児童生徒がICT等を活用した学習を行った場合に指導要録上出席扱いとすることは可能である。一方で，感染不安を理由に学校を欠席する児童生徒[27]について，たとえICT等を活用した学習を行った場合であっても，ただちに出席扱いとすることは適切ではないという文科省通知がなされている。これは，不登校児童生徒の学習権を保障するための例外的措置であり，あくまでも就学義務の原則を崩さない方針が窺える。そのようななか，福岡市教育委員会は感染不安を理由に自宅からオンライン授業を受けた児童生徒について，出席扱いにするよう全市立学校に通知した。上記通知を不登校児童生徒だけでなく，感染不安にまで踏み込んだ事例とし

ては初の試みである。

　日本における教育行政の特質としては，以下の点が特筆される。学校再開後，休校期間中の家庭学習は授業時数とは認められず，長期休業の短縮などによって，学年ごとにこなすべき授業時数・内容を年度内に確保・実施する努力が行われた。また，ICT利用が広まったとしても基本的には学校に通うことを原則として出欠の取り扱いが求められた。ここには，就学義務があり，制度的には修得主義にたちながらも，実際には年齢主義・履修主義をとる日本の特徴がよく現れている。中央が定めた学習指導要領の徹底が求められたように集権的な側面も見て取れる。臨時休校の権限は市町村教育委員会にあるにもかかわらず，全国一斉休校に関する首相の要請及び文科省の通知という中央の方針が出されたことの法的問題はすでに多く指摘されている[28]。権限をもつ自治体が一斉に従った点も，諸外国には見られない対応であった。

　一部，大阪府や福岡市など独自路線をとる自治体も存在したが，このような独自の事例では，教育委員会や学校の自律的な判断というよりも，首長中心の判断という特徴が目立った。

6．考察

　COVID-19という非常時における４カ国で顕在化した教育行政の特質について，①義務教育制度の分類（就学義務か教育義務か），②教育行政の自律性，③当事者の教育参加，④休校決定の責任所在，⑤専門機関のプレゼンス，⑥社会的弱者の優先対応，⑦教員のエッセンシャルワーカーとしての位置づけ，⑧休日の短縮による授業時数の回復，の諸点から比較検討を行う（**表**）。①～③は教育行政の前提であり，④～⑧は明示された政策理念や特徴である。

　①についてはフランスのみが教育義務をとるが，学校外の教育機会としての遠隔教育教材が充実していた点も特徴的である。②については諸外国ではCOVID-19禍でも教育行政の一定の自律性が保たれているのに対して，日本では首相や首長に権限が集中している。くわえて，③政策決定に当事者の参加が保障されていない点も諸外国との対比で明らかになっている。④休校決

表　COVID-19禍で顕在化した教育行政の特質

	フランス	スペイン	ドイツ	日本
①義務教育制度の分類	教育義務	就学義務	就学義務	就学義務
②教育行政の自律性	○	○	○	×※
③当事者の教育参加	○	○	○	×
④休校決定の責任所在	○	○	○	×※
⑤専門機関のプレゼンス	○	○	○	×
⑥社会的弱者の優先対応	○	○	○	×
⑦教員＝エッセンシャルワーカー	○	○	○	×
⑧休日の維持	○	○	○	×

○…あてはまる，×…あてはまらない　　　　　　　　　　※建前と実態の齟齬が大きい。
（筆者作成）

定の権限と責任の所在については，日本は制度の建前と実態とが乖離し曖昧だったと言える。なお，教育行政にとどまらずCOVID-19政策全般に言えることだが，いずれの国でも集権制／分権制によるガバナンスが問い直されている。②③はこれとの関連が深いが，中央―地方関係などの視角が加わる。フランスは集権的だが教育行政の自律性を確保すると同時に当事者の教育参加も保障している。ドイツは教育政策の決定権を州に分権化し，当事者の参加を実定法化している。スペインも全土の教育法・施策の一定基準の決定を除き分権的で，中央と地方の教育行政の自律性や当事者の教育参加が保障されている。３カ国における教育参加は非常時でも確認できる。

　⑤専門機関としては，フランスでは国立感染症研究所（パスツール研究所），スペインでは疫学国立センター，ドイツではロベルト・コッホ研究所がプレゼンスを発揮している。日本は政治主導であり，専門家会議も設置されているが補助的である。⑥貧困対策についてはいずれの国でも強調されているが，日本以外の３カ国ではより広く社会的弱者への配慮が打ち出されている。⑦日本以外の３カ国では教員はエッセンシャルワーカーと位置付けられ，PCR検査とワクチン接種も優先グループに属している。

　⑧学校再開後に長期休暇を短縮したり休日を授業日に振替えたりする政策は日本以外の３カ国には見られない。日本では，いわゆる「学習の遅れ」言

説から授業時数の回復を図る対応がとられ，時間確保の観点からもいわゆる受験教科への重点化や学校行事の中止，部活動の中止などがなされた。なお，学校教育のICT化の遅れは4カ国に共通する。

　もちろん，以上①〜⑧の明示された政策理念や特質に実態は追い付いていないが，理念が明示されるか否かによる違いには画然とした違いがある。

　COVID-19の災禍が人間社会にさまざまな気づきを与え，子どもにも通常では学びえない様々な経験をもたらす機会となったことを積極的に評価できないものだろうか。大人が用意する教育課程やカリキュラムのみを「学び」として，子どもが現に経験している多様な学びを奇貨ととらえることを妨げているならば，それもまた義務教育の轍と言えるかもしれない。

　結びに，本研究の今後の課題について述べる。公教育におけるCOVID-19への対応も時々刻々と変化しており，今後研究を深化させるためには調査の継続が重要となる。COVID-19が現地調査を困難にさせている状況も続いているが，各国の差異が映し出す特質は，日本だけでなく諸外国のパラダイムの再考にも示唆に富むため，新たな国際研究協力が求められている。

※1　本論文の内容は，執筆者全員による討議を経たものだが，主な調査分担は，2．フランス－園山，3．スペイン－有江，4．ドイツ－辻野，5．日本－中丸，である。1．はじめに，6．考察，は4名全員による。
※2　本研究は，科研基盤A（19H00618）「中等教育の生徒が早期離学・中退・進路変更する要因と対策に関する国際比較研究」（研究代表者：園山大祐）の研究成果の一部である。
（大阪大学，大阪市立大学，世界人権問題研究センター，大阪大学・院生）

〈註〉
⑴　学校閉鎖や休業などの言葉もあるが，本稿では「休校」で統一する。また，「緊急事態宣言」「警戒事態宣言」「外出禁止令」等については各国の表現に準じる。学期・年度の呼称は本稿では「年度」と統一する。
⑵　大阪大学人間科学研究科教育制度学研究室公式サイト「コロナと教育（日欧比較）」http://educational-policy.hus.osaka-u.ac.jp/covid-19/index.html　以下，本稿では引用・参考元URLを割愛するが全て特設サイトに明記している。最終

閲覧日は特に表記しないかぎり「2021年5月28日」である。

⑶ 特設サイトの「フランスにおける対応の特質」の項を参照。以下，同様。

⑷ LCI（報道番組）Audrey Le Guellec記者の取材より。

⑸ DEPP, *Note d'information*, no. 20.42, Novembre 2020.

⑹ 国民教育省デジタル教育全国大会報告書（20年11月4－5日）。

⑺ ユネスコによると，この1年間で，フランスは10週間で，日本の11週間，スペインの15週間，ドイツの28週間と比べ休校日数が最も少ない。

⑻ 国家計画（2007）において休校の実施に言及していたが，2009年インフルエンザ・パンデミックの際には休校は行われなかった。（特設サイト）

⑼ 1978年憲法第116条（警戒事態を含む3つの非常事態を規定）に基づき，2020年政令463号［Real Decreto 463/2020, de 14 de marzo］が発令され，同第9条1項は全教育段階の教育活動停止と遠隔及びオンライン教育を規定した。

⑽ 有江ディアナ（2020）「新型コロナウイルス感染症に伴う義務教育課程への対応（スペイン編）」11-12頁。（特設サイト）

⑾ 園山大祐，他（2020）「仏西日独におけるCOVID-19への対応が映し出す義務教育の特質：教育義務／就学義務にもとづく各国の対応」6-8頁。（特設サイト）

⑿ 園山他，前掲註⑾の8頁。（特設サイト）

⒀ 2020年政令法7号［Real Decreto-ley 7/2020, de 12 de marzo］。

⒁ 2020年政令法31号［Real Decreto-ley 31/2020, de 29 de septiembre］。

⒂ Plataforma de Infancia, *et al.*（2021）*Informe Cole Seguro: La seguridad de la educación durante el primer trimestre del curso 2020/2021*, pp.10-36.

⒃ CEAPA（特設サイト）

⒄ 次の労働組合FSIE，CSIF，ANPEのホームページを参照した。

⒅ FAMMA Cocemfe Madrid（特設サイト）

⒆ 疫学的なエビデンスに基づき保健省に助言する疫学国立センター（Centro Nacional de Epidemiología: CNE）のほか，感染症対策のための臨時の学際的な専門家会議（Comité de Expertos）が中央と各自治州政府に置かれている。

⒇ 教育省「関係者の協力で2学期は99.6%が休校せず」（21年3月29日付）

(21) 有江ディアナ（2020）「海外の学校－スペイン－新型コロナウイルスと学校」『季刊教育法』第207号，59頁。

(22) 有江ディアナ（2021）「スペインにおける早期離学問題に対する教育制度上の対策と限界」園山大祐（編）『学校を離れる若者たち』ナカニシヤ出版，142-143頁。

(23) KMKの政策文書は特設サイトに一覧化している。以下，同様。

⑭　Vgl. Johannes Rux（2018）, Schulrecht, 6. Auflage, C.H.Beck, S.39-40.

⑮　文部科学省の政策文書や先行研究等は特設サイトに項目毎に一覧化した。

⑯　ユネスコは教師へのワクチン優先接種を求める声明を出している。

⑰　児童生徒の出欠の取り扱いについては，感染者や濃厚接触者などのほか，感染不安を理由に休ませたい場合も合理的な理由があると校長が判断すれば指導要録上「出席停止・忌引き等の日数」として記録し欠席とはしないことができるとされている。

⑱　一例として，髙橋哲（2020）「新型コロナウイルス臨時休業措置の教育法的検討（一）——問題の起源としての首相『要請』——」『季刊教育法』第205号，4〜11頁，など。

Features and Challenges in Educational Administration Through Comparative Analysis of Measures Against COVID-19: Focusing on Compulsory Education

Daisuke SONOYAMA, *Osaka University*

Kemma TSUJINO, *Osaka City University*

Diana ARIE, *Kyoto Human Rights Research Institute*

Nagomi NAKAMARU, *Osaka University Graduate School / Graduate Student*

The catastrophe caused by COVID-19 confirmed at the end of 2019, has quickly spread all over the world. This shows how globalized society is.

Protecting children's health and education from COVID-19 is a common goal of all countries. However, there may be differences in their education policies and measures to combat COVID-19. There may also be particular differences in the characteristics of educational administration. Due to the state of emergency in each country, certain characteristics that are usually hidden or hard to see in normal times have become apparent in educational administration and compulsory education.

The purpose of this article is to clarify what kind of characteristics of educational administration and compulsory education system as well as what kind of issues have been addressed during COVID-19. Therefore, the educational policies of France (Section 2) , Spain (Section 3) , Germany (Section 4) , and Japan (Section 5) are overviewed. In the conclusion, a brief comparison of these countries (section 6) is made.

There is a premise that there are differences in the characteristics of compulsory education. However, it has been clarified that the different measures to combat COVID-19 in these four countries are greatly influenced by the differences in the educational administration of each country. Unlike France, which defines the compulsory education system as an "obligation to education" where homeschooling is accepted, Spain and Germany, like Japan, define it as "compulsory schooling". Nonetheless, it has become clear that even the three countries Spain, Germany and Japan, which have the same "compulsory schooling" system, have structural differences in educational administration, including the allocation of central-local authorities.

Comparing France, Spain, Germany and Japan from the following eight points, the characteristics and issues of educational administration in each country have been clarified as well. (1) Classification of compulsory education system, (2) Autonomy of educational administration, (3) Educational participation by the parties concerned, (4) The authority to initiate school closure, (5) Support from infectious disease specialized institutions, (6) Protective measures for vulnerable groups, (7) Recognizing teachers as essential workers, and (8) Shortening school holidays to "recover" education loss.

COVID-19 is not over. It still has a serious impact on everyone and continues to affect a child's development with long-term challenges around the world, including education. There is no doubt that COVID-19 has given children awareness and opportunities for a lot of experiences that children cannot normally have. The trying and stressful time for children may be a treasure trove of learning. There must be "something" that can be evaluated as positive from these experiences. If only the systematic educational programs and the curriculum prepared by adults are recognized as "learning" and that, in a way, prevents "learning" from the variety of natural experiences that children are having now, this may be an area of compulsory education that needs to be addressed.

Key Words

COVID-19, Compulsory Education, Central-Local, Educational Administration, School Closure

教員供給の問題を教育行政学は どう分析・解題するか

―労働（市場）分析とエビデンスの政治への着目―

川上　泰彦

1．教員の供給をめぐる課題

　近年，教員供給の課題がさまざまな形で顕在化している。教員採用試験においては採用倍率の低下傾向が続いており，2019年には小学校教員の全国平均が2.7倍となり，ここ40年で最低水準となった[1]。「学校における働き方改革」の一方で，長時間労働をはじめとする教員の勤務環境の問題が解決していないことなど，教職の魅力低下を危惧する報道もみられる[2]ほか，低倍率下で採用された教員の質に対する不安[3]も指摘されている。また2017年頃からは，年度当初や年度途中において教員の定数が充足できない状況として，いわゆる「教員不足」の問題が指摘されている[4]ほか，非正規教員の充足についても問題点が明らかにされつつある（原北2020）。

　このように，教員供給において人材の質的向上や量的確保が政策課題とされる一方で，2022年度から小学校では段階的に「35人学級」の導入が進むことになり，中学校での実施にも期待が高まっている。2000年代中盤以降，長らく教職員定数改善が頓挫してきた中で「35人学級」が実現するため，これを歓迎する声は大きいものの，そのタイミングは教員供給の課題の顕在化と重なることになった。もし，教員供給が追いつかずに少人数学級化が停滞した場合や，十分な質の伴わない教員を動員して少人数学級化を無理に進めてしまった場合，費用投入に見合った政策効果が認められなくなることで，将

来的な追加投資の見込みなどが不透明になるおそれがある。

　教員供給の改善が喫緊の課題となる中で，中教審には「『令和の日本型学校教育』を担う教師の養成・採用・研修等の在り方について」が諮問された（2021年3月12日）。諮問理由の中では「教員不足」や「採用倍率の低下」が目下の課題として掲げられ，主な審議事項として「すぐれた人材確保のための教師の採用等の在り方」や採用後の「強みを伸ばす育成やキャリアパス」のほか，免許更新制の見直しによる「必要な教師数と資質能力の確保」が挙げられた。さらに，教員の質向上の具体像としては教員採用試験の倍率回復（人気回復），多様な専門性の確保，教職外からの新たな人材の参入，教員養成の高度化，研修等の見直しが挙げられていたが，これらの策について，相互の関連性が意識されている様子はみられなかった。

　一般的な労働力の供給において，人材の質の問題と量の問題には関係性があり，教職も例外ではない。たとえば教員免許状更新制度のように，資格要件の追加・高度化によって，直接的に人材の質の担保を図ろうとすると，「外部」からの参入障壁（たとえばいったん教職以外の職を選択した者が，改めて教職に就くためのコスト）は高くなる。このとき参入障壁を越えるコストに見合った待遇等が期待されなければ教職への参入は選択されず，教職に就くことが高い利得をもたらすと期待される場合には参入障壁を越える選択がなされると想定され，量の確保に影響を及ぼす。逆に，人材の多様性を確保するとして資格要件を簡略化すれば，量の確保と引きかえに資格による質保証機能は低下するが，新規参入希望者が増えれば競争・選抜は強化され，質保証機能の維持・向上が図られると想定される。

　このような教員供給の構造が理解されていないことに加え，ごく近年までは教員の量的な不足や質の低下自体が問題視されてこなかった。全国的には（採用者数が最小を記録した）2000年から教員採用数は拡大が続き，特別支援教育の拡充などにより，山崎（1998）が予測したような採用縮小は先延ばしされ，潮木（2013）の指摘以上に大量採用が継続している。また，分権化で発生した裁量を活用して，地方ではさまざまな工夫で少人数指導・少人数学級施策等を進展させ，これも教員の需要拡大を支えた。

しかしその過程では，採用倍率の低下や適任者の不足といった形で，量の確保や質の保証が問題とされることはなかった。先に述べたように，教員供給において質の問題と量の問題との間には一定の関連性が仮定できる。しかし実際には，人材の大量需要が生じたにもかかわらず，人材の量・質に関する問題は認識されなかった。後述するように，この要因としては労働全体の状況など外部環境の影響が考えられる。教員供給の問題について対応策を検討する際には，こうした構造や背景要因の分析が必要で，それがなければ問題の矮小化と偏った政策的対応がもたらされるリスクが高まる。

　たとえば，近年の教員供給の問題を招いた要因を教職の不人気化に帰するような，過度に単純化された理解は，教員供給が前提としてきた構造の問題を見落とし，対応策の検討においても根本的な問題を放置するリスクがある。実際のところ，小学校では採用倍率の低下が顕著だが，新規学卒者ではなく既卒者の採用試験受験者が大きく減っており，中学校では新規学卒者の受験者減が指摘されるものの，5倍程度の採用倍率がまだ維持されている[5]。マスコミ等を介して教員の労働環境の問題は広く知れ渡ったが，労働環境と教員供給との直接的な因果関係にのみ着目すると，上記のような学校種による動向の違いを説明するのは難しい。教員供給の改善に向けて教員養成や採用にかかる制度の見直しを論じるには，学校種による違いや新卒者・既卒者それぞれの動向を導き出している構造を明らかにして，国レベル・地方レベルでの環境変化をふまえた整理が必要となる。

　教員の就労については，長期的・安定的な雇用関係や，新卒一括採用といった「日本型雇用」の慣行が強く，ある一時期の採用動向が長期的な影響を残す傾向にある。たとえば，かつての大量採用後の採用抑制によって生じた教員年齢構成の凸凹は各地で残り，近年では管理職の供給に課題を生んでいる。教員の雇用環境が流動的であれば，中途採用の強化や「民間人校長」「民間人教頭」の積極的採用といった短期的な方策でも年齢構成の調整はできるが，現状はそれが現実的な策とはなっていない。教員供給における「日本型雇用」の特質・慣行の強さをうかがい知ることができる。

　このように，教員供給については，課題の緊急性の一方で整理や分析が十

分ではない。そこで本稿では，まず近年の教員供給の動向・現状と，関連政策の検討過程にみられる教育行政研究上の論点を整理する。そして，今後検討されうる個別の政策案の特性を試論的に整理し，検討課題を提示する。

2．教員供給をめぐる国と地方の環境変動

この20年で，各自治体は教員の量的確保に関する自由度・裁量性を高めてきており，教育行政における地方分権化の代表事例として研究蓄積も多い。2000年・2001年の義務標準法改正では，都道府県教委が標準法を下回る水準で1学級の児童・生徒数の基準を設定できるようになり，いわゆる「定数崩し」による講師採用も可能になった。2004年の教育公務員特例法改正は，教員給与の国立学校準拠規定の廃止と総額裁量制の導入をもたらし，自治体（主に都道府県）は給与水準の設定にも裁量性を発揮できるようになった。さらに加配定数の少人数学級への流用（2004年）や市町村レベルでの常勤教職員の任用（2003年）などのオプションも加わり，さまざまな組み合わせで「少人数学級」を実現する自治体が現れた。

ただし，この期間に教職員配置に関する国の基準（定数）は改善されなかった。民主党政権時代の2011年に小学校1年生が「35人学級」となったのをほぼ唯一の例外に，国は規制を緩めることで地方の「工夫」を促し，教員の量的な充実を図ってきた。換言すれば，この20年ほどで進展した「少人数教育」施策において国レベルでの資源獲得の要素は薄く，代わりに地方レベルでの資源導入や資源活用の工夫が展開された。これは地方政治を介して教員の量的充実が図られてきたことを意味し，地方レベルにおける教育政策への関心がそれを下支えしてきた構図が指摘できる。

そして，その関心の具体は「学力」であった。特に2000年代終盤以降は全国学力・学習状況調査のスコア改善（全国平均比や自治体間での相対順位向上）といった（単純化された）成果志向が，自治体による教育政策の検討・実施を促した。ごく初期に地方レベルで少人数学級政策が導入される中では，全国学力・学習状況調査の始まる前の時期ということもあり，学力向上（テ

ストスコアの向上）への強い目的意識は観察されていない（青木2013）。しかしその後，全国学力・学習状況調査にドライブされた「学力向上」対策は全国で進み，その手段として，生活集団や学習集団の小規模化や，個別的対応の拡充が選択され，教員の量的拡充が進められた（志水・山田（2015），都道府県レベルについては志水・高田（2012），市町村レベルについては河野（2017）など）。2000年代後半から，少人数学級施策は雇用創出策としても受容されることで脱イデオロギー化し，保守・革新を問わず知事選挙における「人気政策」になったとされるが（橋野2016），学力への関心拡大も，こうした変化に与していたとみてよいだろう。

幅広い層からの「学力」への関心に支えられる形で，地方レベルでは裁量が発揮され，さまざまな手法を用いた教員配置の量的拡大が進展した。この際に用いられた手法は，基本的に教員の雇用条件を切り下げて裁量性発揮の余地を捻出するというものであったが，教員の雇用・待遇の条件悪化が伴うという指摘（山﨑2010など）が省みられることはなかった。したがって，教員供給への悪影響を懸念する観点から，教員の雇用・待遇の改善に関する政策が検討されるということもなかった。

というのも，この時期の民間の雇用情勢は悪く，教員採用試験は高倍率が続いていた（2010年は過去最高の採用倍率を示した）。これにより，臨時的任用等を続けながら採用試験を繰り返し受験し，正規採用を希望するという既卒者がプールされていた。したがって，この時期に雇用条件の切り下げを伴う形で教員採用を拡大させても，そうした雇用条件を受け入れる（かつ，一定の質や経験を伴った）人材は確保されていた。さらに言えば，臨時的任用等の不安定な雇用形態で既卒者プールの「受け皿」を用意しても，教職以外の職業に人材が流出する余地は少なく，待遇の切り下げや不安定さが教員供給の問題に直結していなかったことが指摘できる。

この結果，当時の高倍率の選抜で得られていた人材の「質」の水準を無意識の前提に，教員の「量」さえ確保できれば「教育条件の好転」がもたらされるという，短絡的な理解が生まれてきたと考えられる。教育政策の面で言えば，待遇面での配慮による人材の「質」の確保に関心を払わずとも，少人

数学級や少人数指導さえ達成できれば教育環境が改善され，成果が挙るという誤解が蓄積されてきたことになる。多くの自治体が教員採用に関して発揮した裁量性は，公務員全般において観察された雇用条件の切り下げ（非正規化）と同様であり，雇用情勢の悪さに乗じた教員の「量」の確保の成功は，「質」確保の視点を遠ざけるものとなったのである。

　そして近年になって，この情勢が大きく変化した。先に述べたように，教員の大量採用期が長期化した。一方，教員採用試験への参入には教員免許状の取得（主に教職課程における教員養成教育）が要件となる性質上，新卒者の教員採用試験受験者が劇的に増加する余地は小さく，大量需要への対応の中で既卒者のプールは減少した。ただし，この段階においても，臨時的任用等の経験を持った既卒者が新規採用されて大量需要に対応していたため，しばらく「質」の問題は顕在化しなかった。

　一方で労働市場との関係で言えば，2010年以降における民間雇用の活発化（有効求人倍率の上昇，失業率の低下）の中でも，教員の雇用条件は切り下げられたままであった。新卒一括採用の慣行も強く維持され，臨時的任用等の経験を積んだ既卒者を除いて，教職以外の職業経験者が教職に参入することは前提とされなかった。「民間人」管理職や，特別免許状や特別非常勤講師といった外部人材の参入を主旨とする制度の活用状況が低調で，後に各人事権者が定める「教員育成指標」等でも中途採用者が特段認識されていないように，教職外部から人材を募集する志向は弱いままであった。

　これらの複合により，教員採用試験の倍率は低下し，既卒者プールの減少に伴って「質」をめぐる問題意識も先鋭化したと考えられる。教員供給における雇用条件の維持・向上といった，通常であれば教員の「質」に直結するような議論を放置し，教員採用倍率の高さや民間の雇用環境の悪さに乗じた形で，地方レベルで「量」の確保（少人数学級・少人数指導の拡大）が進み，その戦略が通用しなくなったにもかかわらず，明確な対処を打ち出し得ていない状況が出現している。さらに言えば，今後少子化が進展し，新規大学卒業者数や新規教員免許取得者数が大幅には拡大しないにもかかわらず，新卒一括採用を前提に，採用試験の倍率といった方向にしか「量」と「質」の問

題関心が向かない，ということの問題性も指摘が必要であろう。

3．エビデンスの政治における専門知の弱さ

　こうした環境変動を招いた背景として，国レベル・地方レベルの「エビデンスの政治」で，専門知が十分に機能しなかったことが指摘できる。

　教員の供給を論じるうえで，教員の「量」については雇用の枠（法定される定数と自治体レベルでの追加的な配置）の規模とその充足状況を根拠に，現状を把握することができる。一方で教員供給における「質」を把握することは難しく，環境との相互作用の中で個々の能力が発揮されるという前提のもとでは能力の把握（指標化）自体に課題が残る。また児童・生徒の成果から教員の「質」を類推する実験的手法（西野2016，2020）についても，日本の学校文脈において学力（テストスコア）を成果指標とするのが妥当か，妥当と前提したうえで正確な類推が可能か，納得感を伴う運用が可能か，といった点などについて十分な結論は得られていない。

　またそもそも，教員の「量」の拡充がどの程度の効果を有するのかについても議論がある。テストスコアに成果指標を限定して教育の効果測定を論じた場合であっても，学級規模の縮小がそれほど高い効果を示さないことが指摘される（ハッティ〔著〕山森〔訳〕2018）一方で，日本の学校文脈に特化した分析では，環境（学校レベルの平均SES（社会経済的背景））の厳しい学校では学級規模の縮小に比較的大きな効果が見られることも指摘される（妹尾・北條2016）。財政効率性の面から見た場合，日本が今後教員の「量」を拡充しても，それが効率的に成果をもたらす保証は低い一方で，教員の量的確保のための資源投入を減らすことが状況悪化につながりやすい（閾値直前のような）状態であることも指摘されている（橋野2016）。

　教員供給の量的拡充の効果や，質的拡充を考える上での指標の捉え方については，教育政策立案に携わる関係者の中で科学的アプローチの到達点や限界が共有できているわけではない。そして，政策立案と科学の間に距離がある状況の中でEBPM（エビデンスに基づく政策決定）が推進されることで，

「何をエビデンスとするか」は科学の問題ではなく政治の問題となっている。このような「エビデンスの政治」の状況下において，教員供給に関する専門知が十分には政策に反映されていない状況が生まれている。

　政策決定において，エビデンスは「エビデンスである」こと（専門的なエビデンスの規準を満たしていること）ではなく，「エビデンスと呼ばれる」こと（政策の側にエビデンスとして受容されること）の政治的・レトリック的な効果によって威力が発揮されるという（今井2015）。教育政策に関する検討過程の分析においても，「エビデンス」の語義が固定的には使われず，政策形成に関わるアクター間に起きる政治の影響を受けていることが示された（小野2015）。さらにこの研究では，教育政策形成に超然と意向を反映させうるアクターが「エビデンス」を掲げると，それが科学的根拠を備えているかのような外装を伴うとともに，その「エビデンス」を「条件主義」的に機能させることでアクター間の影響力の非対称性が維持され，当該アクターの意向は強く政策に反映されることも指摘されている。

　国レベルでの教育政策過程において，文部科学省は「金目の議論」に弱く，今後「政治から逃げない」「政治的支持連合づくりから逃げない」ためにも，政府に要望を届けるロビイング活動や，それを支えられるような専門的知見を蓄積したシンクタンク機能の必要性・重要性に気づくべきであると指摘される（青木2021）。この指摘は，国レベルでの政策決定において文部科学省が「エビデンスの政治」に効果的な参入を果たせていないことを含意している。国レベルでは教員供給をめぐる資源獲得が十分には成功せず，基礎定数ではなく加配定数によって教員供給の改善を図るとともに，（教員の雇用条件の切り下げを伴う）地方の裁量発揮を認めることで少人数学級・少人数指導が実現されてきた，という経緯にもその特質が見出せる。

　今般，コロナ禍の中で義務標準法の改正が行われ，小学校における「35人学級」が進められることになったが，この過程ではそうした「エビデンスの政治」に部分的な変化が見出された。2020年に文部科学省が概算要求に盛り込んだ少人数学級の体制整備について，財務省（財政制度等審議会）は，学級規模を縮小しても学力には効果を及ぼさないか，僅かな効果しか示さない

という検証結果を根拠としつつ「一律に少人数学級を進めるべきだという意見は大勢でなかった」との見解を示した。これに対して文部科学省は個別最適な学びの実現や感染症対策等の観点から少人数学級を求める声があることを示し，「攻防」の「激化」が報じられた[6]。

　これまでも，財務省（財政制度等審議会）は学力への効果や他国の状況との比較を根拠に教員定数増を否定的に捉え，むしろ教職員数の削減を主張してきた。これに対して文部科学省は守勢に回りつつ反対の見解を示し，教職員定数の必要性を主張してきた[7]。これに対して今般の義務標準法改正をめぐる「攻防」では，従来同様に学力への効果の薄さを主張する財務省に対して，文部科学省はコロナ禍を受けた感染症対策等を新たに掲げて与野党や世論の後押しを受けた，とされる[8]。財務省の主張内容に大きな違いがない中で，政策の採否に違いが出たということは，教員定数増について何を「効果」とするのかの「エビデンスの政治」がこれまでも存在し，コロナ禍ではその構図がやや変動したことをうかがわせる。

　とはいえ，直近の財政制度等審議会の資料[9]においても「少人数学級の効果検証」の文脈で，学校単位のいじめ・暴力・不登校の件数データを用いた分析から得られた「学級規模の変動による有意な因果効果が確認できない」という結果（中室2017）が参照されるなど，質の低いデータによる分析結果に「科学的根拠を備えているかのような外装」をまとわせる動きが見られる。いじめや暴力など，主観的判断を伴うデータの限界については，児童虐待を題材とした指摘（内田2009）が既にあり，先に挙げた参照元の論文でもデータの限界を自ら指摘している。しかし，政策論議ではそうした「但し書き」を脱落させた形でエビデンスが主張されており，「エビデンスの政治」の片鱗が見える。国レベルでの政策過程における「エビデンスの政治」の問題は，今後の研究が待たれる点と言えよう。

　一方，地方レベルでは教員の増員に向けた工夫が行われたものの，全般的にエビデンス自体が不十分な中で政策の決定・導入が進められており（阿内2015），国レベルの「エビデンスの政治」とはまた異なる様相を示している。地方レベルでの少人数学級政策導入の初期においても，政策の効果検証には

あまり関心が払われず，首長にとってはローコスト・ハイリターンな政策として少人数学級編成が注目されていた（青木2013）。少人数学級政策を採用する県が拡大する中でも，教育条件や成果の改善という真の有権者の希望に対して，手近な手段の範囲で実績を誇示できる少人数教育が自己目的化し，教員の雇用条件やそれに伴う教員の「質」や教育政策を不可視のままとされた「首長の違背的な業績誇示行動」が指摘されている（橋野2016）。

このように，国レベルでは教員供給に関する「エビデンスの政治」の不首尾が続く中で，一方で地方レベルでは「エビデンス（の政治）」自体が不在なまま，把握の可能な数字（学級規模）にドライブされた「独自施策」が進展した。先に指摘した通り，全般的な雇用状況の悪さや分厚い既卒者プールに安住した教員供給策が行き詰まったにもかかわらず，「エビデンスの政治」の不首尾や不在により，原因分析に基づく対応策が十分に打ち出せない状況となっていることが指摘できるのである。

一連の教員供給の問題は，分権化後・政治主導の時代の教育政策過程における「エビデンスの政治」の問題を，国レベルと地方レベルのそれぞれにおいて浮き上がらせるものでもあった。そして，このように「エビデンスの政治」が多層的に展開される中で，教育行政学はこれにどう接するのかも問われている。「エビデンスの政治」を外部から眺め，精緻な分析を展開するという方法に加え，より質の良いエビデンスに迫るような政策のインプット，アウトプット，アウトカムの研究を行う，という方法が考えられるが，いずれも今後の発展・成熟が求められる内容である。

4．どのように教員供給の問題に踏み込むか

以上のように，近年の教員供給の問題では，労働力の供給に関する知見と教育行政学との隣接関係を見出し，それを分析に反映する必要性が指摘できる。さらに，国レベル・地方レベルそれぞれの政策動向からは，政策の採用・実施における「エビデンスの政治」の問題を読み取ることができ，それぞれが教育行政学として引き取るべき論点を構成していた。

これらから導かれるのは，第一に，教員供給問題への対応にあたっては，「教員の魅力」といった印象論や観念論のような対応策では十分な成果を産まない見込みが高いという点である。そして第二に，そうした失敗の見込みがあるにもかかわらず，政策過程における「エビデンスの政治」が不首尾におわると，そうした政策が採用され続けるリスクがあるということである。一方で，たとえば今後の経済状況によっては，民間企業等での採用活動の停滞により，教職の人気が「回復」する可能性もある。しかし，一時的な状況の「好転」に乗じて，労働や経済の側面から教員の質や量の確保に向けた施策の検討を軽視するのは，問題の先送りにしかならない。

　日本の教員供給は，相当免許状主義や教職課程を基盤に「大学における教員養成」を展開しているため，（新卒）労働市場が簡単には拡大しない構造となっている。そうした前提のもとで新規学卒者に偏った採用戦略が維持されてきたため，臨時的任用等の形で正規採用待ちをしている既卒者のプールが減ると，高い競争倍率を維持しながら（量的に十分な志望者を集めて，その中から）教員を確保するのが難しくなる。少なくとも中長期的には，労働や経済の領域にもヒントを得ながら教員確保の問題を論じ，そうした議論を基礎に教員供給政策をとることが求められている。

　これについては，新規採用と採用準備教育の方策を考えるだけでも幅広い論点を有している。試論的に整理しても以下のような検討点が想定される。

　まず，新卒一括採用と呼ばれるような雇用慣行をどの程度想定して教員供給を考えるかによって，その帰結には幅が生まれる。新卒一括採用を強く維持する（中途採用のような，他業種からの参入を検討しない）場合，採用倍率を上昇させて質保証を図るには，教職課程の拡大や教職課程修了者からの教職希望を増やすことが必要となる。しかし近年ではむしろ，教職課程の「質保証」の観点から一般学部での教員養成に対する要求水準は高まっており，量的供給の回復を遠ざけている側面も指摘できる。

　また採用拡大期を通じて目減りした既卒者プールを従来の水準に戻すには，新卒者による教職希望者を量的に確保するほか，正規採用待ちの既卒者が他職種に流動しないだけの雇用条件を確保することも求められる。教職は資格

制度によって他職種からの参入が難しい一方で，教職志望者が資格を要しない他職種に流出することには制限がない。そのため，明確な効果を測定しづらい（効果の予測も難しい）印象論的な「教職の魅力」だけでなく，雇用条件等の明示可能・比較可能な「教職の魅力」の確保も必要といえよう。

　一方で新卒一括採用の習慣を前提としつつ，競争倍率を確保して人材の「質」を担保するという考えを放棄する戦略も考えられる。厳しい選抜を通過させることで「質」を保証するのではなく，現行の長期的・安定的な（正規採用者の）雇用関係を基礎に，長期的・継続的な能力開発によって「質」を保証するという戦略である。このためには，長期的・安定的な雇用の基礎となっている諸制度，すなわち各「標準法」に裏付けられた教職員定数や，財政的にそれを支える国庫負担制度（および地方交付税交付金制度）の維持が必要となる。なお，他職種への人材流出にも留意するのであれば，雇用条件等の側面で「教職の魅力」を確保することも重要と考えられる。

　これらに対して，新卒一括採用の慣行を弱めて中途採用を充実させるという考え方もできる。ただしこの場合も，単に任用段階で中途採用の「枠」を設けるだけで十分な効果が出るとは考えられない。中途採用者に対する「傍流」扱いが固定的で，個々のキャリア展望が開けないような処遇や昇進管理しか行われなければ，他業種から教職に参入する誘因は弱く，中途採用の活性化は期待できないからである。

　他職種から教職への参入を拡大するには，参入前のキャリア等を通じて身につけてきた能力・経験が正当に評価され，中途採用時の処遇や中途採用後のキャリアに反映されることが必要となる。別途検証を要するが，各都道府県等で定める教職員の「育成指標」は新卒一括採用の慣行が反映され，教員の能力を教職経験年数と同一視するような傾向が根強い。中途採用が活性化すると，教職への参入はさまざまなタイミングで行われるため，教職経験年数と能力評価の対応関係は弱くなる。したがって人事担当者は教員の能力や経験をこれまで以上に正確に評価・把握し，それに応じたキャリアと能力開発を用意することが求められることになると考えられる。

　次に教員供給までの準備教育（教員養成教育）をコストと利得の視点で整

理すると，教員採用への準備教育（教員養成教育）の内容が増えたり，それによって教育期間が長期化するなどして，採用要件を満たす（教員免許状を取得する）までの金銭や時間のコストが高まると，教職を志望する際には，そのコストに見合った利得（たとえば確実な採用や，採用後の安定的な高待遇など）が期待される。もしそうしたコストに見合わない利得しか期待できない（免許取得や正規採用までの金銭的・時間的なコストに見合うだけの処遇等が保証されない）と判断した者は，教職への参入を回避し，より「見合った」職を探すと考えられる。もちろん「教員であること」自体が精神的な利得になる場合（教職に高い名誉意識や「やりがい」を感じるなど）もあるが，これも他の利得と同様に，どの程度のコストに見合うかという程度問題になる。精神的な利得にのみ頼って必要数の確保が果たせるほど，教員の需要数が小さくはないことも注意が必要である。

　なお，これらについては，小学校と中学校・高等学校での教員供給構造の違いに留意した考察も求められる。小学校の教員養成教育を行う大学は比較的限定されており，就職時点において他職との比較が発生しにくい（代わりに，大学進学段階において他職との比較が行われている可能性が高い）と想定される一方で，中学校・高等学校の教員養成教育を行う大学は（教員養成系の大学に限らず）幅広く，一般学部からの教職選択などを考えると，就職段階において他職との比較が生じると考えられる。教員養成段階で「いつ，何が教員志望を左右するか」といった知見を蓄積し，教員供給の構造と，何が供給に影響を及ぼすのかの精緻な分析が求められよう。

　このような前提に立って，高水準（高負荷）な教員養成制度を今後の姿として構想する場合，大幅な待遇改善や社会的地位の向上などがない限りは，新卒での教員免許取得者数の増加を導き出すことは難しい。むしろ高コストに見合う処遇が得られなければ教員免許状取得者数が減少することも想定でき，これまでのように採用段階での選抜における高倍率（厳しい採用競争）を根拠に教員の質を保証するのは難しくなる。先に触れたような，採用選抜における低倍率を一つの前提とした長期的な人材育成による質保証が，教員養成にも敷衍されると考えられる。なお，中学校・高等学校について極端に

高水準（高負荷）な教員養成制度を追求することは，教職課程を設置する大学にとって免許取得可能な環境を維持するための負荷が増えることを意味する。開放制の教員養成制度のもとで教職課程を設置・運営することは，大学にとってもそのコスト（と利得）が検討対象となることを含意する。「質」と「量」の確保とともに，多様な人材を供給するという理念の実現をどう達成するかについても検討が求められているのである。

　一方で，新卒での教員免許取得者数と採用試験の受験者を増やし，高い競争倍率を実現することで質保証を図ろうと考えた場合には，幅広い参入者が得られるよう，教員養成制度を通じた資格要件等を簡略化・簡便化することが考えられる。この場合，採用選抜に参入する教員志望者が増えて競争倍率が高くなれば，採用時点での質保証は一定程度実現すると考えられるほか，先に述べたような（他職種からの）中途採用も活発化の余地が発生する（当然，参入後のキャリアや能力開発の検討は残る）。

　そして他職種からの中途採用を含めて採用選抜を強化する場合は，初期キャリアからの長期的・安定的な雇用を前提に，研修をはじめとする能力開発の積み重ねによって知識・技術の水準を高めるという，これまでの教員雇用の前提はやや弱くなる。代わりに現在よりも厳格な能力判定を基礎に，経験年数以外の方法で「質」を測定し，状況に応じた能力開発が求められることになる。もちろん，そのためには能力評価のための指標の開発が必須であり，新たな研究・実践の課題が浮上することになる。

　この場合，採用時や採用後の能力判定が十分できない状況や，雇用の流動性に対応するような能力形成の仕組みが不十分なまま，中途採用の参入障壁だけが取り払われる（たとえば資格要件の簡略化だけが進む）状況が危惧される。採用時や採用後の能力評価と，それに基づく配置や研修が機能しない中で，雇用の流動化だけが進めば，教員の質保証が追いつかなくなるリスクが生じる。これは学校教育の質が「底抜け」するリスクに直結する。

　また適切な処遇改善が進まない中で教員に関する雇用の流動性が高まると，中途採用のような「途中参入」だけではなく「途中退出」が増加する余地も生みだすことになる。そして，こうした状況が定着すると，雇用者側がコス

トを負担して能力開発を行うことの合理性も低下する。つまりコストをかけて人材育成をしても，その人材の組織定着が期待できないとなると，雇用者側は育成ではなく評価と処遇（適者を採用し，不適者を解雇する）によって人材の質保証を図ると考えられ，同様のことが教職にも発生すると想定できるのである。

おわりに

　近年になって顕在化した教員供給の問題については，労働市場との関係性をふまえた人材確保策の検討が必要であり，十分な検討なく「思い」が先行するような施策を進めると，人材の量の確保についても質の維持向上についても，十分な機能を果たさないおそれが指摘できる。これは教員供給に隣接する課題でも同様で，たとえば「学び続ける教員」のコンセプトを実現する方策についても，初期からの長期的・安定的な雇用環境を前提に，研修の充実といった形で実現を図るのか，流動的な雇用環境を前提に，より個別化した能力・経験の評価（と処遇への反映）といった形で実現を図るのか，というように，雇用環境との相互作用を考えなくてはならない。そして，これら隣接領域の知見との対話を含めて，どのようなエビデンスやアイデアが政策立案に採用されるのかについては，多層的な「エビデンスの政治」を念頭に置く必要がある。

　教育行政学にとっては，エビデンスやアイデアを豊かにするような研究の蓄積という方向性も，また「エビデンスの政治」の過程自体を観察対象とするような研究も想定される。本稿では教員供給という側面に注目して，教育行政と労働（市場）の問題を扱ったが，労働やキャリアに関する研究との対話を要する課題は他にも山積している。また教員労働市場の研究とあわせて，心理的動機に着目した研究蓄積にも課題が残されており，多面的な研究の発展を必要としている（橋野2020）。こうした点も付記しておきたい。

（兵庫教育大学）

〈註〉

⑴ 文部科学省「令和２年度公立学校教員採用選考試験の実施状況」（2021年２月
２日公表）。中学校は5.0倍，高等学校は6.1倍で同様に低下傾向にある。

⑵ 「学校現場での長時間労働の問題が解決されず，学生に教職を敬遠する動きが
広がっているとみられる」（「教職敬遠され，採用倍率最低　春の公立小，朝日
新聞社集計」朝日新聞2021年６月25日）や「近年，教員は多忙化が指摘され，
『ブラック職場』として学生らに敬遠されている」（「教員志望減　採用正念場
20年度公立小　2.7倍，最低更新」読売新聞2021年３月５日）の指摘がある。

⑶ 教科指導が不十分な若手教員が発生していることを報じる記事では，教員採
用試験の倍率低下への対応として教員養成課程の設置要件を緩和したものの，
新規参入した大学の学力水準が低い点が指摘されている（「教職「不人気」　小
学校の危機感」読売新聞2021年４月18日）

⑷ 文部科学省初等中等教育局「いわゆる『教員不足』について」（2018年８月２
日）など。

⑸ 文部科学省「令和２年度公立学校教員採用選考試験の実施状況」（2021年２月
２日公表）など。

⑹ 「少人数学級，紛糾　文科省，感染症の対策で必要　財務省，学力への影響限
定的」朝日新聞2020年10月28日

⑺ たとえば「財政制度等審議会財政制度分科会（平成28年11月４日開催）資料
（義務教育費国庫負担金関係）についての文部科学省の見解」（2016年11月）や
中央教育審議会「教職員定数に係る緊急提言」（2015年10月28日）のほか，2020
年11月13日「萩生田光一文部科学大臣記者会見テキスト版」など。

⑻ 「35人学級，コロナで一気　教育界悲願，『密回避』後押し」朝日新聞2020年
12月18日

⑼ 財務省「財政制度分科会（令和３年４月21日開催）資料一覧」より「資料２
文教・科学技術」７頁に「少人数学級の効果検証」の記載がある。（https://
www.mof.go.jp/about_mof/councils/fiscal_system_council/sub-of_fiscal_
system/proceedings/material/zaiseia20210421/02.pdf）

〈引用文献〉

阿内春生（2015）「市町村議会における教育政策の修正とエビデンスの不在―箕面
市における生徒指導専任教員配置政策を事例として―」『教育学研究』82巻２号，
253-264頁

青木栄一（2013）『地方分権と教育行政―少人数学級編成の政策過程』勁草書房

青木栄一（2021）『文部科学省』中公新書

今井康雄（2015）「教育にとってエビデンスとは何か」『教育学研究』82巻2号，188-201頁

潮木守一（2013）「教員需要の将来推計―これまでの経緯と残された課題」『大学アドミニストレーション研究』第3巻，11-30頁

内田良（2009）『「児童虐待」へのまなざし―社会現象はどう語られるのか』世界思想社

小野方資（2015）「教育政策形成における『エビデンス』と政治」『教育学研究』82巻2号，241-252頁

河野和清（2017）『市町村教育委員会制度に関する研究―制度改革と学力政策の現状と課題』福村出版

ジョン・ハッティ〔著〕山森光陽〔監訳〕（2018）『教育の効果　メタ分析による学力に影響を与える要因の効果の可視化』

志水宏吉・高田一宏〔編著〕（2012）『学力政策の比較社会学【国内編】　全国学力テストは都道府県に何をもたらしたか』明石書店

志水宏吉・山田哲也〔編〕（2015）『学力格差是正策の国際比較』岩波書店

妹尾渉・北條雅一（2016）「学級規模の縮小は中学生の学力を向上させるのか」『国立教育政策研究所紀要 第145集』1-10頁

中室牧子（2017）「少人数学級はいじめ・暴力・不登校を減らすのか」『RIETI Discussion Paper Series 17-J-014』

西野倫世（2020）「アメリカの教員評価における学力テスト結果の利活用をめぐる課題」『日本教育経営学会紀要第62号』134-145頁

西野倫世（2016）「現代米国の学校改善事業にみる学力測定結果の活用状況と課題―テネシー州チャタヌーガ市のValue-Added Assessmentをめぐる動向―」『日本教育行政学会年報第42号』130-146頁

橋野晶寛（2016）『現代の教育費をめぐる政治と行政』大学教育出版

橋野晶寛（2020）「労働環境と教職選択・教員需給」『東京大学大学院教育学研究科教育行政学論叢第40号』111-128頁

原北祥悟（2020）「公立小・中学校における非正規教員の任用傾向とその特質―助教諭の運用と教職の専門職性をめぐって―」『日本教育経営学会紀要第62号』62-76頁

山崎博敏（1998）『教員採用の過去と未来』玉川大学出版部

山﨑洋介（2010）『本当の30人学級は実現したのか？　広がる格差と増え続ける臨時教職員』自治体研究社

How Does Educational Administration Research Analyze
Problems of Teacher Supply?: Focus on Labor Market
Analyses and the Politics of Evidence

Yasuhiko KAWAKAMI, *Hyogo University of Teacher
Education*

While Japan has adopted a policy of reducing class sizes in elementary schools starting in 2022, the supply of teachers has become a policy issue. In some regions, schools are unable to supply enough teachers of sufficient quality. However, until recently, policy makers did not recognize teacher supply as a policy issue. There are two possible reasons for this. First, the supply of teachers has not been organized in terms of labor economics. Secondly, policies on teacher supply have been made at both the national and local levels without the use of specialized knowledge.

Since the 2000s, while national standards for teacher recruitment have hardly improved, local governments have gained more discretion in the number of teachers hired and their salary levels. Many local governments have slashed the employment levels of teachers in order to increase the number of teachers in the face of financial constraints. However, the overall employment situation was poor, and the hiring ratio of teachers remained high. Therefore, the number of prospective teachers did not decrease even though the employment level was lowered, and a certain level of quality of the personnel was secured despite the poor employment conditions. Later, while the economy was recovering, the demand for teachers continued on a large scale. However, the local government continued to recruit teachers mainly from new graduates, so it could not secure enough teacher applicants and the hiring rate decreased.

The failure of "evidence-based policymaking" in education policy to function well at the national and local levels, respectively, has created challenges for teacher supply. In examining the supply of teachers at the national level, the Ministry of Education, Culture, Sports, Science and Technology (MEXT) has been in a weak position in "evidence-based policymaking" because it has not been able to navigate the politics of the legitimacy of evidence. On the other hand, in examining teacher supply at the local level, the relationship between employment levels and teacher availability was not examined. In the absence of evidence, policy decisions have been made with an emphasis on appealing to residents rather than on improving the educational environment and educational outcomes.

In educational administration research, it is necessary to analyze the issues of teacher supply by using the findings of labor economics. It is also necessary to discuss such issues as whether to hire mid-career teachers in addition to the conventional batch hiring of new graduates, and to what extent to tighten the teacher training education and qualification system. These issues are also related to the mobility of the labor market for teachers and the development of their skills after they are hired. It is also important to analyze how expertise and evidence on teacher supply are reflected in policy formulation and implementation at the national and local levels. It is believed that teacher supply policies based on ideas alone, without the use of expertise, will detract from addressing current policy issues.

Key Words

Teacher Recruitment, Teacher Licensing System, Labor Market, Politics of Evidence

「教員の専門性」と民意

—「民意代表」としての地方議会—

阿内　春生

はじめに・課題設定

　本稿は教員[1]に関する政策が民意代表機関たる地方議会においてどのように議論されるのかを分析するものである。まず，教員の専門性の議論と近年の制度改革を概観した上で，地方議会においてどのようにこの教員の専門性が議論されるのかを明らかにする。そして，市民代表である地方議会において教員政策がどのように議論されているのか（いないのか），さらに地方議会について教育行政研究として取り組むべき課題について検討を進めていきたい。

　1966年の国際教育科学文化機関（UNESCO）教員の地位に関する特別政府間会議が採択した「教員の地位に関する勧告」以降，教員を専門職と位置づけ，その職務内容の高度化や自律化を進めようとする議論が盛んに行われてきた。特に教員の専門性についての議論は枚挙にいとまがない。一方で，政策的には教員の職務内容や資質能力を制度化したり，スタンダードのような形で明文化したりする動きも継続している。何が教員の職務内容として必要かという専門職としての専門性を確立する議論と，それをどうやって規定していくか（自律的にか，制度的にか）という規定の仕方に関する議論が同時並行して進んでいるとみることができる。

　ここでは，教員の専門性や専門職性について，どうあるべきかという規範

日本教育行政学会年報 No. 47（2021）　65

を議論するのではなく，それらは概観するにとどめて，専門職として職務内容を自律的に規定されるべき教員を，民意を代表する立場にある地方議員はどう議論・評価するのか（しないのか）を検討する。そして，地方議会において議論されている教員に関する教育政策の議論のされ方，その課題について考察を進める。

1．制度的・理論的前提

　1966年UNESCOの教員の地位に関する特別政府間会議が採択した「教員の地位に関する勧告」以来，国内においては教員の専門職化と専門性の明確化の議論が長く繰り広げられてきた。今津（1996）によれば教員の専門性について，教員の専門性そのものと，教員の専門職性とが十分峻別されないままに議論されているという。前者は教員の職務内容についての専門性それ自体を検討するが，後者は専門職としての職業的な確立について論じる。2000年代以降の研究動向を整理した辻野・榊原（2016）は，専門性を論じるとき初等中等教育の教員を「暗黙の前提」（2016：169）としており，校種間の違いを超えた専門性の議論が不十分であることに課題があるとする。

　一方，教員をめぐっては様々な政策的な改革が行われている。近年の例として，教員育成指標の策定は教員の養成・採用・研修を一体的に改革することを掲げた中央教育審議会（2015）の答申に基づいて行われた2016年の教育公務員特例法（以下，教特法）の改正がある。この改正では，校長及び教員としての資質の向上に関する指標（教員育成指標）の策定を任命権者，つまり各県教育委員会・政令指定都市（以下，政令市）教育委員会に求めた（22条の3）。教員育成指標は「任命権者と（中略）大学等の共通認識の下，教員等が高度専門職としての職責，経験及び適性に応じて身に付けるべき資質を明確化すること」（文部科学省告示第55号【平成29年3月31日】3頁）を目的とするもので，まさに専門職としての資質を，各任命権者（＝都道府県・政令市教育委員会）に明確化するように求めるものであった。

　こうした教員の専門性を外部から規定しようとする政策動向については強

い批判も提出されている。たとえば久保（2018）は「教員研修を生涯にわたり教育行政の管理下に置く体制」（2018：29）を強化すると厳しく指摘している。教員育成指標のような地方自治体が策定する政策文書によって規定され，さらに人事評価と結びつけられることで[2]，教員の専門性が損なわれるとする批判は繰り返し提出されてきた批判でもあり[3]，久保（2018）の指摘もここに連なるものである。

　一方で丸山（2017）は，教特法改正を含めた近年の改革を「専門職への不信に対して，養成課程の刷新と体系化を図ることで応えるものであると同時に，（中略）古典的な意味での教師の専門職化を現代の課題を反映した形で進める可能性を持つ」（2017：50）と一定評価する。もはや古典的な専門職観が有用でなくなり，専門職への不信も高まる中で，専門職としての再定位を目指そうという政策の動向を鋭く指摘している。

　以上のように，教員の専門性をめぐる議論は必ずしも確立した専門家像を描き出すには至っておらず，行政からの押しつけを受忍してきた（させられてきた）と評価してきた。そこには専門職である教員の職務の専門性を外部から他律的に規定しようとすることへの拒絶感がある。一方で研究上はこうした動向を専門職性の再構築とみる意見もある（丸山2017）。こうした状況を本稿の課題に引きつけていえば，古典的な専門職観が有用性を失う中で地方議会はその専門職をどう議論するのか，言い換えれば市民の代表者は教員という専門職に対してどう評価・議論するのか（しないのか），を検討する意義は大きいと確認することができるだろう。

　次に地方議会について制度的な前提を共有しておきたい。まず，日本の地方自治制度は二元代表制をとっていることを確認する。二元代表制とは地方自治において，選挙を通じて民意を代表する二つの機関が存在することを指す。いうまでもなくその一つは首長であり独任制の執行機関である。もう一つが議決機関としての地方議会である。二元代表制の下，別個の選挙によって選出される首長と議員は，地方自治体における公選職としてともに選挙を通じて選出されたという民主的正統性を主張できる。

　この別個の選挙は同日に執行されることも，別日に執行されることもある

が，仮に同日に執行されたとしても，首長選挙と議会選挙に異なる民意が示されること，つまり首長の党派性と議会多数派の党派性が異なることが生じうる（分割政府）。この党派制の違いなどから生じる対立について，地方自治法は首長に対する不信任決議，首長の議会解散権などを定めている（地方自治法178条）。二元代表制の下で一方で独任制の執行機関である首長を選挙によって選出し，もう一方で議決機関である地方議会の議員を選挙により選出している。

こうした中で，教育行政研究において地方議会の検討は必ずしも隆盛しているとはいえない。2014年の地方教育行政法改正にあたって政治アクターの教育政策に大きな関心（多くは批判）が寄せられたものの，もう一方の政治アクターである議会への注目は高まらなかった。

本稿では市町村議会を議論の対象としているが，そこには学校の設置者であり，公立小中学校教員の身分上の管理団体でもある市町村という行政単位に注目する意図がある。義務教育諸学校のうち量的に最も大きな部分を占める小中学校は市町村に設置義務があり（学校教育法38条，中学校に準用），学齢期の児童生徒の95.9％が公立小中学校・義務教育学校に在籍している[4]（文部科学省2020）。教育行政に関していえば，行政委員会制度を前提としつつ地方議会は議決機関として予算案・条例案の議決などを通じて，審議機会を持ち，文教委員会などの名称で教育政策を議論する常任委員会が設置されることが多く，専門的な議論がなされる（阿内2021）。

市町村の議会について民意代表の性質として注目しておくべきものの一つに選挙制度がある。市町村議会議員選挙は実質的に市町村全域を一区とする大選挙区制をとる。大選挙区制は死票が少ない（比較的少数の民意も反映される）というメリットがある一方で，市町村内全域が選挙区となるため選挙や政治家としての活動に広域の移動を伴う，所属政党が同じ候補者が選挙時に議席を争う等，特有のコストが生じる。全体で一区の大選挙区制は日本の公職の選挙制度において現状類例がなく，国内においては市町村議会独特である。

なお本稿では政令市議会に注目して事例研究を行うが，公職選挙法15条6

項によれば政令市においては行政区の区域を持って選挙区とする。また，市町村においても条例によって選挙区を設けることができる（同条項）。政令市については2021年5月時点の直近選挙において定数1の選挙区を定めている例はなく横浜市西区，名古屋市熱田区，京都市東山区，大阪市福島区，天王寺区，此花区，大正区，浪速区，堺市美原区が定数2で最少である（各市websiteより）。このことから，政令市においても選挙区の広狭及び当選人数の差はあれ，一般の市町村議会と同様に大選挙区制がとられているといえる。

　市町村議会が全域一区の大選挙区制をとっていることについて砂原（2015）は，当選後には同一会派に所属し，協調できる候補者と選挙時に争うことになり「『差異』をアピール」（2015：18）することが必要になる点を指摘している。砂原（2015）はこの点を議会活性化のための障壁と捉えているが，本稿においては教育政策が有権者の間で政策に関する賛否が一方に偏り争点として成立しにくい合意争点（Butler and Stokes 1974）と指摘されることがあることを確認しておく必要がある（指摘の例として河村・伊藤2017など）。指摘の通り合意争点化しているとすれば教育政策は選挙時に政策選択の争点として訴求されることが少なく，仮に有権者が教育政策を投票行動に反映しようとすれば，有権者は政策の実現可能性を考慮するということになる（有権者の行動の参考として三宅1985）。つまり，教育政策を政策選択・政権選択の判断材料として捉えて投票するわけではなく，その政党・会派が「政権」を得た場合に政策を実現してくれるかどうか，を基準にするにとどまるということになる。

　もっとも，佐藤（2003）が取り上げている2000年代初頭に見られた歴史教科書採択に関する課題[5]のように，むしろ保革イデオロギーと同様の政策選好になる課題もあり，教育政策の全てが合意争点化するわけではない。合意争点化する教育政策がどのような種類のものかは別に議論する必要があるにせよ，佐藤（2003）が設定した歴史教科書の採択問題のようにイデオロギーと強く結びついた教育政策は一般的とは言えないだろう。

　例えば少人数学級編制のように伝統的に特定政党や会派が主張してきた政策はあるものの，それは教育効果として「正面から」の反対が難しく，クラ

スは大人数である方が学習効果が高いと主張することは難しい。また，学力を向上させる，学級規模を縮小させる，幼児教育を充実させるといった教育政策に，イデオロギーによる投票行動が密接に結びつくとは考えにくく，教育政策が合意争点化しやすいという指摘は直感的には受け入れやすい。

さらに，全域一区の市町村議会選挙においては，合意争点を街頭演説や紙幅の限られた選挙公報などで積極的に訴えようとする誘因は働かないであろう。広い選挙区を縦横に走り回り数多く演説会や集会を開くことが必要となる全域一区の選挙において，他の議員と同じ主張になってしまう教育政策は訴求しにくい可能性があろう。従って，有権者は教育政策を基準に投票を決めようとすれば，積極的に候補者の教育政策についてWeb等をつかって調査をしなければならない。こうした手間を惜しまず，教育政策について自らの政策選好と照らし合わせながら投票行動に反映させる有権者がいかほどいようか。

2．教員の専門性は地方議会でどう議論されるのか

ここまで教員の専門性・専門職性の議論について，先行研究から概要を検討し，市町村議会を検討する上での制度的前提を確認してきた。本稿では地方議会との関連を設定する目的設定の都合上，検討対象を主として政令市とする。周知のように県費負担教職員制度の下，公立義務教育諸学校に勤務する教職員の人事権，給与負担は都道府県・政令市が担っている。特に公立小中学校については，市町村がその設置を義務づけられているため，政令市以外の市町村においては学校設置者と教職員の人事権・給与負担の権限関係が相違していることになる。

一方，政令市は都道府県から県費負担教職員の人事と給与負担の権限を移譲されている。人事権と給与負担権を備え義務教育諸学校の設置義務も負う地方自治体は政令市以外にはなく，公立義務教育諸学校についていえば教員の採用〜研修を唯一自律的に実施しうる団体である。なお，筆者も関わった共同研究においては，先般の教員育成指標策定にあたって，教員育成協議会

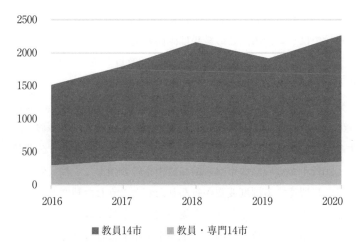

■教員14市　■教員・専門14市

図1　14政令市教員の専門性をめぐる発言数推移（単位：回）

出典：各政令市議会会議録より作成。

※1　札幌市，川崎市，新潟市，堺市，広島市，熊本市は会議録システムから発言数の抽出が困難
　　なため含まれていない。

※2　岡山市は2019年以前，北九州市は2017年以前，は常任委員会会議録が検索システム上に反映
　　されていない。

※3　常任委委員会の会議録は要点筆記がふくまれる。

の構成メンバーや共同での指標の策定など，政令市教育委員会と所在する道
府県教育委員会との連携が見られた（阿内・櫻井・佐久間2020）。地域とし
ての一体性や人事交流等による道府県と市の連携，教員採用試験の志願状況
に関する各政令市の方針により道府県教育委員会との連携のあり方が多様に
あり得る。このように，政令市は義務教育諸学校の設置単位であり，教員の
人事権，給与負担の権限を持つ唯一の単位として本稿の検討対象と設定した。

　まず，各政令市議会における教員関連の発言数を量的に把握するため，各
政令市の会議録検索システムにアクセスして収集した。**図1**は政令市に給与
負担の権限が委譲された2017年以降の「教員」を含む発言と，そのうち「専
門」も含む発言の集積である。集計にあたっては各政令市の本会議，常任委
員会の質問及び答弁（説明を含む）を対象とし，特別委員会（地方自治法
109条4項），及び議会運営委員会（同3項）はこの集計に含めていない[6]。

集計にあたっては「教員」「専門」が指し示す内容についてまで検索に反映できるわけではないため，この結果は概観の把握にとどまる。

　しかし，この5年分の検索結果からも，「教員」を含む発言数[7]全体は，数が多くはないものの増減がありつつ推移しているのに対し，特に「専門」を含む発言はほぼ変動なく低調であることは指摘できるだろう。また，**図2**には検索結果を各政令市別に示した。**図1**からも示唆されるとおり，市間に共通する傾向があるとは考えにくい。たとえば，2016年の教育公務員特例法改正や，2017年からの政令市への給与負担権の委譲など，教員の専門性と政令市の行政に関連する制度変更が行われたが，こうした制度変更により市議会の議論が増加するといった傾向を見いだすことはできない。

　さて，政令市議会が教員に関する議論を集中的に行うケース（＝発言数が多いケース）としてはどのような場合があるのだろうか。**図2**において，前年に比して「教員」を含む発言数の多い，上位5件[8]の会議録をみてみたい。

　2019年，神戸市においては10月に市内小学校における教員間のいじめ事件が発覚し，この事件が大きく報道された（その契機として神戸新聞2019.10.4）。また，2017年に発生した市立高等学校でのいじめ自殺未遂事件の第三者委員会報告（平成29年12月22日に発生した神戸市立高等学校における学校事故に係る調査委員会2019）が提出されており，この時期の議会における「教員」を含む発言回数が多数（332/483発言，2019年10月〜12月の合計）となっていた[9]。年間の「教員」を含む発言数の3分の2強がこの時期に集中していることになり，この年の神戸市議会は前年比355％と「教員」を含む発言数が大きく増加しており，背景には世論の関心を強く引いた事件の存在が示唆される。のちに述べるように，神戸市議会の2019年時点のような急激な教員をめぐる発言数の増加は，一般的な教員関連の政策関心の高まりというよりは，市議の関心に基づく発言の増加とみるべきだと考えられる。もちろん，公立小学校において発生したスキャンダラスな教員間のいじめ事件は徹底的に議会で議論されるべきであり，それ自体は否定しないが，数量的な把握の際にはこうした事件に大きく左右される場合があることに留意しなければならない。

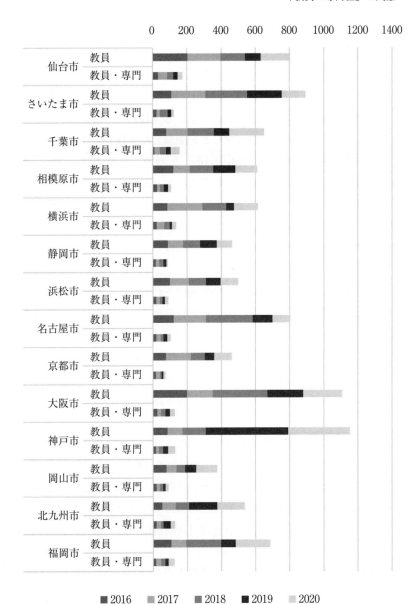

図2　14政令市の教員に関する発言

出典：各政令市議会会議録より作成。※図1注も参照のこと。

2020年，横浜市においては予算に関連して教員の働き方改革を議論した委員会（31発言，横浜市議会こども青少年・教育委員会2020.3.16），「学習支援ボランティア活用支援事業」（23発言，横浜市議会こども青少年・教育委員会2020.7.1）という事業を通じて支援員の配置を議論した委員会で発言が多くなっている。また横浜市議会では2017年にも「教員」の発言数が前年比で大きく増えているが，通学路の安全などを議論した委員会（31発言，横浜市議会こども青少年・教育委員会2019.5.10），いわゆる「ハマ弁」やいじめ調査報告の素案等多様な論点が議論された委員会（25発言，横浜市議会こども青少年・教育委員会2017.3.14）などでの発言数が多くなっていた。

　2018年の福岡市（前年比241％）については検討しておきたい議論がある。平成30年第4回定例会では，小学校の英語教育についての質問が一般質問において出されていた（福岡市議会2018.6.15）。この質問をめぐるやりとりの中では，福岡市の一部の小学校において実施されている午前中5時間授業に関連する教員の負担，そこへ外国語活動が教科化されたことによる教員の負担増などが質されている（福岡市議会2018.6.15）。ここで質問した市議は小学校教員の多くが英語科の教員免許を所持していないこと，その中で教員の負担が増加することが予想されることから，小学校英語の専科教員の配置をさらに進めるべきことを指摘していた（福岡市議会2018.6.15）。質問では

　　小学校教員で英語教員免許を持っている人はわずか5％，海外での留学経験のある先生も5％です。（中略）2014年の文科省調査では，英語活動を指導することに自信がありますかという質問に対し，そう思わない，どちらかといえばそう思わないと答えた教員は65％に上りました。

　　　　　　　　（福岡市議会2018.6.15【落石俊則市議，福岡市民クラブ】）

と，具体的な調査データに基づいて英語指導の専門的な能力に関する疑問を指摘している。

　こうした質問でのやりとりでは，小学校教員の英語の専門性について十分な準備ができていない中で負担増となること，その負担を軽減する方策とし

て小学校への英語科専任の配置を一層推進すべきことが指摘されており，市議が小学校の英語教育に関心を持って調べ，小学校教員の英語の専門性について議論されている様子を看取できる。限定的な議論であり過度な一般化を避けるべきではあるが，市議自身が高い関心を持った教育政策について，調査研究し議会において発言するという教育政策に関する専門的な知識・理解を持っているといえ，教育政策について地方議員に深い理解を促すことの重要性が示唆されている。

　2020年，福岡市においては事件事故等による急増は観察できなかったが，教員の加配についての議論（15発言：福岡市議会2020.12.11，18発言：福岡市議会2020.6.15）がみられた。また，この教員加配そのものではないが，関連して新型コロナウィルス感染症対策として学校経営補助員の配置（2020.6.15【教育長】）についても触れられている。

　ここまで，教員の専門性に関連する政令市議会の議論を量的に把握し，その中から前年に比して発言数の増加が大きかった5件の事例について概観した。教員に関する議論は政令市議会の中で活発とは言えない状況であり，特に専門性に関する議論についてはより低調であることが推測できる。一方で，前年に比べて急激に発言数が増えたケースを観察したところ，2019年の神戸市議会のように教員の事件が大きく報道された事例や，政策的に関心を持った市議や会派が集中的に発言をしていた会議（2018年，2020年福岡市議会）のような事例が見られた。

3．考察－議会に示された民意と教員の専門性

　ここまで，政令市議会会議録の事例分析に基づき教員の専門性に関する市議会での議論の状況は活発とはいえないことを示した。地方議員が教員について活発な議論を行うケースでは，事件など世論の関心を背景にする場合や議員の個別的な政策関心による場合などが見られ，専門性がそれ自体で関心となることはまれであるためとみられる。例えば，政令市へ教員の給与負担権が委譲された時期（2017年4月～），教特法改正により教員育成指標の策

定が必要となった時期（2017年度中），など教員政策や教員の専門性をめぐる議論は大きく増加しても不思議はないが，顕著に発言数が増えるといった状況は観察できなかった。

　政治アクターそのものである市議が教員に関して市議会においてあまり発言していないことは，教育の政治的中立性，教育行政への不当な支配の排除の理念からは歓迎されるべきとする意見もあり得るかもしれない。また，行政や政治に教員政策を規定されること自体も，先行研究（例えば久保2018，中嶋2013）では専門職の自律性の阻害として見られてきており，この面からも妥当とみることも可能だろう。

　しかしこうした認識で，現実に存在する従来通りの議員の政治的な関与が研究上も看過される状況は望ましくない。地方議員が教育政策の決定過程に関与することで教育政策自体に間接的にではあるが民主的正統性を調達できると考えられ，そこに地方議員が教育政策決定に関与することの意義も見いだすことができるからである。その具体的場面の検証や，実証データの構築は教育行政研究に期待される役割ではないだろうか。

　そもそも政治アクターが政策について関心を持つのは自身の政治的な利益となるケースであるとされる。政治的な利益としては再選の利益，昇進の利益，政策実現の利益があるとされており（Fenno1973，建林2004），教育政策についても利益を踏まえた政治家の動向に関する指摘がある（青木2012）。つまり，教育政策についても何らかの利益が見いだされるのであれば，地方議員は関心を深め積極的に議論をするということである。政令市議会に注目した事例研究からは，福岡市議会のように自身が関心のある政策について一部の議員が集中的に発言する場合（本人にとって政策実現の利益）や，神戸市議会のように世論の関心を背景に発言する場合（あえていえば再選の利益か）が，その利益として存在していると考えられる。

　先行研究（青木2013）においても首長との関係から議会での質問が活性化する過程を詳細に分析したものもあり，議員の利益が首長を含めた周辺の政治アクターとの利害関係によっても大きく左右されうることが示されている。こうした政治的な利益のために行動する議員が集中的に教員政策に関与しよ

うとしたとき，教員の専門性や専門職としての教員の自律的な決定はむしろ後景に追いやられることになるだろう。

　また，選挙制度についても市町村全域で一区の選挙制度，政令市においても行政区単位で複数人を当選させる大選挙区制度が前提となることを想起しておく必要がある。教育政策は合意争点化しやすいとされるため（河村・伊藤2017），市町村の大選挙区制では他の候補者との際だった違いを訴求する論点とはなりにくい（砂原2015）はずということになる。そうであるならば，政令市議会の分析において，教員政策があまり議論されていなかった背景には，教育政策が合意争点であるために市町村議会における教育政策の発言数が少ない可能性が示唆される。一方，それでも教育政策について何らかの発言があるということは，発言することが政治家にとっての利益につながるケースである可能性が高いといえるだろう。しかし，本稿では利益そのものを測定する実証データに基づいておらず，理論的な示唆が得られたにとどまる。

　さらに，教育政策の中でも教員政策は政治的な利益の点から見てどうだろうか。神戸市議会で取り上げられた「同僚いじめ」（神戸新聞2019.10.4）のような極端な事例は別として，公立学校の設置主体である市町村の議会にとっては，その職員である公立学校教職員の動向に関心を寄せるのは当然であり，人事権と給与負担権を持つ政令市であれば一層その傾向は強まるだろう。だとすれば，教育条件の向上など合意争点化しやすい（ひいては議会で議論されにくい）論点に該当する教員政策[10]ばかりではなく，対立的な争点となりやすい教員政策もあり得るのではないだろうか[11]。

　また，それが再選や政策実現の利益に基づくものだとしても，自らの関心で専門的知識を蓄えた地方議員に，議会内外を含めて教育政策への不関与を求める戦略は適当とはいいがたい。地方議会において生産的な議論を醸成するために，議員に政治的中立性などの理念を含め教育行政・教育政策の専門的知識を蓄えてもらうことが必要である。教育の政治的中立性や教育行政への不当な支配の排除の理念だけでは，制度的に議員の関与を押しとどめることはできないし，選挙を通じて民意を代表する議員を排斥しようとすること

が妥当とも考えられない（阿内2021）。地方議員は選挙という手続きを通じて民主的正当性を備えた政治アクターであり，地方議員が教育政策の決定過程に関与することは，民主的正当性を調達する手段ともなり得る。以上のことを踏まえれば，地方議員が教育政策に関与する態度，教育政策に関する政策選好など，地方議員と教育政策の関わりを分析する実証的データの収集は一層重要になってくる。

まとめにかえて

　以上，教員の専門性をめぐる政令市議会の議論を事例として，その動向を検討してきた。まず，教員の専門性について近年の制度変更を踏まえ，専門職としての教員の自律的な専門性の規定がなされていないとの批判があること，再専門職化として一定評価する論考もあることを示した。その上で，本稿において取り上げる政令市の教員の任命権者としての性質や，地方議会，選挙制度について確認した。

　次に政令市議会に注目し，会議録検索システムを用いて教員に関する発言数を把握した。その結果，教員の専門性に関連する発言数は教員だけを含む発言数よりさらに少なく，教員について議論されるのは特別な事件や知識を有する一部の議員からの発言に量的に左右されていることが示唆された。こうした議会での議員の行動は自らの利益（Fenno1973）を追求する政治アクターとしての行動に左右されていると考えられる。

　教育の政治的中立性，教育行政への不当な支配の排除の理念からは議員が教員政策だけでなく教育政策全体について積極的に関与しないという状況は歓迎すべきことかもしれない。しかし，実態の検証がなおざりでよい訳ではなく教育行政研究として十分蓄積されていない状況には懸念があるといわねばならない。2014年の地方教育行政法の改正に際してみられたように，教育行政研究においては政治アクターからの関与が強まる恐れが高まった時に集中的に研究が積み重ねられている。そのような集中的な研究蓄積だけでなく，日常的・継続的に研究が蓄積されていく必要がある。

　本稿は教員の専門性についての民意という面から地方議会に着目して分析した。政令市議会の会議録検索システムに基づく数量的なデータを用いてはいるが，合意争点となりやすい教育（教員）政策はいかなるものか，専門的知識を備えた地方議員はどう行動するか，地方議員の教育政策に関連する利益はどう測定するか，といった面での実証データを備えてはおらず，これらの議論を提起したにとどまっている。今後は，こうした面での実証データの構築を進め，地方議会と教育政策の議論を一層深めていきたい。

（福島大学）

〈注〉

(1)　本稿においては，教員免許所持が原則となる幼稚園〜高等学校，特別支援学校の教員を指して，教員という語を用いる。専門性・専門職性を論じる本稿においては本来，教師など類語との比較検討も必要であるが，紙幅の都合からこうした議論には踏み込まないこととしたい。

(2)　なお，2016年の教育公務員特例法改正（教員育成指標の法制化）では，付帯決議により，教員育成指標と教員評価を「趣旨・目的が異なる」（同法付帯決議，平成28年11月2日衆議院文部科学委員会，平成28年11月17日参議院文教科学委員会）とされている。この付帯決議については，大畠（2017：71-72）が国会審議を中心に丁寧に記述している。

(3)　例えば，中嶋（2013）は2012年の中央教育審議会答申「教職生活の全体を通じた教員の資質能力の総合的な向上方策について」について批判的に検討し，教員が専門職として発揮しうる自律性を阻害することを指摘した。

(4)　都道府県市が設立する中等教育学校・中高一貫校中学部（中等部）等は除く。

(5)　佐藤（2003：155）自身は，歴史教科書に関して「韓国からの歴史教科書修正要求は我が国としてもっと耳を傾けるべきだ」という質問を設定している。

(6)　各特別委員会は「議会の議決により付議された事件」（地方自治法109条4項）を審議するために特別に設置されるもので，各市共通での比較が難しいため，議会運営委員会は「議会の運営に関する事項」（同109条3項一）などを審議するものであるため，それぞれ検討の対象から除外した。

(7)　ここでいう発言数は，質問者及び答弁者が発言する回数を単位にしている。そのため，単純な検索にヒットした語の数を意味しないことに注意されたい。

(8)　神戸市2019年（前年比355％），横浜市2020年（同298％），横浜市2017年（同241％），福岡市2018年（同241％），福岡市2020年（同239％）であった。

⑼　第二回定例会【9月議会】【11月議会】での本会議，文教子ども委員会，及び12月27日に開催された文教子ども委員会など。

⑽　本稿の例でいえば発言数としては多くなっているが福岡市議会（2018.6.15）における小学校英語教育の専科教員についての発言がこうした教育条件の向上としての教員政策に該当すると考えられる。

⑾　阿内（2021，初出2015）では，大阪府箕面市において人件費を伴う教員政策（少人数学級編制または生徒指導専任教員の配置）では，もともと対立していた（首長・首長少数与党対多数野党連合）陣営同士が政策選択の議論を通じて鋭く対立した経緯を明らかにした。

〈引用・参考文献〉（議会会議録の出典情報は省略した。）

・阿内春生（2021）『教育政策決定における地方議会の役割―市町村の教員任用を中心として』早稲田大学出版部。

・阿内春生（2015）「市町村議会における教育政策の修正とエビデンスの不在―箕面市における生徒指導専任教員配置政策を事例として―」『教育学研究』82巻2号，日本教育学会，67-78頁。

・阿内春生・櫻井直輝・佐久間邦友（2020）「2016年教特法改正に伴う任命権者と関連アクターの『連携』に関する研究」『福島大学人間発達文化学類論集』31号，1-11頁。

・青木栄一（2013）『地方分権と教育行政―少人数学級編制の政策過程』勁草書房。

・青木栄一（2012）「首長による教育政策への影響力行使の様態変化―教育行政学のセレクション・バイアスの問題」日本教育行政学会研究推進委員会［編］『地方政治と教育行財政改革―転換期の変容をどう見るか―』福村出版，105-120頁。

・今津孝次郎（1996）『変動社会の教師教育』名古屋大学出版会。

・大畠菜穂子（2017）「教育公務員特例法改正にみる教員研修と人事評価」『日本教育行政学会年報』43号，63-80頁。

・河村和徳・伊藤裕顕（2017）『現職落選ドミノの衝撃から2016年参議院選挙まで―被災地選挙の諸相』河北新報出版センター。

・久保富三夫（2018）「教特法研修条項（第21条・22条）の原理と課題―『勤務時間内校外自主研修』の活性化をめざして―」『教育制度学研究』25号，19-36頁。

・神戸新聞（2019.10.4）「羽交い締め，目に激辛カレー　わいせつLINEを強要　小学校教員の4人が同僚いじめ」。※web版にて確認。

・佐藤哲也（2003）「争点投票支援システムの提案とその評価―2001年参院選を対象として―」『選挙研究』18号，148-163頁。

・砂原庸介（2015）「選挙制度と市町村議会の活性化」全国市議会議長会・全国町村議会議長会[編]『地方議会人』2015年2月号（45巻9号），17-20頁。

・建林正彦（2004）『議員行動の政治経済学—自民党支配の制度分析』有斐閣。

・辻野けんま・榊原禎宏（2016）「『教員の専門性』論の特徴と課題—2000年以降の文献を中心に—」『日本教育経営学会紀要』58号，164-174頁。

・中央教育審議会（2015）「これからの学校教育を担う教員の資質能力の向上について〜学び合い，高め合う教員育成コミュニティの構築に向けて〜（答申）」。

・中嶋哲彦（2013）「教員の専門的自律性を否定する教員養成制度改革—修士レベル化と教師インターンシップ制度」『日本教師教育学会年報』22号，58-65頁。

・平成29年12月22日に発生した神戸市立高等学校における学校事故に係る調査委員会（2019）「平成29年12月22日に発生した神戸市立高等学校における学校事故に係る調査報告書　概要」。

・丸山和昭（2017）「再専門職化の時代における教員養成の方向性」『日本教育行政学会年報』43号，44-62頁。

・三宅一郎（1985）『政党支持の分析』創文社。

・文部科学省（2020）『学校基本調査報告書』（web版）（http://www.mext.go.jp/b_menu/toukei/chousa01/kihon/1267995.htm）（2021.5.14確認）

・Butler, David and Stokes, Donald.（1974）*Political Change in Britain*, Macmillan.

・Fenno, Richard F., Jr.（1973）*Congressmen in committees*, Little, Brown & Company.

付記　本稿はJSPS科研費（19K02552）の研究成果の一部である。

Teachers' Expertise and Civil Instruments –Focusing on the Assembly as a Civil Representative

AUCHI Haruo, *Fukushima University*

This paper aims to clarify how teachers' expertise is discussed in local assemblies.

As observed in discussions about teacher expertise, there has been critical opinion about the professional duty of teachers. The local assembly councilor is an elected officer similar to the mayor. This means that they are answerable to citizens in the local government. The local assembly is based on local autonomy law, and so the assembly councilor must be chosen by election.

Accordingly, the municipal councilor's election ward operates in a multimember constituent electoral system for the whole municipality. Under this electoral system, it is necessary for complaints to be made about any differences by candidates with similar claims, and it should also be pointed out that this limits the possibility of collaboration after the election. Significantly, it is notable that differences of opinion are less likely to occur regarding educational policies.

With this in mind, this paper considers how teacher expertise was discussed focusing on the assembly of the city designated by ordinance. The city designated by ordinance holds the authority to manage its own teacher personnel. This approach is the most suitable for observation. Specifically, 14 cities designated by ordinance were accessed in the web-based Hansard House of Assembly, and their extracted discussions on the expertise of teachers were used in this research.

As a result, it is suggested that there are few remarks about teachers, and there are few discussions on their expertise. In the aforementioned analysis of Hansard, it is also observed that when there were cases of a teacher involved in an accident at the time, the remarks then increased, and the number of remarks increased or decreased according to the level of interest of individual councilors.

Furthermore, some councilors appear to have deepened their expert knowledge on education and ask questions requiring a level of expertise. Although it is thought that high-level professional remarks are the result of actions based on some profits, this finding should not be seen as negative. One reason for consideration is that procuring democratic legitimacy for educational policy demands intervention from highly knowledgeable councilors.

Key Words
Teachers' Expertise, Local Assembly, Local Politics, Local Educational Administration, Policy Process

成長戦略下における学校教育の情報化政策
—「個別最適な学び」「データ駆動型教育」構想を中心に—

谷口　聡

1．はじめに

　本稿の目的は，2010年代後半以降，日本政府の成長戦略の主軸に位置付けられたデジタル社会形成政策のもと，学校教育の情報化政策がいかなる主体によってどのように形成されているのかを明らかにした上で，そこから浮かび上がる教育行政の役割を考察することにある。

　ここで言う「デジタル社会」とは，「高度情報通信ネットワークを通じて自由かつ安全に多様な情報又は知識を世界的な規模で入手し，共有し，又は発信するとともに，……情報通信技術を用いた情報の活用により，あらゆる分野における創造的かつ活力ある発展が可能となる社会」（デジタル社会形成基本法2条）を指す。このようなデジタル社会の形成を目指す政策が，2010年代後半以降，Society 5.0という社会構想に始まり，コロナ禍以降の人々の生活スタイルや意識の変容とあいまって，急速に推進されている。

　そして，同政策に連動して同様に推進されようとしているのが，学校教育の情報化政策である。ここで言う「学校教育の情報化」とは，①教科等の指導等における情報通信技術（以下，ICT）の活用，②学校における情報教育の充実，③学校事務におけるICTの活用（学校教育情報化推進法2条）を指す。これらは，文科省「教育の情報化に関する手引」（2010年10月29日），同「教育の情報化ビジョン」（2011年4月28日）に示されているように，コロナ禍以

前から進められてきた。このうち①は，例えば，インターネットを用いた情報収集や遠隔地の学校等との交流，大型提示装置を用いたリアルタイムの画面共有やマルチメディアの円滑な活用など，従来にはない教育方法を実現する。また，音声読み上げや拡大表示機能を有するデジタル教科書は，障害の特性から紙の教科書の使用に困難を抱えていた児童生徒の教科書使用を容易にする。オンライン教育は，病気療養中や離島・山間部などに居住する児童生徒の教育機会の拡張をもたらし得る。他方で，①は，視力を含む学習者の健康への影響，情報端末・ネット依存の深刻化，新たな教員の負担増などの運用上の課題を発生させている。

　しかしながら，現在の学校教育の情報化政策，中でも教科等の指導等におけるICTの活用は，このような新たな教育方法の実現や教育機会の拡張，それに伴う運用上の課題にとどまらない性格のものへと変容しつつある。それは，「個別最適な学び」，「データ駆動型教育」構想という形で，これまで自明のものとされてきた既存の学校制度，つまり教育課程（年齢主義・履修主義，標準授業時数など），学校組織（学年，学級），学校体系（1条校，学校設置者）のあり方を問い直し（貞広2020），さらには公教育と私教育（民間教育産業や家庭教育）の関係の再編を迫るものとなっている。しかもそれは，経産省，総務省，内閣府（経済財政諮問会議，規制改革推進会議，総合科学技術・イノベーション会議），首相官邸（教育再生実行会議，成長戦略会議）など，教育行政外の政策主体によって立案され，推進されようとしている（合田2020・広瀬2020）。

　では，なぜ，学校制度の抜本的な再編を迫る学校教育の情報化政策が，所管省庁である文科省以外の主体によって立案されたのか。また，文科省はそれに対してどのように対応し，結果，学校教育の情報化政策はどのように決定，実施されようとしているのか。本稿は，このような問いに迫るため，デジタル社会形成政策が政府の成長戦略の主軸であることに着目し（2.），成長戦略に枠づけられた学校教育の情報化政策が，「個別最適な学び」，「データ駆動型教育」構想へと変容していく過程を明らかにした上で（3.），その変容過程から見える教育行政（文科省）の役割を考察する（4.）ものである。

2．成長戦略としてのデジタル社会形成政策

⑴　デジタル社会形成政策の実行体制と経済的背景

　遡れば2000年代前半の小泉政権期も急進的な政策が立案された時代であった。教育政策に関しては，民間事業者による学校の設置・運営，学校選択制などが内閣府等を中心に提言されたが，いずれも文科省の対抗的な姿勢により，限定的な実施にとどまった。それと同様に今次のデジタル社会形成政策及び学校教育の情報化政策も，限定的な実現にとどまる可能性はある。

　しかしながら，小泉政権期とは大きく異なる現在の政治体制に留意する必要があるだろう。つまり，第一に，小泉政権においては，首相官邸・内閣府と各省庁・自民党族議員が対抗する関係の中で政策が限定的ないし漸進的に実現される状況であった。これに対し，2010年代の第2次安倍政権以降は，首相官邸が各省庁や自民党を動員しつつ政策決定を主導するより強力な集権体制となっている（渡辺他2014:32-33）。中でも教育政策は，自民党総裁直属の組織として教育再生実行本部[1]が設置され，首相官邸に教育再生実行会議が設置されたために，その特徴が顕著である。第二に，小泉政権の政策の中心は既存の政治経済体制の改変（例えば，規制改革）であったのに対し，第2次安倍政権以降は，それに加えて官邸主導による包括的・積極的な大企業支援＝成長戦略が重視されている（渡辺他2014：109-114）。そのことは，経済財政諮問会議と連携して成長戦略を審議・立案する機関[2]が，首相官邸に設置されていることに象徴的に現れている。同機関が作成した「成長戦略」[3]は，経済財政諮問会議が作成した「経済財政運営と改革の基本方針」（以下，「骨太の方針」）と併せて，毎年6月に閣議決定されるという政策サイクルが確立されている。これ以降，各省庁は，「骨太の方針」及び「成長戦略」で示された枠組みのもと，次年度の予算編成・施策に取り組む体制となっている。

　そして，学校教育の情報化政策を含むデジタル社会形成政策は，日本経済団体連合会（以下，経団連），経済同友会，新経済連盟といった経済団体が，

従来にはない頻度でその推進を提言[4]していることから分かるように，成長戦略の中心に位置付けられている。例えば，経団連は，成長戦略の一環として「教育の成長産業化を図る」ことを明言している[5]。現在，世界の教育市場は加速度的に膨張し，その市場規模は自動車市場の3倍（600兆円）に達している（佐藤2021:21）。社会のデジタル化と連動する学校教育の情報化政策は，上記の政治体制の下で教育の成長産業化を背景に，強力に推進される可能性がある。

(2)　デジタル社会形成政策が描く社会構想と国家の役割

　今日のデジタル社会形成政策の端緒は，IT基本法（2000年）に基づき国家によるIT基盤の整備を定めた「e-Japan戦略」（2001年1月22日）にある。第2次安倍政権に入り財政，金融，成長戦略を"三本の矢"とする経済政策が掲げられると，その成長戦略の柱にITが位置づけられた[6]。世界的にも2016年の世界経済フォーラムで「第4次産業革命」が議論されると，各国の国家戦略におけるITの重要性が高まった[7]。

　これらの流れを汲みながら，未来の社会構想としてまとめられたのが「Society 5.0」である。それは，内閣府によって「サイバー空間（仮想空間）とフィジカル空間（現実空間）を高度に融合させたシステムにより，経済発展と社会的課題の解決を両立する人間中心の社会」と定義されている。内閣府設置の総合科学技術会議の総合科学技術・イノベーション会議（以下，CSTI）への改組（2014年），および，科学技術基本法の科学技術・イノベーション基本法への改正（2020年）により，文科省の学術・科学技術政策は政府全体の成長戦略とつながったが（青木2021：9-10），そのCSTIが策定した「第5期科学技術基本計画」（2016年1月22日閣議決定）において提唱されたのが，Society 5.0である。Society 5.0は，経団連によって積極的に受容された後[8]，「骨太の方針2017」及び「未来投資戦略2017—Society 5.0の実現に向けた改革—」（以下，「成長戦略2017」）（いずれも2017年6月9日閣議決定）の中心理念となった。

　他方で，これに先立って提唱されたのが「データ駆動型社会」である。

データ駆動型社会とは，経産大臣の諮問機関である産業構造審議会の商務流通情報分科会情報経済小委員会が，「中間取りまとめ～CPSによるデータ駆動型社会の到来を見据えた変革～」（2015年5月）において示した社会構想である。そこでは，ITの社会への実装が2010年頃から新たな段階へと突入し，デジタルデータの収集，蓄積，解析，解析結果の実世界へのフィードバックが社会規模で可能となり，実世界とサイバー空間との相互連関が生まれ始めているとの現状認識が示された。その上で，「データが付加価値を獲得して現実世界を動かす社会」＝データ駆動型社会を「世界に先駆けて実現していくことが，新たな情報革命によって激化する国際競争において我が国経済が競争力を保っていく上で重要である」と提言された。

　データ駆動型社会の構想は，総務省によって同調[9]された後，「未来投資戦略2018—『Society 5.0』『データ駆動型社会』への変革―」（2018年6月15日閣議決定。以下，「成長戦略2018」）においてSociety 5.0と並置する形で取り入れられる。そこでは，Society 5.0とデータ駆動型社会が次のように整理された。Society 5.0の原動力となるのは，「民間」のダイナミズムであり，「産業界にはイノベーションを牽引することが期待される」としつつ，「官」には，イノベーションが起こりやすい環境や制度を整えるべく，データ駆動型社会の共通インフラの整備や規制・制度改革が求められるとした。

⑶　デジタル社会形成基本法の制定

　以上のように立案された社会構想を具体的な施策とすべく制定されたのが，IT基本法を全面改正したデジタル社会形成基本法（2021年5月19日成立・同年9月1日施行）である。IT基本法がネットワーク環境の全国的な整備（言わばSociety4.0への対応）を主目的としていたのに対し，デジタル社会形成基本法は社会全体のデジタル化（Society 5.0）を主目的としている。

　同法において注目されるのは，デジタル社会の形成における国・地方公共団体と民間との役割分担について，「民間が主導的役割を担うことを原則」とし，国・地方公共団体は，公正な競争の促進，規制の見直しなど，民間の活力が十分に発揮されるための環境整備を行うものと規定されている点であ

る（9条）。これは「成長戦略2018」で示された民間主導によるイノベーションと，そのために必要な国家による環境整備という官民のあり方の法的な根拠を提供するものとなる。そして，同法は，環境整備を実行するための行政機関として内閣に「デジタル庁」（36条）を設置し，その具体的な施策を示す「デジタル社会の形成に関する重点計画」（37条）を政府が作成する義務を規定している。既に政府は，デジタル庁の設置に先駆けて同計画を作成し，教育施策についても示しているが，これについては後述する。

3．成長戦略下における学校教育の情報化政策の展開過程

　以上，成長戦略としてのデジタル社会形成政策の展開過程を確認した上で，その中で学校教育の情報化政策がどのように展開しているのかを確認したい。

⑴　学校のIT環境の整備と規制改革の一環としてのIT活用：2000年代〜

　上記の通り，国家によるIT環境の整備が謳われるようになったのは2000年代初頭である。「e-Japan戦略」の具体化である「e-Japan重点計画」（2001年3月29日）において，2005年度までに全ての小中高校等の授業でコンピューターを活用できる環境の整備などが規定された。教育基本法の改正（2006年）以降は，教育振興基本計画において「校内LAN整備率100%」「教育用コンピューター1台当たりの児童生徒数3.6人」などの数値目標が規定されたが，これらは未実現に終わった。その後も「教育のIT化に向けた環境整備4か年計画」（2014年2月）が策定されるなど，この時代の文科省による学校教育の情報化政策の主眼は，IT環境の整備にあったと捉えられる。しかし，財源が一貫して一般財源だったこともあり，十分には実現しなかった（前川2020：169）。

　他方で，学校教育におけるITの活用は，文科省とは異なる主体によっても試みられた。内閣府は，規制改革の一環として構造改革特区制度を活用した「IT等の活用による不登校児童生徒の学習機会拡大事業」（2003年10月1

日閣議決定）を進めた。この施策は全国展開され[10]，不登校児童生徒が自宅においてIT等を活用した学習活動を行った場合，訪問等による対面の指導が適切に行われていれば，校長は指導要録上出席扱いとすることができるようになった。しかし，実際にこれによって出席扱いとなった児童・生徒は限られており[11]，これまでのところ一般的な不登校施策とはなっていない。

　2000年代から2010年代前半にかけての学校教育の情報化政策は，文科省によるIT環境の整備，内閣府による規制改革と連動したITの活用，そのいずれも十分に実現しなかったと言える。

(2)　経産省の参入と文科省の協調：2017年〜

　他方で，2000年代にはインターネットの高速化やそれに伴う動画配信・共有サービスなどが普及し始め，社会起業家による様々なEdTech事業が生まれ始めた（井上・藤村2020：146-148）。2010年代に入ると，Z会や河合塾などの大手教育産業がこれら新興EdTech企業と連携し，学習教材・ツールを共同開発するようになる（井上・藤村2020：149）。

　社会起業家や大手教育産業などの民間が発展させてきたEdTechを，政策として取り入れたのが経産省である。まず，同省は，商務情報政策局サービス政策課に教育産業室を立ち上げた。そして，「骨太の方針2017」・「成長戦略2017」の中心にSociety 5.0が位置付けられると，これに対応した教育のあり方を立案，事業化した。2018年1月には，民間事業者が提供するEdTechを学校に導入することで「学びの個別最適化」を図る「『未来の教室』実証事業」を開始した。ここで言う「学びの個別最適化」とは，1人1台端末とEdTechを徹底的に活用し，数理や言語などの基礎を個人が効率的に習得することを意味する。したがって，従来の一律・一斉の授業からEdTechを活用した自学自習と学び合いに重心を移すべきであり，標準授業時数，学年制，履修主義など既存の学校教育のあり方を改めることが提言された。さらに，公教育と民間教育を明確に区別せず，民間教育と公教育の連携，産業界と教育界の連携による「社会とシームレスな小さな学校」が謳われた（経産省「『未来の教室』とEdTech研究会」「第1次提言」2018年6月）。経済を所管す

る経産省が教育政策に参入した理由は，同省の教育産業室長が明言している
ように[12]，一つには，学校教育の出口である社会・経済・産業は人的資本の
質に左右されるからであり，もう一つには，民間の教育サービス業を所管す
る省庁だからである。そのため，民間の発展させてきたEdTechを政策とし
て取り入れ，成長戦略に資する人材の育成と公教育の成長産業化を目指し，
学校制度改革及び公教育と私教育の関係再編を進めようとしている。

　経産省による公教育への急速な参入に対し，その所管省庁である文科省は，
文科大臣を座長とし，首長，研究者，企業役員などで構成される「文科省
Society 5.0 に向けた人材育成に係る大臣懇談会」を設置し，そこでの議論
を受ける形で「新たな時代を豊かに生きる力の育成に関する省内タスク
フォース」を設置した。そして，両者連名によって公表された「Society 5.0
に向けた人材育成〜社会が変わる，学びが変わる〜」（2018年6月5日）は，
同年同月に公表された上記の「学びの個別最適化」と近似する「公正に個別
最適化された学び」を立案した。その内容は，「学校は，一斉一律の授業ス
タイルの限界から抜け出し，……個人の進度や能力，関心に応じた学びの場
となること」「国，地方公共団体，民間事業者等の様々な主体が別個に保有
しているデータを集約し活用できるようデータ規格の標準化やデータのオー
プンソース化を図っていくこと」などである。

　文科省と経産省の基本的な考え方の違いとして，前者は「個人の尊厳や自
立の基盤である公正な学びの機会の確保を重視」し，後者は「社会の構造的
変化をリードし競争に打ち勝つチェンジメーカーとその創造的な課題発見・
解決力の育成を重視」しているとの見解もある（合田2020：9）。確かに文科
省は，経産省が主張する公教育と私教育の関係再編については明言しておら
ず，両者の間に差異がないわけではない。しかし，「骨太の方針」・「成長戦
略」の中心にSociety 5.0が位置付けられ，これに則して経産省と文科省が立
案した構想は，相違よりも親和性が目立つものであった。

(3)　首相官邸のオーソライズと実施体制作り：2019年

　続いて，柴山昌彦文科大臣が教育における先端技術の活用について教育再

生実行会議に提案する方針を示すと[13]，これを受けた教育再生実行会議「技術の進展に応じた教育の革新，新時代に対応した高等学校改革について（第11次提言）」（2019年5月17日）が公表された。そこでは，Society 5.0へ向けた「一人一人の能力や適性に応じて『公正に個別最適化された学び』」が提言され，その基本的な内容は「骨太の方針2019」（同年6月21日閣議決定）に取り入れられた。このことは，個別最適な学びを軸とする学校教育の情報化政策が，首相の諮問会議の提言という段階から，政府の教育政策の中心に位置付けられたことを意味する。同閣議決定の4日後には，文科省の「新時代の学びを支える先端技術活用推進方策（最終まとめ）」と経産省「『未来の教室』とEdTech研究会」の「未来の教室ビジョン（第2次提言）」が，同時公表された。これらの内容の親和性はやはり高く，個別最適な学びを実現するため，教育データの活用や標準化を進めるというものであった。

首相官邸にオーソライズされた構想は，それを実施するための体制作りに入った。まず，学校教育の情報化政策を関係省庁が協働して進めるため，学校教育情報化推進法が公布・施行（同年6月28日）された。同法は，「学校教育の情報化の推進に関する施策の総合的かつ計画的な推進を図るため」に，「学校教育情報化推進計画」の策定を文科大臣に義務付け（8条1項）つつ，この「計画を定め，又は変更しようとするときは，総務大臣，経済産業大臣その他の関係行政機関の長と協議しなければならない」（同条5項）と規定している。また，文科省，総務省，経産省等が相互調整をするための「学校教育情報化推進会議」の設置を政府に義務付けている（22条）。

次に，内閣府の規制改革推進会議の改組（同年10月）が行われ，「雇用・人づくりワーキング・グループ」が設置されると，同会議が教育政策へ再参入するようになる。2000年代前半に領域横断的な規制改革を主導した内閣府の規制改革系会議は，第2次安倍政権以降，教育分野をほとんど検討の対象としていなかった[14]。しかし，学校教育の情報化政策が進展したことに伴い，標準授業時数，デジタル教科書，教員資格など，既存の学校制度が再び規制改革の対象に位置付けられたのである。規制改革推進会議が審議・決定した内容は「規制改革実施計画」となり，「骨太の方針」・「成長戦略」と並んで

毎年6月に閣議決定されることから，首相官邸が主導して学校教育の情報化政策を進める体制がさらに整えられたと言える。

　実際，「安心と成長の未来を拓く総合経済対策」が閣議決定（同年12月5日）されると，2023年度までに学校における高速大容量ネットワーク環境の整備と義務教育段階の児童生徒に1人1台情報端末の整備を目指す文科省の「GIGAスクール構想」，並びに，小中高校等，教育支援センター，フリースクールにEdTechを活用した教材等を導入する民間事業者にその経費を補助する経産省の「EdTech導入補助金」に対して予算措置（2019年度補正予算）がなされ，それぞれが動き出した。

⑷　コロナ禍による加速：2020年

　周知の通り，日本に新型コロナウイルス感染症が拡がる中，政府は，全国の小中高校等の設置者に対して2020年3月2日からの一斉臨時休業を要請した。全国のほとんどの学校が休校する状況下，ICTを活用しつつ家庭で学校の学習を進めること，そのための学校・家庭のICT環境を整備すること，ICTによる家庭学習の推進を阻害する規制を改革することが要請された。

　4月7日には，規制改革推進会議が，遠隔授業における要件の見直し，高校での遠隔授業における単位取得数の制限緩和などを提言した[15]。文科省は，休校中における家庭学習の位置づけを変化させ，児童生徒の家庭学習の状況や成果を学校における学習評価に反映できるようにすること，児童生徒の学習状況を随時把握すること，そのために，ICTを最大限活用することを求める通知を発出した[16]。これらを実現するため，2020年度第1次補正予算（4月29日）のうち，文科省関係予算（2,763億円）の多くが「GIGAスクール構想」の前倒し（2020年度内実施）に割り当てられ（2,292億円），経産省関係予算では，EdTechの学校等への試験導入を含む「デジタルトランスフォーメーションの加速」に1,009億円が割り当てられた。補正予算の成立以降，自民党では，デジタル教科書の普及促進，標準授業時間数などが検討され[17]，文科省では，「教育データの利活用に関する有識者会議」が設置された。また，コロナ禍以降の政策動向を支持あるいは牽引するように，従来にはない頻度

で経済界からの政策提言が出された[18]。例えば，経団連は，教育課程の修得主義への変更，学習進度に応じた個別最適学習のための学年の概念の再検討，CBT形式のテストによる日常的な学習到達度の測定などを提言した[19]。これらを受けた「骨太の方針2020」・「成長戦略実行計画2020」・「規制改革実施計画2020」（いずれも2020年7月17日閣議決定）においては，子どもの習熟度や興味に応じた個別最適な学びが今後の学校教育の基本的な方向であるとされ，そのための標準授業時数の弾力化，デジタル教科書の使用基準の見直しなどが規定された。

　このように，コロナ禍における学校教育の情報化政策は，感染症予防のための非対面型学習環境の整備という側面を有しつつ，コロナ禍以前から進められていた政府の成長戦略の一環としての学校制度改革という構想が多様な主体から次々と打ち出され，後者が急激に加速するようになる。それは，個別最適な学びを実現する条件整備としての学校教育の情報化（デジタル教科書の普及，学習ログの蓄積，全国学力調査のCBT化，教育データの標準化など）であり，これに連動して学校制度を抜本的に再編（修得主義，標準授業時数の弾力化，学年制の再検討など）しようというものであった。

⑸　ポストコロナ期の学校教育構想「データ駆動型教育」：2021年〜

　上記の流れは，ポストコロナ期を見据えた学校教育のあり方を打ち出した教育再生実行会議「ポストコロナ期における新たな学びの在り方について（第12次提言）」（2021年6月3日）において，「データ駆動型教育」構想に帰結した[20]。同提言においてデータ駆動型教育は明確に定義されているわけではないが，上記の「成長戦略2018」において示されたように，Society 5.0の原動力となる「民間」のイノベーションを支えるため，「官」に求められるデータ駆動型社会のインフラ整備と規制・制度改革，これを教育制度に応用するものだと捉えられる。データ駆動型教育における「データ」は，①児童生徒に関するデータ（（スタディ・ログ）（ライフ・ログ）），②教師の指導・支援等に関するデータ（アシスト・ログ），③学校・自治体に関する行政データが想定されている。今後，これらのデータを広範かつ精密に収集・蓄

積，分析・判断し，その結果を利活用した教育実践（個別最適な学びを含む）と教育政策の立案・実施を行っていくという構想である。同提言の内容は，早々に「骨太の方針2021」・「成長戦略実行計画2021」（いずれも同年6月18日閣議決定）に取り入れられた。このことは，先にも述べたように，データ駆動型教育構想が政府の教育政策の中心理念に位置付けられたことを意味する。

　さらに，同日には「デジタル社会の実現に向けた重点計画」が閣議決定された。これは，デジタル社会形成基本法によって政府に策定が義務付けられている「デジタル社会の形成に関する重点計画」を，同法の施行に先駆けて策定したものである[21]。同計画は，国民向けサービスを実施主体によって「国・自治体」「準公共」「民間」の3分野に分けている。「準公共」とは，国による関与が大きく他の民間分野への波及効果が大きい分野であり，「教育」，「健康・医療・介護」，「防災」等の7つが指定されている。準公共分野においては，国，地方，民間事業者等の様々な主体が連携して効果的・効率的なサービス提供を図ることが望ましく，政府に求められる役割は，デジタル化に向けたシステムの整備とデータ標準の策定だとされている。教育に関しては，①教育現場における学習者や教育者の日々の学習や実践の改善に資する教育データの利活用と，②教育政策の立案・実行の改善に資する教育ビッグデータの利活用を，データ駆動型教育の両輪として推進するとしている。

　「デジタル社会の形成に関する重点計画」と国の他の計画の関係については，「デジタル社会の形成に関しては，重点計画を基本とする」（デジタル社会形成基本法38条）と規定されている。つまり，同計画は，文科大臣に策定が義務付けられている学校教育情報化推進計画や，中教審で原案が作成されている教育振興基本計画よりも，学校教育の情報化政策においては優先されるものと考えられる。したがって，同計画は，「骨太の方針」・「成長戦略」・「規制改革実施計画」以上に同政策のあり方を具体的かつ強力に枠付ける可能性がある。

4．文科省に求められる教育条件整備

⑴　学校教育の情報化政策に見る政策決定過程の構造と今後の可能性

　以上のように，2010年代後半以降，成長戦略の一環に位置付けられた学校教育の情報化政策は，文科省がそれまで目指していたIT環境の全国的な整備とは異なる形で経産省が構想，実証事業を始めたことから変容が始まった。経産省の動向に対する文科省の対応は，同省と協調する形で個別最適な学びを進めようとするものであった。経産省と文科省が協働で立案し，首相官邸がオーソライズした政策構想は，コロナ禍によって加速し，今やポストコロナを見据えたデータ駆動型教育構想へと帰結している。

　このような政策形成過程から明らかになったのは，第一に，学校教育の情報化政策の目的は，学習・教育の方法やその機会を拡張するための条件整備から，ICTによって収集，分析されるデータを軸に教育の実践と政策を再編することへと変容していること。第二に，その変容の背景には，学校教育の情報化政策を含むデジタル社会形成政策が成長戦略の主軸であることから，民間によるイノベーションを生み出すための国家による環境整備，つまり社会のあらゆる領域におけるデータの標準化及び規制・制度改革があること。第三に，社会の諸領域におけるデータの標準化及び規制・制度改革は，成長戦略を主導する首相官邸に枠付けられ（「骨太の方針」・「成長戦略」・「規制改革実施計画」），その枠組みがさらに強化（デジタル庁，「デジタル社会の実現に向けた重点計画」）されていること。第四に，文科省は，急進的な教育政策を進めようとする内閣府に対抗した2000年代とは異なり，首相官邸が主導する成長戦略の枠組みから落ちこぼれないよう，これに積極的に寄与する政策を立案し，一部実施していることである。言わば，政策決定過程の構造が，2000年代の首相官邸・内閣府―文科省「対抗」型から，首相官邸・内閣府・経産省「主導」―文科省「協調」ないし「従属」型へと変容しているようである。

　ただし，本稿が分析したのは現在形成途上の政策であり，今後，実際にど

のような施策が実施されるかは未確定である。上記のように修得主義への転換，学年制の再考，就学義務が絡む学校と家庭の関係など，立案されている施策は，大幅な法改正を要するものや国民の反対が予想されるものが含まれており，その実現は容易ではない。文科省がこのような施策を全て実施するとは考えにくい。実際，文科省の諮問機関である中教審「『令和の日本型学校教育』の構築を目指して〜全ての子供たちの可能性を引き出す，個別最適な学びと，協働的な学びの実現〜（答申）」（2021年1月26日）においては，経産省・首相官邸の構想と親和性が高い提言が含まれつつ，それとは異なるものが示されている。例えば，個別最適な学びは，これまで進めてきた「個に応じた指導」を学習者の視点から整理した概念であるとして，従来の文科省の政策の延長にあるものとされている[22]。同答申が，教育政策を自らが実現可能な範囲に止めようとする文科省の対抗を表すものなのか，あるいは，中教審と文科省の乖離を表すものなのかは，実際の施策によって判断するしかないが，今後，同省が具体化する施策の分析は，現代における教育政策の決定過程の構造を捉える上で重要になるだろう。

⑵　教育の目的と本質に則した教育条件整備

　より原理的な問題は，首相官邸主導の政策実行体制のもと，教育政策が成長戦略の一環に位置付けられている中で，学校制度の整備を担う文科省に求められる固有の役割は何か，という問いが浮上していることである。

　まず，経済成長を第一義的な目的とする成長戦略を前提に，経産省と協調あるいは競合して人材育成ないし教育の成長産業化を促進するという役割を担えば，経済を所管する経産省の優位性の前に自らの存在意義を自ら縮小することに帰結するだろう。文科省が固有の役割を確立するためには，より根源的な立脚点を見出す必要があると考えられる。つまり公教育の目的という立脚点である。公教育の目的とは，教育基本法に明示されている通り，「人格の完成」（1条）である。言い換えれば人間が潜在的に持つ諸能力（身体，認知，言語，感性，論理性，社会性，道徳性，芸術性，等々）を全面的に発達させることである[23]。このような立脚点から現在構想されている個別最適

な学びを評すれば，それは過去のデータの蓄積や標準化されたビッグデータをもとにAIが個人の学習課題・内容をその習熟度に応じて決定するものにすぎず，能力の全面的な発達とは緊張関係にあることが指摘できる。そもそも人間の諸能力は，個人によって固定的に保有されるものではなく，学習者同士あるいは学習者と教育者など一定の人間関係の中で規定，発揮されるという側面があるだろう。現在においても日本国憲法26条「教育を受ける権利」のリーディングケースである最高裁学テ判決[24]は，「教師と子どもとの間の直接の人格的接触を通じ，その個性に応じて行われなければならない」ことが教育の「本質的要請」であると判示している。その意味するところは，個性を有する学習者の多様で可変的な学習要求（自らの能力を発達させようとする顕在的あるいは潜在的な要求）は，それと日常的かつ直に接する人間によって把握することが可能なのであり，したがってこれに応えることができるのも人間であるという教育の根源的な姿だと解される。このことを踏まえれば，学習者の学習要求に直に接する人間（教職員等）が，その自律的・専門的な判断のもとに必要に応じてICTを活用した教育を実践することと，過去のデータの蓄積や標準化されたビッグデータをもとにAIが最適だと判断した学習・教育を行うことの間には大きな乖離がある。

　このような経済成長とは無関係に存在し，また，社会や学校のデジタル化・情報化が進展しても不変だと思われる人間と教育の本質に根ざした教育実践に必要な条件整備が，教育行政の役割となるだろう。したがって，文科省に求められるのは，学校教育の情報化政策を成長戦略に応じてデータ駆動型教育の基盤整備とするのではなく，同政策の目的を教育現場の自律的・専門的な判断によって新たな教育方法や教育機会の拡張が実現できる条件整備へと定位することである。

5．おわりに

　最後に残された課題を2点指摘し，結びとしたい。
　第一に，本稿が言及した人間と教育の本質に根ざした教育実践とはいかな

るのものであり，また，それに必要な条件整備とは何であるのかを実証的に明らかにすることである。学校制度を構成する諸要素（年齢主義・履修主義，学年等）の再編が政策課題となる中で，ある種自明のものとされてきた既存の制度の教育的意義を明らかにしていくことは，教育学全体の課題である[25]。

　第二に，本稿が明らかにしたのは，首相官邸主導体制のもと，経済政策に従属しつつある教育行政の実態である。戦後の教育学が「教育の自律性」を主張したことがその自閉性の要因になったとの批判があるが[26]，現実に展開している政策を踏まえれば，教育の自律性及びそれを保障するための教育行政の一般行政からの独立という古典的命題の意義を再考する必要があるだろう。

（中央学院大学）

〈注〉

⑴　菅政権が発足すると政務調査会の一組織である教育再生調査会に改組された。そのことが政策決定に及ぼす影響については今後の分析課題としたい。

⑵　産業競争力会議（2013年1月～2016年9月），未来投資会議（2016年9月～2020年10月），成長戦略会議（2020年10月～）。

⑶　本稿では，大企業の成長を主目的とする政策を包括して成長戦略（＊括弧なし）と表記し，その具体策を示し毎年の「骨太の方針」と併せて閣議決定される政策文書を「成長戦略」（＊括弧つき）と表記する。

⑷　経団連「EdTechを活用したSociety 5.0時代の学び」（2020年3月13日），同「Society 5.0に向けて求められる初等中等教育改革 第一次提言」（2020年7月14日），同「Society 5.0に向けて求められる初等中等教育改革 第二次提言」（2020年11月17日），同「Society 5.0時代の学びⅡ」（2021年3月16日），経済同友会「自ら学ぶ力を育てる初等・中等教育の実現に向けて」（2019年4月3日），同「小・中学校の子供の学びを止めないために」（2020 年6月17日），同「公立小中学校における『脱・画一化』教育のための『創造的環境』の実現」（2021年5月7日），新経済連盟「GIGAスクール2.0」（2020年10月14日）。

⑸　経団連「。新成長戦略」（2020年11月17日）。

⑹　「世界最先端 IT国家創造宣言」（2013年6月14日閣議決定）。

⑺　総務省「平成29年版情報通信白書　データ主導経済と社会変革」（2017年7月）。

⑻　経団連「新たな経済社会の実現に向けて～『Society 5.0』の深化による経済社

会の革新〜」（2016年4月19日）。

⑼　総務省，前掲書。

⑽　2005年7月6日17文科初第437号「不登校児童生徒が自宅においてIT等を活用した学習活動を行った場合の指導要録上の出欠の取扱い等について」。

⑾　文科省「令和元年度 児童生徒の問題行動・不登校等生徒指導上の諸課題に関する調査結果について」（2020年11月13日）によれば，小・中学校に不登校児童生徒数が181,272人いる中で，小学校174人，中学校434人である。

⑿　「東洋経済オンライン」（2021年5月21日）https://toyokeizai.net/articles/-/425254?fbclid=IwAR3zOcsuGrOLXRM_5CTzASjPVXFZMfUFuP4lmJNaxjtDbeU_Ntfk6Dn1sD4（最終アクセス2021年7月24日）。

⒀　柴山昌彦文部科学大臣「新時代の学びを支える先端技術のフル活用に向けて〜柴山・学びの革新プラン〜」（2018年11月22日）。

⒁　そのことは，2013年以降の「規制改革実施計画」の内容に現れている。

⒂　規制改革推進会議「新型コロナウイルス感染症患者の増加に際してのオンライン技術の活用について」（2020年4月7日）。

⒃　2020年4月10日2文科初第87号「新型コロナウイルス感染症対策のための臨時休業等に伴い学校に登校できない児童生徒の学習指導について（通知）」，2020年4月21日2文科初第154号「新型コロナウイルス感染症対策のために小学校，中学校，高等学校等において臨時休業を行う場合の学習の保障等について」。

⒄　文部科学部会（2020年6月24日），教育再生実行本部（同年7月9日）など。

⒅　注⑷を参照。

⒆　同上。

⒇　同提言には，文科省「教育データの利活用に関する有識者会議の論点整理（中間まとめ）」（2021年3月）の内容が反映されている。

㉑　根拠法はIT基本法及び官民データ活用推進基本法。

㉒　本稿の主題から外れるため割愛するが，筆者は中教審が現実路線として示した「個に応じた指導」を積極的に評価するものではない。谷口（2021）を参照。

㉓　世取山洋介（2021出版予定）を参照。

㉔　旭川学力テスト事件最高裁判決（最大判昭51・5・21刑集30巻5号615頁）。

㉕　これまで自明のものとされてきた学級という仕組みの意義を分析・検討するものとして，鈴木（2021）を参照。

㉖　広田照幸（2014），9-11頁。

〈引用・参考文献〉

青木栄一（2021）『文部科学省　揺らぐ日本の教育と学術』中央公論新社。

井上義和・藤村達也（2020）「教育とテクノロジー：日本型EdTechの展開をどう捉えるか？」『教育社会学研究』第107集，東洋館出版社，135-162頁。

合田哲雄（2020）「アイディアとしての『Society 5.0』と教育政策──官邸主導の政策形成過程における政策転換に着目して──」『教育制度学研究』第27号，東信堂，2-23頁。

貞広斎子（2020）「パンデミックが加速する学校システムの変革と課題──Society 5.0時代の教育の質保証と社会的公正確保に向けて──」『教育制度学研究』第27号，東信堂，24-42頁。

佐藤学（2021）『第四次産業革命と教育の未来　ポストコロナ時代のICT教育』岩波書店。

鈴木篤（2021）「ニクラス・ルーマンの学級論に関する検討─非対面型の授業の対面型学校教育への代替可能性と限界─」『教育学研究』第88巻第1号，1-13頁。

髙橋哲（2019）「教育法学　『防御の教育法学』から『攻めの教育法学』へ」下司晶・丸山英樹・青木栄一・濱中淳子・仁平典宏・石井英真・岩下誠編『教育学年報11　教育研究の新章』世織書房，199-221頁。

谷口聡（2021）「新学習指導要領にみる教育課程政策の現代的特徴」『教育人権保障の到達点と課題』（日本教育法学会年報第50号）有斐閣，69-79頁。

中嶋哲彦（2013）「新自由主義的国家戦略と教育政策の展開」『日本教育行政学会年報』第39号，教育開発研究所，53-67頁。

広田照幸（2014）「社会システムの設計と教育学研究」広田照幸・宮寺晃夫編『教育システムと社会　その理論的検討』世織書房，3-18頁。

広瀬義徳（2020）「イノベーション産業化戦略としてのSociety 5.0とこれからの学校」『教育制度学研究』第27号，東信堂，56-73頁。

前川喜平（2020）「教育政策と経済政策は区別せよ──GIGAスクール構想の行方をめぐって」『世界』2020年5月号，岩波書店，164-171頁。

世取山洋介（2021出版予定）「1条」日本教育法学会編『コンメンタール教育基本法』学陽書房。

渡辺治・岡田知弘・後藤道夫・二宮厚美（2014）『〈大国〉への執念　安倍政権と日本の危機』大月書店。

〈付記〉

　本稿は，JSPS科研費（20K02565）の助成による研究成果の一部である。

Policies to Implement Informatization of Schools Pursuant to Growth Strategy: Primarily Based on the Concepts of "Adaptive Learning" and "Data-Driven Education"

Satoshi TANIGUCHI, *Chuo Gakuin University*

One aim of this paper was to ascertain how policies to implement informatization of schools would be formulated by different policymakers pursuant to policies to create a Digital Society. A second aim was to identify issues that would subsequently arise in educational administration.

Policies to create a Digital Society originated with the concept of "Society 5.0" in the mid-2010s. Those policies have been rapidly promoted as lifestyles, attitudes, and the nature of society have changed in the wake of the COVID-19 pandemic. Policies to implement informatization of schools were similarly promoted as part of the same policies to create a Digital Society. Policies to implement informatization of schools sought to implement methods of education that did not heretofore exist and to expand educational opportunities. Those policies are evolving into a concept of more radical school reform. In other words, restructuring of the existing system of education as was previously accepted (e.g. standard class hours, grades, and years) and the relationship between public and private education (the private education industry and homeschooling) is approaching in the form of "Adaptive Learning" and "Data-driven Education." Those concepts were conceived by and are being promoted by policymakers outside of educational administration such as the Ministry of Economy, Trade and Industry (METI) , the Office of the Prime Minister, and the Cabinet Office. There are two factors underlying that situation. The first is the fact that the Prime Minister's Office has played a stronger leadership role in policymaking since the second Abe Administration of the 2010s. The second is that the crux of policies promoted by the Prime Minister's Office is comprehensive and active support for business, i.e. "a growth strategy." Policies to create a Digital society lie at the heart of that strategy.

Based on that system of policy implementation, policies to implement informatization of school (as part of policies to create a Digital Society) have advanced through the following 4 stages. Educational technology, or EdTech, has been developed by private entities such as social entrepreneurs and large educational companies since the 2000s. In the first stage, METI incorporated EdTech in its policies, and the Ministry of Education, Culture, Sports, Science and Technology (MEXT) devised policy concepts in conjunction with that move by METI. In the second stage, policies devised by MEXT and METI to implement informatization of school were authorized by the Prime Minister's Office and implemented. In the third stage, policies to implement informatization of schools (provision of distance learning) were required as part of efforts to prevent infection during the COVID-19 pandemic, and policies to implement informatization of school as part of a growth strategy were accelerated in conjunction with those policies. The growth strategy in question had been promoted prior to COVID-19. In the fourth stage, a transition to "Data-driven Education" was initiated as an educational concept with an eye toward circumstances after COVID-19.

The policies to implement informatization of schools that have thus developed have raised fundamental questions about educational administration, such as what role MEXT should play and the nature of its existence. Restructuring of education as part of a national growth strategy is urgently needed given the primary goal of economic growth. However, what MEXT needs to do is to determine the fundamental nature of the relationship between humans and education, which is considered to be immutable despite the increasing adoption of digital and information technologies in society and schools and which is completely irrelevant to value in the economic realm. MEXT should envision and implement an educational system grounded in that relationship.

Key Words

Growth Strategy, Informatization of School, Adaptive Learning, Data-Driven Education

今日の「危機」と教育行政学の課題

竺沙　知章

1. はじめに

　新型コロナ感染症の拡大により，医療崩壊の危機に直面したり，深刻な経済的な損失を被ったり，日常生活での対面でのコミュニケーションが著しく制約されるなど，未曽有の経験を余儀なくされている。さらに，感染症の防止対策や日常生活に対する支援などが政府に求められながら，十分な対応ができていないという不信感が募っている現状がある。これは，社会にとっての「危機」と捉えられる事態であり，それゆえの不安感が広がるとともに，政府による対応を求める世論を産み出すことにもなっている。

　新型コロナ感染症対策としての休業要請，行動制限などが，政府から求められているが，それは憲法で規定されている基本的人権との関係において，その整合性は自明のこととは言えず，政府による統治権力と法的規範との関係が問われなくてはならない状況が続いている。

　また行政の原則，すなわち法令や規則に従い，適正に執行するという原則が，蔑ろにされているのではないかという疑念をもたざるを得ない事態が目につく。例えば，学術会議委員の任命において，首相が一部の委員候補者の任命を拒否するということが問題になっている。また，不透明で，恣意的な学校の設置認可がなされているのではないかということが問題になったこともあった。それに関わって，公文書の改竄が明るみに出るという事態にも

至っている。

　その他，デジタル化や通信技術の急速な発達により，新たな空間が形成され，その中での我々のコミュニケーションのあり方，情報の伝達のあり方を急激に変化させているようにも感じられる。それにより，何が事実かということについても揺らぎが生まれ，「ポスト・トゥルース」と言われるような事態も生じている。不安定な感覚を抱かざるを得ないようにもなっている。

　以上のような昨今の現象は，社会の中での合意のあり方，「権力」のあり方，あるいは「権力」に対する法規範，主権者による統制，個人の自由との関係などについて，検討を迫るものと言えよう。それは，現在の国家制度の成り立ちそのものを問うことを迫るものでもあり，近代国家制度の基本概念が揺らいでいるように映る課題でもある。教育行政学が依拠してきた基本概念を，その根本から問い直すことが求められていると言える。本論文では，そうした事態を「危機」と捉え，その本質に迫ることを課題としたい。

　そこで，本論文は，第一に，従来の原則からは明らかに逸脱していると思われる現象において，何が生じているのか，どのような問題として捉えることが必要なのか，第二に，そうした問題に教育行政学はどのように向き合うことが必要なのか，この2点について考察することを目的とする。

2．民主主義と「例外状態」

　主権者としての国民の代表者が，国会において審議し，制定した法に従い統治が行われるという近代国家の民主主義は，主権者の意志に従って統治がなされることを原則とするものである。主権，法規範と統治権力の関係において，前者を優位に位置づけることにより，民主主義の理念の実現が目指されてきた。意志決定の正統性は主権の概念によって担保され，それは，国家のあらゆる実定法の規範根拠であり，統治に規範性をもたらす正統化の源泉である[1]。

　しかし，主権と統治とは，しばしば対立し，両者は緊張関係にある。統治の行動はそれを基礎づけているはずの主権から自立化する傾向がある。例え

ば，最近の学術会議の委員任命拒否の問題，あるいは，国会ではなく，政府の閣議決定により重要な意志決定がなされ，法規範を形成している事例などを見ると，それは，今日の政治的状況に妥当する認識と言える。新型コロナ感染症防止対策においても，長期間に及ぶ休業の要請，感染防止のための生活様式が要請されるなど，感染防止という目的のために，憲法により保障されている基本的自由が，政府の要請によって制約を受けている。こうした事態は，統治が主権から自立し，正統化の手続きを無用のものにしつつある事態，法の執行が法そのものを超えるという事態として捉えることができる[2]。民主主義のあり方を考えるならば，統治が主権から自立化することを許すのではなく，その意志に沿うものとなるようにコントロールすることが必要となるであろう。しかし今日，問題となる現象を見るならば，両者の懸隔が著しくなっていると感じられる。

　このような主権に対する統治，法に対する執行の優位が深まっていくと，「例外状態」と呼ばれる事態となり，それは「規範とその適用との間の対立が極点にまで高まった場所」[3]となる。大村弘二によれば，まず，近代政治の母型は危機と非常事態であり，宗教内戦という秩序の欠落状況において統治の新たな手段として国家理性の思想が生まれ，さらに，法規範を生み出す立法権としての主権概念が確立し，主権の下で統治が行われ，一般の人々の意思に基づく民主主義が重視されることとなった[4]。主権によって統治をコントロールすることにより，民意による規範，秩序の形成を進めていくのが民主主義である。こうした理念が揺らいでいると言えるが，これは，近代当初より課題とされたことであり，その原点にさかのぼって，主権と統治との関係を検討することが必要となる。

　「例外状態」は，法秩序には収まらない状態のことであり，そこで問題となるのは，法律と現実との関係，法律の適用可能性の問題である。例外状態は，法秩序，法規範の中に位置づくのか，あるいはその中には包摂されず，外部にある状態をいうのか，すなわち例外状態と通常の状態である法秩序との関係をいかに考えるかが問われなければならない。

　シュミットは，「主権者とは，例外状況にかんして決定をくだす者をいう」

と述べている[5]。例外状態においても，必要なことを決定し，秩序を保つことが求められるが，その判断を行い，「決定」する者が想定されることになる。憲法が想定していない事態である緊急事態，例外状態における「決定」の正当性が，いかに担保されるかという問題である。シュミットは，そうした事態においても法規範に包摂することを志向して，主権者を「例外状況で決定をくだす者」と位置づけたと言える。

　これに対して，ベンヤミンは，『暴力批判論』において，法措定暴力と法維持暴力としての神話的暴力に対して，それに停止を命じる神的暴力を提起している[6]。つまり，ベンヤミンは，例外状態において，法に対して対峙する存在を想定しており，法の外部における「力」を認めている。アガンベンは，例外状態において，両者は緊密に結びついており，アノミー的な状態においては，法は，前者の「適用をもたない純粋な効力」と後者の「効力をもたない純粋な適用」に分裂すると述べている[7]。前者は，ファシズムに向かう力として理解することができる。後者は，具体的に考えることが難しい。

　アガンベンは，ベンヤミンの「神的暴力」，「純粋暴力」という表現の意味を正確に理解することが，いっそう重要であると述べている。純粋暴力は，目的にとっての単なる手段ではない。すなわち「目的を持たない手段」という形式の暴力ということになる[8]。神話的暴力である法措定暴力と法維持暴力は，法により秩序を形成するという目的としての暴力であることを考えれば，その対称性が明らかである。このような「純粋な暴力」，「神的暴力」は，可能であるのか，実際に，どのような「力」として理解すればよいのか，そこに，今日の「例外状態」としての「危機」を乗り越える可能性を見出すことができるのか，以上のことが課題となるであろう。

3．理性と近代の「イメージ」

　「神話的暴力」は，法措定と法維持を進める力であるが，それらは，その目的があり，それを実現しようとする目的合理主義に基づくものと言える。目的が設定されるならば，そこには，暴力性が伴う。それは，排除としても

働く。ある目的のために政策が策定されるならば，その対象者は特定されることになり，そこから外れる人を必ず生み出すことにもなる。

　その目的が，理性により，普遍的な価値に基づいて，すべての人々に恩恵をもたらす，秩序を形成することが目指されるとしても，それを具体化するためには，様々な現象が起こりうるのであり，そこには，非理性的な力が働くことは避けられない。理性により原理，原則が確立されたとしても，実際の社会においては，全面的に一色に染められることはなく，そこから零れ落ちるものを必然的に生み出すことになる。

　理性的な判断ということと関わって，近年，問題になっているのが，「ポスト・トゥルース」的と言われる状況である。大橋完太郎は，「ある情報が嘘であることを理解しつつも情動への働きかけや共感によってそれに対する信条を覆すことができない状況」と仮説的に定義している[9]。それは，客観的事実よりも主観的な認識の方が重要なものとして捉えられる状況である。そのことが，単なる認識にとどまらず，世論に影響を与え，政治を動かしたり，科学的データに基づく地球温暖化などの気候変動への対応に影響を与えたり，社会のありように深くかかわる状況にあると言える。大橋は，リー・マッキンタイアに基づきながら，ポスト・トゥルース的状況を，価値論の変質（「科学なものの拒否」），認識論的条件の強化（「認知の歪み」）そして，それらを助長するメディア環境的発達（「ソーシャルメディアとフェイクニュース」）によって説明するとともに，上記の仮説的定義に示されている情動が，「ポスト・トゥルース」と嘘とを区別する指標になるのではないかと提起している[10]。

　多種多様な情報が氾濫している今日，理性的に，情報の真偽を判断することが必要となるが，情動という内面の感情的な部分が力を持つ状況になっている。科学的根拠のある確かな情報，知見を理解するには，専門的知識や思考の力，根気やエネルギーなどが必要となるが，そうした営みには時間を要するのであり，情動は，瞬時に，感覚的にそのメッセージを受け取り，そのことが自らの感覚，願望などと合致した場合に，あるいは，特定の目的，利益を実現しようとする場合に，「嘘」が真実のように語られることが起こり

うると見ることができる。

　またメディア及び情報環境の発達により，文字，写真，動画などによる情報が，ソーシャルメディアにより圧倒的な量として流通するようになっているが，それが真偽の判断を経た言語的メッセージだけでなく，情感に訴えるイメージが伝わり，そうしたイメージにさらされることが増えている。イメージの伝播は，情感といった潜在的なものを意識化させることになり，潜在的なものと現実的なものの混在状態を出現させていると理解できる。そうした混在状態は，真偽のあいまいな状態でもあり，「ポスト・トゥルース」的状況をもたらしていると言えるであろう[11]。

　以上のような「ポスト・トゥルース」的状況をもたらすイメージは，近代的なものである。松浦寿輝は，1880年代の西欧において，エティエンヌ＝ジュール・マレーの仕事を分析し，「表象」から「イメージ」への転回，すなわち「知性によって認識しうるもの」から「感覚によって捉えうるもの」への移行が生じたことを明らかにしている[12]。そのイメージとは，「そこに表現されているものによって意義や価値を持つのではなく，何かを表現したり代行したりする以前に，単にそれ自身の重さによって現前するものである」[13]。その典型として，1989年に竣工されたエッフェル塔を対象として，「イメージ」の生成過程を分析している[14]。それは，現実ではなく，「現実的なるもの」が「イメージ」の体験として「反復」されるという事態を生み出すことになったという[15]。写真，映像を媒体とした体験がそれに該当する。それが近代社会を形成してきたとみることができるが，「ポスト・トゥルース」的状況の出現を考えると，この「イメージ」の影響がいっそう強く作用しているのではないかという感覚を抱かざるを得ない。「ポスト・トゥルース」的状況は，近代初期に形成された「イメージ」に根ざす現象であると理解できる。

　このような「イメージ」は，近代の普遍的価値を追求する合目的な理解とは異なる近代の概念として捉えることができる。「ポスト・トゥルース」的状況に向き合うためには，そのような視点から考えることが必要となっているように思われる。

　松浦寿輝は，『明治の表象空間』において，「理性的秩序の論理（合理主義）は，単独では機能しえない。それはイデオロギー（非理性的なドグマ）と一体となったかたちでしか実効的に作動しない」と述べている[16]。それは，「理性と非理性の共犯関係」と捉えられるものであり，理性的に普遍的価値の実現をしようとする際にも，非理性的な意志が働いていると見ることができる。その二面性に目を向けなければならないであろう。「ポスト・トゥルース」的状況は，理性的な言説に対して，非理性的な情動が働いている状況として見ることができる。

4．公教育と教育行政の目的合理性

　今日の「危機」の内実を考察するために，例外状態の統治と主権の問題，近代における目的合理主義と理性，近代における表象，イメージの出現とその中での認識のありようを見てきた。では，近代以降の公教育において，とりわけ日本において，例外状態のような統治の問題，また表象空間など環境の変化は，どのように現れているのか，次に検討したい。

　教育という営み，とりわけ公教育は，その理念があり，目的が明確にある。近代公教育は，「公権力による国民形成としての国民教育」であり，国家による労働力の保全と開発，国民社会の同質化のためのナショナリズムのイデオロギーの統制や形成を本質機能とするものである[17]。その影響は，時代や社会によってさまざまであろうが，いずれにしても，制度としての教育は，国民社会の形成，経済発展など，その目的が明確に設定され，その達成のために合理的，効率的に教育が実施されることになる。

　日本においては，苅谷剛彦が明らかにしたように，後発型近代（化）を経験し，西欧における近代社会をモデルとし，それに追いつこうとする観点から，教育の課題が導き出され，その達成を目指すという思考の習性による教育政策が展開されている[18]。それは，理性による思考である。追いつくべき西欧の近代をモデルとして，それが評価基準となって，日本の公教育の現状の課題が認識され，その克服を目指した教育改革が展開されてきている。苅

谷は，西欧をモデルとして「近代人」の欠如が主体の問題として認識され，人間（主体）形成における「欠如理論」を埋め込んだ近代化の理解であったと指摘している[19]。

　さらに1980年代以降，経済の好調さにも支えられて，近代化が政策課題として認識されなくなって以降であっても，参照点を外部に求める思考が続くことになる。苅谷は，それが日本の近代理解の習性であり，その後の教育政策をめぐる議論を空回りさせていると指摘している[20]。そうした傾向は，2021年1月の中央教育審議会答申「「令和の日本型学校教育」の構築を目指して」にも見ることができる。参照されているのは，近代ではなく，未来である。すなわちSociety5.0，持続可能な社会といったまだ到来していない社会構想を参照点として，そのために必要となる資質能力の育成，GIGAスクール構想など学校のあり方が提言されている。

　この答申は，新型コロナウイルス感染症の流行以前に諮問されたものであるが，その審議期間の後半は，新型コロナウイルス感染症による緊急事態宣言，休校措置などがなされており，コロナ禍の中での答申となったものである。そのような状況を踏まえるならば，新型コロナウイルス感染症の学校教育への影響，子どもの育ちへの影響などをしっかりと分析し，現状を踏まえた提言がなされるべきだったと思われるが，未来に向けた新たな学校教育の構想とその方策が提言された。もちろん答申において，新型コロナウイルス感染症の影響についての言及はあるものの，提言された構想は，仮にコロナ禍がなかったとしても同様の提言がなされたのではないかと思われる。

　後発型近代化の経験という特殊性があるとしても，公教育には国民形成という目的があり，人権思想に基づく自由と平等という理念の実現を志向している近代公教育には，その理念の実現という目的合理主義から自由になることはできない。制度的に行われる教育の本質が，今日，どのように理解すべきか，「危機」として認識できる状況の中で，公教育の現状を検討することが必要である。

5. 教育の制度化と教育行政学の課題

　社会の変化に対する感覚は，今日，共通して実感している状況といってよいであろう。教育改革を促しているのもそのような認識であった。1980年代の臨時教育審議会最終答申が，改革の視点として変化への対応（国際化，情報化）を提言したことがその始まりと言ってよいかもしれない。その変化についてその現象を追うのではなく，変化として我々が感じているものの本質を理解しようとすることが求められる。教育行政学の課題を考察するには，その対象が教育一般ではなく，主として制度として行われている教育であることから，制度として行われる教育のあり方，それが行われる場を問うことにもなる。

⑴　制度化の意味
　制度化された学校は，どのような空間となり，そこでの教育はどのような性質を持つことになるのか。

　臨床心理学を専門とする東畑開人は，ケアの場は，「ただ，いる，だけ」を支えるアジールとしての特性が求められるが，それが制度化され，デイケア施設として設置，運営されるようになると，金銭の対象となり，それを得る手段となることにより，ケアの場が，アジールとしての特性からアサイラムすなわち管理の場に変質してしまうことを論じている。ケアは「ただ，いる，だけ」が求められるが，施設としてそのサービスが提供されると，すなわち治療やリハビリテーションの機能を果たし，利用者が変化することが求められるようになる。「ただ，いる，だけ」そのものの価値は見えにくいものであり，改善として認められるような変化が要請されることになる。ケアの施設においてケアサービスを提供する人は，その本質が見えないにもかかわらず，金銭を得られるということで「ただ，いる，だけ」を実践するという倒錯した状況に追い込まれることになる[21]。

　学校教育では，学力の向上，近代化に向けた主体の確立など，その目的が

明確であり，それに向けた教育が実施される。そのため，教育が成立するための規範が作られ，その遵守を求める教育が，時には子どもの自由を著しく制約するような形式で，抑圧的に実施されることもある。そのような教育の目的の観点からの規範，秩序形成によって，それになじめない児童・生徒を生み出し，不登校という問題を生じさせている面がある。不登校に関わっては，その状態を全面的に肯定するのか，学校への復帰を前提とした支援を基本とするのか，その現象に対する見方によって，まったく異なる対応となると思われる。

「義務教育の段階における普通教育に相当する教育の機会の確保等に関する法律」の制定過程において，最も議論となったのは，不登校という現象をどのように見るか，不登校となっている児童生徒にどのような眼差しを向けるのか，という点であったと思う。それは，不登校当事者や関係者の間でも見解が分かれた点であった。同法は，学校に在籍するという原則を維持し，不登校の児童生徒を支援する体制を充実，強化する内容となっている。不登校児童生徒の休養の必要性を認めるという点で，これまでにない対応を進めていくことが期待されるが，学校への復帰，改善を目指した支援が展開されることに変わりはなく，大きく制度を変更するものとはならなかった。児童生徒も教職員も，東畑開人が言うような「ただ，いる，だけ」ということが許されないのが，学校という空間であろう。

不登校の問題は，教育制度の理念の観点からは，逸脱した状態，克服すべき課題として捉え，その解消とその「正常化（登校）」に向けたサポート，ケアをする対象として認識されるものである。それ自体は，制度理念からして合理的であり，否定されるものではない。しかし制度理念から見ることは，その視点からは見えないものを見逃すことになる。問題の本質は，その見えない部分に深く根差しているように思われる。

教育学において，そうした「見ようとしても必ずしも見ることができず，触れようとしても指のあいだをすり抜けていってしまう」ものに目を向ける試みがなされている。それは，「ままならない」という受苦的経験に内在する「パトス」に着目するものであり，教育学のパトス論的転回が提起されて

いる[22]。制度としての教育は，その理念，その時々の政策目標が設定され，その達成を目指した目的合理主義，教育に関する技術合理主義に基づくものとなり，その観点からの成果をあげることが要請されるものである。しかし，実際にはそうした教育の中で，子どもはポジティブな反応だけでなく，ネガティブな反応もしており，それが苦悩をもたらすことにもなっているはずである。

　教育は，人が知らないことを知る，わからないことを理解するようになることを促し，支える営みであるが，その営みが野蛮へと頽落し，人間をして人間であることを損なわせるということを歴史的に経験してきている[23]。重要なことは，このような二面性を直視することであり，理性の限界を問うことであろう[24]。制度化は，理性的な観点からの教育を推進していくことになる。したがって，制度の中での理性の限界をどのように問うかが課題となる。

⑵　環境の変化と教育の課題

　今日の著しい変化として，社会のデジタル化が加速度的に進んでいる状況をあげることができる。こうした状況は，近代に形成されたイメージの転換を促すものとして見ることができるかもしれない。学校教育においては，デジタル教科書が導入されようとしている。新しい技術の可能性を活用していくことは，必要なことであり，今後，様々な活動をしていく上で，重要なことである。しかし，そうしたデジタル化が我々に何をもたらすのか，どのような影響を及ぼすのかは，慎重に検討することも必要であろう。新しい段階に社会が進もうとする際には，立ち止まって，そのことの意味を考えることは欠かせない。教育は，そのような判断，思考を可能とする力を身につけることを目標とするべきであろう。

　デジタル教科書をはじめICTによる情報を通じて学ぶことが，子どもの学びや育ちにどのように影響を及ぼすのか。書物の歴史を見るとき，現在，生じていることは，大きな変化と受け止めることができる。印刷された書物から画面上に現れるデジタルデータへの変化である。書物の場合，その作者は書物を書いているのではなく，テクストを書いているのであって，それらが

手で書かれたり，版刻されたり，印刷されたりして，書かれたものとなり，テクストと物質としての書物との間にズレを生み，そのズレが意味を構築する空間となる[25]。つまり書物という物質性が意味を生み出す要素であるということである。

今日，書物が「冊子体」から画面に移動することによって，読者に対してテクストを差し出す新しい形態の装置が，テクストを受容し，理解するための条件を変えつつある。それがどのような変化となるのかを分析することが必要である。それには，冊子体である書物を読むことによって，我々はどのような経験をしているのか，その考察が求められるであろう。書物を手にする，ページをめくる，余白に書き込みをする，そうした行為を通じて経験していることが，デジタル化によって失われることになるとするならば，それがどのような影響を及ぼすことになるのか，検討が必要であろう。

今井康雄は，ベンヤミンに依拠しながら，「経験の貧困」について論じている。すなわち，現代を支配しているのは，〈開かれた〉解釈を要請するような物語による伝達ではなく，新聞記事のように「それ自体で理解できる」ことを特徴とする「情報」による伝達であると述べている。これは，写真，映画などの複製技術の普及により，芸術作品が唯一性，一回性という特性を失い，それとともに「アウラ」も失うという解釈である[26]。複製技術の発明が，経験の質を大きく変えることを意味する。今日では，デジタル化の普及が，経験の質を変える可能性があることを考えておくことが必要であろう。情報として様々な意味を帯びた形で伝達されていたものが，付加的な意味がそぎ落とされ，記号のように情報のやり取りをすることになるのかもしれない。こうした環境の変化が，教育をどのように変えることになるのか，GIGAスクール構想の推進の中で，慎重に分析していくことが必要となるであろう。

(3) 教育行政学の課題

上記のような今日の環境の変化，そして新型コロナウイルス感染症への対応と教育行政が直面する課題は多岐にわたる。その中で，教育行政学はどの

ような研究課題に取り組むことが必要であろうか。

　まず新型コロナウイルス感染症への対応において，首相による全国一斉の休校措置の要請は，異例のことであり，その正統性をどのように評価するかは，議論が必要である。少なくとも大きな混乱をもたらしたことは事実であり，その分析も含めて今後の課題となるであろう。いずれにしても，緊急事態のような場合には，行政のトップから，一方的に要請がなされることがあるということを経験したという事実は残るのであり，今後もそうした事態が起こりうることを考えておかなければならない。首相による休校措置の要請は，法的根拠がなく，そのような事態は例外状態と捉えることができる。そのような事態をどのように評価すべきか，今後，そのような事態が生じた場合に，どのように対応すべきか，重要な研究課題となるであろう。

　今日の学校教育の状況を見るとき，その制度理念が想定していない状況が日常化しているように思われる。とりわけ，新型コロナウイルス感染症への対応は，例外的な措置が繰り返されているように思われる。そのような場合には，学校教育制度の目的，目標の達成よりも，健康，安全を守るという目的が優先された故の措置が推進されたことを考えると，何を優先させるべきか，それをどのレベルで，誰が決断すべきなのか，そうした意思決定をするうえで，現在の教育行政制度に課題はないのか，そのような検討を行うことが必要となるであろう。

　以上のことは，制度理念それ自体の見直しを迫るものではない。必要なことは，制度理念への向き合い方，現実における制度理念の現れ方に目を向けることであると思う。今日の学校教育を中心とした公教育の制度理念，その目的を実現しようとする際には，その理念と現実との間にズレが生じることは避けられないであろう。現実には，様々なことが生じるはずであり，その現実と理念とのズレに対して，どのような眼差しを向けるのか，それが公教育において，そうした眼差しが教育としてどのような意味をもつのか，そうしたことが問われることになるであろう。

　これからの教育行政学に求められるのは，例えば，「ただ，いる，だけ」といった目的性から自由な関わり方，営みが可能であるのか，可能であると

して，実際にどのように実践されうるのか，その検討を深めていくことである。つまり，制度理念とそれに収まらない現実との関係，理性的な部分と非理性的な部分との境界線に立って，公教育の場で生じていることを観察することが必要であろう。教育行政の現場における実践，実務においては，目的性から自由になることが難しいことを前提として，教育行政学は，その理念，目的性に収まらない現実を捉え，その姿を描き出すことが求められるであろう。そのような積み重ねの中で，新たな公教育やそのガバナンスに関わる知見を生み出すことが期待される。

　教育行政においては，制度理念の実現，政策目標の遂行に向けて，民主的に，合理的に行政実務の遂行が求められることから，技術合理性に基づくものであるが，先に見た教育学におけるパトス論的転回では，それは対極にあるものである。今日の教育学が焦点化しているのは，「ままならなさ」であるところのパトスである。それは，機能主義的原理によって一元化されている教育の意味世界をより豊かな意味世界へと開いていくことを志向するものである[27]。教育行政において，公教育制度において，思うようにいかないこと，苦悩，情動は，抑制するように働きかけられ，それを乗り越え，よりポジティブに活動するように促される。そうした支援は否定されるべきことではないが，情動に目を向けることで，より豊かな学び，ケアを提供することが可能となるかもしれない。学校をそのような空間とすることが，教育行政の課題となるであろう。パトスに着目することが，例外状態に陥った際に「神的暴力」を生み出すことになるかはわからないが，少なくとも，教育行政，学校の現場が，「神話的暴力」に対峙する力を備えることになるように思う。

　今日の学校教育において生じていることは，19世紀後半に成立した近代の理念に支えられた制度の中で，GIGAスクール構想により，ICT化，デジタル化が急速に進行しているという状況である。つまり，19世紀後半以来の制度と実践の中に，新しい潮流が押し寄せているようなイメージとして捉えられる。おそらく，このような状況は，今に始まったことではなく，これまでもそのような現象を繰り返してきたと思われるが，今日，生じていることは，

その延長として捉えきれない事態であるように感じられる。それは，通信技術の発展による新たな空間の出現として理解できるものである。また新型コロナウイルス感染症の問題は，自然と人間との関係において新たな課題をつきつけるものであるとともに，その認識，対策のあり方に関して，「ポスト・トゥルース」的状況も生じている。「例外状態」のような国家統治の状況になり，異例な統治が行われることも珍しくなくなっていくかもしれない。

そうした変化，状況をいかに捉えられるか，今後の課題となるが，教育行政学として考えるべきことは，今日の学校教育において，「旧」の理念，制度の中で「新」の動きが生じているという状況であり，その混在，両者のぶつかり合いの中で何が起こっているかを捉えることであろう[28]。また教育行政，学校教育の現場では，それに対してどのように対応すべきかが常に問われ，その根拠としてのエビデンスが求められる。そうした課題に対しては，結論，結果を急ぐことなく，対応策に関する試行錯誤を許容し，現場で生じていることを検証しながら，次善の策を試みるということを繰り返して，実績を積み重ねていくしかないのではないか。そうした試みを進めるためには，我々の認識を見直すことから始めなければならないであろう。

このように考えると，今日の社会において，何が生じているのか，我々は，どんな世界を生きているのか，その探究を行うことが重要になっていると見ることができる[29]。そうでなければ，パトスに反応することはできないであろう。そのためには，人文学の知見を取り入れることが必要である。それは，「強力な視差」をもたらす他者との遭遇を志向するものとなるはずである。そうした研究を進める中で，教育行政の基本的原理，行政の基本的な概念を再検討していくべきであろう。

6．おわりに

昨今の状況は，この先の展望が見えず，漠然とした不安感を覚えさせたり，生きづらさを感じさせたりしている。教育行政学は，公教育の組織化に関わる研究を推進することから，そのような捉えどころのない情動を対象とする

ことに取り組むことが必要となるかもしれない。そうだとすれば，情動を対象としている学問研究との交流が必要となるであろう。近接する領域の学問研究だけでなく，とりわけ人を対象とする学問研究など，幅広い学問研究との交流により，教育行政学の研究をより豊かにしていくことが，今後の課題であると考える。

（京都教育大学）

〈註〉
⑴　大竹弘二『公開性の根源—秘密政治の系譜学』太田出版，2018年，11頁。
⑵　同上書，22－50頁。
⑶　ジョルジュ・アガンベン『例外状態』上村忠男・中村勝己訳，未来社，2007年，74頁。
⑷　大竹弘二，前掲書，117－148頁。
⑸　カール・シュミット『政治神学』田中浩・原田武雄訳，未来社，1971年，11頁。
⑹　ヴァルター・ベンヤミン『暴力批判論　他十篇』野村修編訳，岩波書店，29－65頁。
⑺　ジョルジュ・アガンベン，前掲書，119－121頁。
⑻　同上書，121－125頁。
⑼　大橋完太郎「「ポスト・トゥルース」試論：現象と構造」神戸大学文学部芸術学研究室『美学芸術学論集』15，2019年，37頁。
⑽　同上，12－17頁，37頁。
⑾　同上，37－43頁。
⑿　松浦寿輝『表象と倒錯—エティエンヌ＝ジュール・マレー』筑摩書房，2001年，115－120頁。
⒀　松浦寿輝『エッフェル塔試論』筑摩書房，1995年，379頁。
⒁　同上書。
⒂　松浦寿輝『平面論—1880年代西欧』岩波書店，2018年，73－75頁。本書は，岩波現代文庫版であるが，1994年にシリーズ精神史発掘の1冊として岩波書店から刊行されたものである。『表象と倒錯』，『エッフェル塔試論』とあわせて，1880年代西欧の表彰空間を扱った3部作となっている。
⒃　松浦寿輝『明治の表象空間』新潮社，2014年，642－654頁。
⒄　堀内孜編著『現代公教育経営学』学術図書出版社，2002年，10－25頁。
⒅　苅谷剛彦『追いついた近代　消えた近代—戦後日本の自己像と教育』岩波書店，

2019年。

⒆　同上書，16-19頁。

⒇　同上書，255-328頁。

(21)　東畑開人『居るのはつらいよ―ケアとセラピーについての覚書』医学書院，2019年。

(22)　小野文生「教育学のパトス論的転回のために」岡部美香・小野文生編著『教育学のパトス論的転回』東京大学出版会，2021年，1-50頁。

(23)　岡部美香「蒙を啓くパトス／〈蒙〉に開くパトス」同上書，177-232頁。

(24)　岡部は，理性の限界を問う「脱出としての啓蒙」には，「強力な視差」をもたらす他者の介在が必要であるとしている。そして蒙を啓く啓蒙の営みも，理性の限界を問う〈蒙〉に開く啓蒙も，いずれも無知の苦悩から逃れたい，他者とつながりたいというパトスに駆動され，支えられているとし，二つの啓蒙の間をダイナミックに循環し続けることが，啓蒙の営みそれ自体を野蛮へと頽落させない唯一の手段かもしれないと述べている。同上書，225頁。

(25)　ロジェ・シャルチエ『書物の秩序』長谷川輝夫訳，文化科学高等研究院，1993年。

(26)　今井康雄「回想の教育学的意味―ヴァルター・ベンヤミンにおける「経験」と「回想」」山本哲士監修『教育が見えない―子ども・教室・学校の新しい現実』三交社，1990年，283-303頁。

(27)　小野文生，前掲書，9-10頁。

(28)　松浦寿輝は，『平面論』の「2012年版のための追記」の中で，福沢諭吉を参照しながら，「「旧」と「新」とを「反射」させ合うところに思考の堅固な基盤がかたちづくられる」と述べている。松浦寿輝『平面論』，234頁。

(29)　山室信一・岡田暁生・小関隆・藤原辰史編著『われわれはどんな「世界」を生きているのか』ナカニシヤ出版，2019年。

The Current Crisis and Challenges in Educational Administration

Tomoaki CHIKUSA, *Kyoto University of Education*

The purpose of this paper is to consider what is happening in today's crisis situation, and what are the challenges of educational administration in it. This paper regards the situation in which the basic concept on which educational administration has been based is as a state of crisis.

The legitimacy of decision-making is secured by the concept of sovereignty, which is the normative basis of all positive law of the state and the source of legitimacy that brings normativeness to governance. However, sovereignty and governance are often in conflict, and there is tension between them. Governance behavior tends to be self-reliant from the sovereignty that should underpin it. When the superiority of governance over sovereignty deepens, a situation called an "exceptional condition" occurs. The current situation can be regarded as an exceptional condition. An "exceptional condition" is a condition that does not fit into the legal order, and the problem is the relationship between law and reality. Reasonable judgment is important in such situations.

Legal norms are based on the purpose rationalism of forming order. Even if the purpose is to form an order that benefits all people based on universal values by reason, various phenomena can occur in order to embody it, and there irrational forces inevitably work.

In recent years, the post-truth situation has become a problem. It refers to situations where subjective perception is more important than objective facts. Information such as letters, photos, videos, etc. is being distributed to an overwhelming extent on social media, but this conveys not only a linguistic message that has undergone authenticity judgment, but also an image that appeals to emotions. This has created a situation where "real things", not reality, were "repeated" as an experience of "images".

The purpose of public education, such as the formation of national society and economic development, is clearly set, and education is carried out rationally and efficiently to achieve these goals. It is difficult for public education to be free from the purpose rationalism of realizing its philosophy. Education always has an emotional side. Since public education will be promoted from a rational point of view, it is necessary to question the limits of reason.

Today, the digitization of society is accelerating. As an example, digital textbooks are about to be introduced in school education. It will be necessary to carefully analyze how these changes in the environment will affect children's learning and growth.

When trying to realize today's institutional philosophy of public education, it is inevitable that there will be a gap between that philosophy and reality. It is necessary to ask how to perceive the gap between the idea and the reality. The issue of educational administration is whether or not it is possible to freely engage in public education from the purpose rationalism. Educational administration may need to work on the subject of elusive emotions. If it does so, the future task is to enrich the research of educational administration by exchanging with a wide range of academic research such as academic research targeting emotions and academic research targeting people.

Key Words

Exceptional Condition, Popular Sovereignty, Environmental Change, Limit of Reason, Educational Administration Issues

II 研究報告

学校統廃合に伴う教員人事異動の動態
　　——単位学校における教職員組織に焦点をあてた教員人事研究
　　　　　　　　浅田　昇平・榊原　禎宏・松村　千鶴

社会経済的背景に配慮した教育資源配分の制度原則とシステム——スウェーデンの配分システムを参照して
　　　　　　　　　　　　　　　　貞広　斎子

学校統廃合に伴う教員人事異動の動態

─単位学校における教職員組織に焦点をあてた教員人事研究─

浅田昇平／榊原禎宏／松村千鶴

1. はじめに

　総務省統計局によれば，2005年に一度減少に転じた日本の総人口は2011年以降減り続けているが，この傾向は若年層に明瞭であり，子ども（15歳未満）の人口は1982年以降一貫して減少している。それは，小・中学校の再編を促す大きな要因となっており，学校数ではたとえば2000年から2020年の間に，小学校が24,106校から19,525校（19.0％減）に，中学校が11,209校から10,142校（10.5％減）に減少した。この間，学校の統廃合が進展し，年度あたり200校以上の小・中学校が廃校になっていると言えるだろう。

　かつてのいわゆる右肩上がりの経済のもとでの児童生徒数の増加，学校や校舎を新設，増設すべき環境やそれを後押しする思潮とは大きく異なり，教育行政は現在，学校統廃合に関して次の謎解きに臨まなければならない。すなわち，学校教育の財政的保証と財政効率の向上，児童生徒の教育保障と新たな教育課題への対応，そして「地域とともにある学校への転換」[1]のいずれも追求することである。だが，これらは必ずしも整合せず，むしろ相反する。

　まず財政面について，国と地方による財源保証が伴うのであれば，学校数と教職員数の調整を通じた課題の実現は可能である。ただし，教育面では論争的にならざるを得ない[2]。たとえば，学級規模と教育効果の関係について

は，小さな学級で学力底上げの効果が短期的に認められるが，学年が上がるにつれてその効果は弱まる。あるいは，学級編制基準の引き下げは学年学級数の増加を導き，クラス替えがより可能になることによって，児童生徒の生徒指導上，人間関係上の問題解決につながることが示されている[3]。

つまり，小規模な学級は教育上好ましいが，それは学年の学級数と関連するため，学級規模から直接適正な学校規模の結論が得られるわけではない。さらに，「令和の日本型学校教育」（中教審）など求められる新たな学校づくりの観点からは，望ましい学校環境は適正規模のみならず学校の実態や課題に即して検討されるものでもある。その際，児童生徒だけでなく教職員についても考慮する必要があり，これらの適切な解を示すことは容易ではない[4]。

また，地域に根ざす学校づくりは，現在の児童生徒のみならず保護者やさらに上の世代の学校体験に思いをはせることでもあり，急激な統廃合を避ける方向を取る。かくして，人口減少社会の教育行政は，財政面の方略，地域社会の継承，そして新しい学校教育への革新というトリレンマ（相反する三つの事項の板挟み状態）の渦中にあり，諸資源の確保と管理を担う都道府県教育委員会と市町村教育委員会には難しい舵取りが求められるのである。

ここで，「教育は人なり」と人的資源とりわけ教員に注目すれば，その影響力の大きさを鑑みて，教育機会の均等と多様な学校経験の意義の点から，教員の人事異動が全国津々浦々で行われている。かれらは財政支出面で高い比重を占める[5]重要な資源であると同時に，教育面で不可欠の条件である。そして，教員を確保，配置，転任，昇任等させる人事異動は教育委員会の行政行為そのものであり，そのありようは，葛藤する変数間の調整という難問に教育行政がいかに挑んでいるかを投影している。

さて，おおむね数年に一度，学校間等を転任，あるいは職位が変わる教員あるいは教職員の人事異動に関しては少なからず研究が行われてきたが，その知見と課題は次のように捉えられる。それは第一に，管理主事・学校管理職・教諭等への聞き取りや質問紙を通じた意識調査，さらに校長会等のネットワークに関する実態調査によって人事異動のルールや関係者の志向性，さらにはインフォーマル・チャンネルの存在が明らかにされている[6]。ただし，

教員が実際にいかに学校間を転任，異動したかの知見は決して多くはない。

　第二に，実証研究を見れば，学校管理職や初任者教員の学校等間転任についてはいくつか調査が行われている[7]が，そこでは昇任や職能開発などへの着目から教員個人を辿ることがもっぱらであり，人事異動の結果，一つの学校の教職員がいかに構成されたのか，つまり単位学校において教職員組織がどのようになったのかはベールに覆われたままである。かたや，学校としての組織的対応の必要や「チーム学校」論が唱道される現在，各教員の転任に留まらず，新年度を迎えたある学校のメンバーがいかなる陣容になったのかを知らなければならない。だが，これに関する知見は未だ提出されていない。

　以上を踏まえて本稿は，ある自治体が直面した学校統廃合という行政課題と，そこで不可避な教員の人事異動という二つの軸に即して，学校統廃合が個別学校の教員配置にどのように反映されるのかを明らかにすることを目的とする。そして，今後も問われるこの課題に，教育行政がいかに対応できるのかを議論の俎上に載せようとするものである。

2．分析の対象と方法

　以下では，Z県X市[8]で2010－19年度に行われた計10の小学校の統廃合に関する市の政治と行政の経緯および教員の人事異動，とくに転任人事を対象にする。すなわち，児童数の減少を背景にしたX市での地域協議会の設置と議論，市教育委員会による統廃合方針の決定，そして統廃合の実施と統合校のスタートという時系列に沿って各々の動態を描き出すとともに，そこでの教員の学校間転任と各学校の教員構成の実際を明らかにする。

　ところで，Z県教育委員会の2012年度の「小・中学校教職員人事異動実施要綱」では，人事異動は，(1)市町（組合）教育委員会との連携を密にする，(2)学校体制の確立や指導体制の強化について校長の意見を十分考慮する，等を踏まえて行う，と規定されている。事例自治体のX市に即せば，(2)としての校長からの意見具申を踏まえてX市教育委員会は(1)としてZ県教育委員会

（実際にはX市を所管する教育局）に内申を行い，これによってX市教育委員会は人事異動に自らの意向を反映させることになる。すなわち，X市教育委員会が統廃合という固有の地域課題に即した教員人事を図るための行政上の権限を確認できる。

　分析に際しては，市政関係資料，各年度版の『Z県学事関係職員録』，新聞各紙に掲載される各年度末の「教職員異動」，各学校HP，「学校だより」等を渉猟し，より精度の高い一次資料を作成した。また，転任人事については，学校統廃合を前後する2003−20年度の18年間に，同市内小学校に勤務した教職員を対象に，その配置と転任の実際を追跡した。それは，新旧あわせて36の小学校に在任，勤務した教員（ここでは校長，教頭，指導教諭，教諭，常勤講師，養護教諭，栄養教諭を指す）の人事異動の件数1,287件，および統廃合の直前直後に在任した職員（事務職員，用務員，作業員，調理員，学校医，学校歯科医，学校薬剤師）の同151件，合わせて1,438件である。

3．X市の学校統廃合に関する基本方針

(1)　X市の学校統廃合の経緯

　X市域は，1950年代にいわゆる昭和の大合併により42の旧町村が6つの町になった[9]。その後も地場産業は低迷，少子高齢化や過疎化が進行し，2004年に6町が合併してX市が発足した。しかし，合併後も少子化は進んで小・中学校の小規模化が顕著になり，老朽化した校舎の耐震対策の問題も抱えていたX市は，2007年に住民で構成する「市学校再配置検討委員会」（以下，委員会）を設置するとともに，その下位に「市学校再配置検討分科会」（以下，分科会）を旧町ごとに設け，学校統廃合に関する諮問を行った[10]。

　同委員会委員20名のうち2名の学識経験者のほかは，旧町ごとの地域まちづくり協議会会長，分科会座長，副座長の3名が各々選出された。また，分科会委員は小・中学校ごとに3名ずつ（計40校，120名）選出され，少なくとも7回，多いところでは12回もの分科会が開かれ，検討が重ねられた。そして2008年に分科会最終報告および同委員会答申[11]を提出したのである。

これらの経緯から，町村合併に伴って広域化した新しい行政圏における精神的結合を図り，地域社会としての統合性を学校統廃合により図ろうとした[12]事例として，X市を捉えることができるだろう。ただし，小学校の再配置については賛否両論が渦巻き，両論を併記とした分科会もあるなど，住民が一つの方向でまとまるのは決して容易ではなかった。

　最終報告から浮かび上がるのは，反対する住民にとって，学校の存続は地域コミュニティの存続に直結しており，地域の拠り所である学校を失いたくないという思いの強いことである。それぞれの町に統合される以前の，各旧村から続く地域特有の文化や小学校区単位に構成された自治会，婦人会，老人会，子ども会等の弱体化，ひいては地域社会の崩壊につながるという危機感を抱かれていたことが伝わる。

　それでもなお，児童数の減少から小学校の統廃合はやむを得ないとして，子どもは市の未来を担う「宝」という考えのもと，答申には学校再配置に際して配慮してほしい事項が盛り込まれている。それは，①遠距離通学に対応したスクールバスの充実，②児童の精神的負担をできるだけ軽減し，学校生活を円滑に送れるような教員配置，③教育予算上の配慮と校舎の耐震性の確保，安全や防犯への対応，学校跡地の活用，④新たな地域づくりやまちづくりの視点からの社会教育の充実，であった。そして2010年，市と市教育委員会は「学校再配置基本計画」を策定したのである。

(2)　学校統廃合と教員配置に関する方針

　さて，X市での学校統廃合は**表1**のように行われた。その方針は大きく二点に要約できる。その一つは，旧町ごとの学校と通学区域を基本にすること（基本方針①「再配置の範囲及び通学区域」）であり，もう一つは，法令規定に準じるとともにクラス替えが可能な1学年2－3学級の規模を考慮し，これに達しない場合は6学級以上かつ1学級20人を下回らないこと，そして，今後予測される複式学級を含め複式学級を速やかに解消すること（同②「学校の適正規模の考慮」）であった。この方針のもと，2012年度以降，22の小学校が統廃合され，新たに9校の統合校が開校となった。ただし，**表1**には

表1　統合校と旧小学校の対応

統合年度	統合小学校	旧小学校と2009年度時の児童数	旧町名	統合年度	統合小学校	旧小学校と2009年度時の児童数	旧町名
2010	d 1	①132名 ② 25名	旧D町	2014	e 1	①110名 ② 76名 ③ 76名 ④ 11名	旧E町
2012	c 1	①114名 ② 25名	旧C町	2014	f 2	① 86名 ② 55名 ③ 58名	旧F町
2013	b 1	①103名 ② 41名	旧B町	2016	a 1	①152名 ② 71名	旧A町
2013	f 1	① 81名 ② 41名 ③ 49名	旧F町	2018	a 2	①190名 ②109名	旧A町
2014	c 2	①247名 ② 60名	旧C町	2019	d 2	①(d 1) ② 80名	旧D町

同計画策定の時点ですでに統廃合，開校されていた，d 1校が含まれる。

　そして，同基本計画には統合校における教員配置の在り方も示されており，それは次の二点に要約できる。その一つは，児童が新しい学校生活や学習環境にスムーズに移行できるようにとの配慮である。基本方針には，「児童・生徒の精神的な負担を軽減し，学校再配置後の学校生活を円滑に送ることができるよう，学校と教育委員会が十分に協議し，学習面と生活面に配慮した教職員体制づくりに努める」とある。この方針は先述の委員会答申ですでに要望として示されていた。そして，その後の市内15箇所での住民説明会に加えて，パブリックコメントや小学校区説明会，区長連絡協議会等での意見を経た結果，ほぼそのままの内容が基本方針に盛り込まれたのである。

　もう一つは，旧小学校における教育活動を統合校に「受け継ぐ」ことであった。基本計画には，「現在，各学校で実践されている特色ある教育活動は，再配置後の学校に引き継がれるよう配慮すること」とあり，廃校が決定されることになった小学校で実践され，培われてきた教育活動が統合校に継承されるべきことが述べられている。そしてこのために，「教育課程の編成，教育方法，学校運営等の取り組みについては，再配置後の学校経営を見据え，再配置の対象となる学校間の連携強化を図る」と，統廃合以前から当該の小

学校間で対応を進めていくことが求められた。

　以上のように，統合校における教員配置に関して，児童が滞りなく新たな小学校に移行できるようにという学校生活の安定性と，旧小学校から統合校への「教育的遺産」の継承を図るという継続性が，学校統廃合に際して重視されていたことは明らかであった。

4．統合校における教員の配置と転任

　表2に示すように，X市の小学校は2010年度30校あったが，2020年度には17校と10年間に13校（43.3％）減少した。また，児童数は1,139名（32.1％），教員は157名（36.1％）それぞれ減っている。

　そして，**表1**に示すように学校統廃合は，2010年に1校，12年に1校，13年に2校，14年に3校，16年に1校，18年に1校，2019年に1校行われ，計10校に上った。これらに際して，教員の人事異動とりわけ学校間転任はどのようなものだったのだろうか。以下ではまず，統合校における教員の配置と転任の実際を明らかにする。

表2　X市の小学校数・児童数・教員数の変化（2010／2020年度）

	2010年度			2020年度		
	小学校数	児童数	教員数	小学校数	児童数	教員数
旧A町	6	825	87	3	390	48
旧B町	3	675	68	2	519	65
旧C町	6	912	93	4	501	40
旧D町	3	302	41	2	197	29
旧E町	5	339	59	2	178	29
旧F町	7	500	87	4	629	67
X市計	30	3,553	435	17	2,414	278

(1) **統合年度における教員構成**

①旧小学校から統合校への配置

　表3は，統合された1年目に同校に配置された教員（校長，教頭，教諭，養護教諭，栄養教諭，常勤講師）について，廃校となった旧小学校からとそれ以外の学校からに区分して，転任の状況を見たものである。

表3　統合校に転任した教員数とその内訳

年度	統合小学校	全教員数	小計 全体に占める割合	旧小学校（統廃合された小学校）からの内訳（名）										旧小学校以外からの全体に占める割合
				旧小学校	教員数	校長	教頭	指導教諭	教諭	長期研修等教諭	養護教諭	栄養教諭	常勤講師	
2010	d1 6学級155名	13	12 92.3%	①7学級	9	1			7			1		1 7.7%
				②5学級	3		1		2					
2012	c1 6学級113名	12	8 66.7%	①6学級	5	1			3		1			4 33.3%
				②4学級	3				2			1		
2013	b1 6学級124名	12	10 83.3%	①6学級	5	1			3				1	2 16.7%
				②6学級	5		1		3		1			
2013	f1 6学級158名	12	7 58.3%	①6学級	3	1			2					5 41.7%
				②6学級	2				2					
				③5学級	2				1				1	
2014	c2 10学級238名	19	16 84.2%	①10学級	14	1		1	10			2		3 15.8%
				②5学級	2				2					
2014	e1 8学級195名	15	13 86.7%	①6学級	5		1		4					2 13.3%
				②6学級	4	1			2			1		
				③6学級	3				3					
				④2学級	1				1					
2014	f2 6学級143名	15	13 86.7%	①6学級	5				5					2 13.3%
				②5学級	4		1		1	1		1		
				③5学級	4				2		1		1	
2016	a1 8学級184名	17	13 76.5%	①6学級	8		1		5		1	1		4 23.5%
				②6学級	5	1			4					
2018	a2 9学級212名	17	15 88.2%	①8学級	11	1			7		1		2	2 11.8%
				②5学級	4		1		2			1		
2019	d2 7学級163名	15	12 80.0%	①6学級	8	1	1		5			1		3 20.0%
				②6学級	4				4					
計		147	119 81.0%											28 19.0%

まず，統合校に転任した教員あわせて147名のうち，旧小学校に在籍していた教員が119名（全体の81％）配置された。たとえば，e1校は2014年に①②③④の4つの小学校が統合されて8学級となり，15名の教員が転任したが，このうち①から教頭を含む5名，②から校長を含む4名，③から3名，④から1名の計13名が旧小学校からであり，全体の86.7％を占めた。残る2名は市内から1名，他市から1名である。

　また，統合1年目における校務分掌が学校だより[13]で確認できたのは10校中5校だが，複数の学級で構成される学年の学級担任には，それぞれの旧小学校から着任した教員を配置する傾向が見られた。e1校で，5年生の学級担任に②と③の小学校からの教員を配したことはその一例である。あるいは，a2校では4年生と6年生の学級担任にそれぞれ①と②からの教員が充てられた。子どもにとっては旧小学校からの「馴染みのある」教員が学年内に均等に配されたと言える。また，a2校の開校式では，児童代表が「昨年の交流学習からお互いを新しい仲間と意識した」[14]と述べており，旧小学校間で統合前から児童の学校生活の円滑な移行に取り組んできたことがわかる。ここからも学校統廃合に際しての基本計画に沿った動きが確かめられる。

　さらに養護教諭では，旧小学校では常勤職員が置かれない場合もあったが，統合後は全10校に配置され，義務標準法第8条（3学級以上の学校に配置）に示される法定通りの状況となった。なお，この10名のうち9名が旧小学校からである。

　次に，学校管理職について見よう。すべての統合校において旧小学校からの管理職が配置された。とくに校長は全校がこれに該当する。統合にあたっては，地域住民との折衝や調整，教育委員会との連携，その他新しい校歌や校章の準備など，前年度からの準備が必要となるが，これらに対応するのに適した人事異動が企図されていたことがわかる。

　また，教頭については，旧小学校からの教員が10名中7名を占めた。そのうち6名は校長とは異なる学校である。ちなみに，校長と教頭のいずれも同じ旧小学校だった1校については，別の学校からの教員が教務主任に充てられている。以上から，統合校では旧小学校の管理職の経験者を得るとともに，

旧小学校間の人的バランスを考慮した転任人事が行われた。これにより，旧小学校からの継続性が統合校の学校経営において図られたと捉えられる。

②統合年度における他市町からの転任

表3にあるように，統合1年目の教員のうち，旧小学校からではない教員は全体の19％に留まる。旧小学校から転任した教員が，新しい学校，統合校の基盤を形成したのである。では，市内・市外の別に小学校を見た場合の，教員の転任と配置はどのようだったのだろうか。表4は，その結果を示している。なお，ここでは一年以内で任用される常勤講師を含めていない。

表4　統合校／非統合校別に見た教員の転任数とその内訳

各セルは上段が転任教員数，下段が「うち他市町から」の数を表す。

年度	小学校数	統合校数	統合校への転任教員数 校長	教頭	教諭	養護教諭・栄養教諭	小計	他市町の割合(%) 転任者に占める	非統合校への転任 転任のあった学校数	校長	教頭	教諭	養護教諭・栄養教諭	小計	他市町の割合(%) 転任者に占める
2010	30	1	0 / 0	1 / 0	3 / 0	0 / 0	4 / 0	0.0	28	8 / 0	9 / 0	64 / 4	7 / 0	88 / 4	4.5
2012	29	1	0 / 0	1 / 0	4 / 0	1 / 0	6 / 0	0.0	28	10 / 2	13 / 1	53 / 7	7 / 0	83 / 10	12.0
2013	26	2	2 / 0	2 / 0	16 / 0	2 / 0	22 / 0	0.0	24	9 / 1	9 / 1	50 / 4	5 / 0	73 / 6	8.2
2014	20	3	2 / 0	3 / 0	28 / 1	3 / 0	36 / 1	2.8	17	8 / 3	5 / 0	42 / 0	7 / 0	62 / 3	4.8
2016	19	1	1 / 0	1 / 0	12 / 0	1 / 0	15 / 0	0.0	18	7 / 1	9 / 0	40 / 3	6 / 0	62 / 4	6.5
2018	18	1	1 / 0	1 / 0	12 / 0	1 / 0	15 / 0	0.0	17	8 / 1	8 / 0	32 / 6	4 / 0	52 / 7	13.5
2019	17	1	1 / 0	1 / 0	11 / 0	1 / 0	14 / 0	0.0	16	5 / 0	11 / 2	42 / 2	1 / 0	59 / 4	6.8
小計			7 / 0	10 / 0	86 / 1	9 / 0	112 / 1	0.9	小計	55 / 8	64 / 4	323 / 26	37 / 0	479 / 38	7.9
割合(%)			0.0	0.0	1.2	0.0	0.9		割合(%)	14.5	6.3	8.0	0.0	7.9	

統合が行われた年度については，2010年度の１校を除き，市内の全小学校で転任人事が行われた。その規模は，毎年およそ60名から100名に上る。さて，統合１年目に着任した教員は112名だったが，うち１名（0.9％）を除きすべて市内での転任であった。なお，新規採用教員は２名である。

　この結果は，学校統廃合に関わりのなかった小学校における校長の14.5％，教諭の8.0％が市外から着任していることと顕著な違いを示している。つまり，統合校への転任に際しては，市内の学校に勤務した地域事情に明るい教員が優先的に配置されたことが考えられる。

⑵　統合年度に在任した教員の特徴
①統合２年目以降に統合校に転任した教員との比較

　まず，統合して２年目以降に着任した教員との比較から，統合年度に在任した教員の特徴を述べる。以下では，転任した教員の数がまだ少ない，a２（2018年度開校）とd２（2019年度開校）の２校は含めていない。

　表５は，統合校８校について１年目に在任していた教員（以下，Ａグループ）と２年目以降に着任した教員（同，Ｂグループ）の在任年数を示している。ここでの在任年数とは，統合された旧小学校と新設の統合校での勤務期間の合計である。また，たとえば，d１校の「２年目以降に転任してきた教員」の校長の欄に「３年目以降２人」とは，統合校に２年在任した校長の後任として３年目以降に着任した校長が２人いたことを意味する。なお，下線が引かれているのは，2020年度現在，当該校に在任中を意味する。

　ここから二点を指摘できるだろう。まず校長を見ると，Ａグループに対するＢグループの平均在任期間は，d１校で1.2倍（Ａグループが３年に対して，Ｂグループは平均2.50年），c１校で3.0倍（同じく，５：1.67），b１校で2.0倍（４：2.00），f１校で1.7倍（４：2.33），c２校で1.8倍（３：1.67），e１校で2.0倍（３：1.50），f２校で2.0倍（４：2.00），a１校で3.0倍（６：2.00）と，いずれも統合年度に配置された校長はその後の校長よりも，在任期間の長いことが明らかである。

　そのことは教諭に関しても同様である。すなわち，d１校で1.5倍（4.70年：

表5　統合年度に在任した教員と2年目以降に転任してきた教員の在任年数

下線部は2020年度現在，当該校に在任中を示している。

d1校（2010 (H22)）／統合1年目に在任した教員

	旧小学校	統合校	合計
校長	1	2	3
教頭	1	3	4
教諭1	3	2	5
教諭2	0	2	2
教諭3	2	1	3
教諭4	4	2	6
教諭5	3	1	4
教諭6	1	2	3
教諭7	1	3	4
教諭8	7	1	8
教諭9	1	6	7
教諭10	1	4	5
教諭平均	2.30	2.40	4.70
養護教諭	4	1	5

2年目以降に転任してきた教員（平均在任年数）
- 校長　3年目以降2人　2.50
- 教頭　4年目以降2人　2.50
- 教諭　2年目以降9人　3.13
- 養護教諭　2年目以降1人　5.00

c1校（2012 (H24)）／統合1年目に在任した教員

	旧小学校	統合校	合計
校長	1	4	5
教頭	0	1	1
教諭1	2	2	4
教諭2	1	2	3
教諭3	1	2	3
教諭4	9	3	12
教諭5	3	3	6
教諭6	0	4	4
教諭7	0	3	3
教諭平均	2.29	2.71	5.00
養護教諭	4	2	6

2年目以降に転任してきた教員（平均在任年数）
- 校長　5年目以降3人　1.67
- 教頭　2年目以降5人　1.60
- 教諭　2年目以降14人　3.00
- 養護教諭　3年目以降1人　6.00

b1校（2013 (H25)）／統合1年目に在任した教員

	旧小学校	統合校	合計
校長	2	2	4
教頭	1	1	2
教諭1	1	3	4
教諭2	3	4	7
教諭3	3	2	5
教諭4	0	3	3
教諭5	6	6	12
教諭6	3	1	4
教諭7	1	2	3
教諭8	0	3	3
教諭平均	2.25	2.88	5.13
養護教諭	1	4	5

2年目以降に転任してきた教員（平均在任年数）
- 校長　3年目以降3人　2.00
- 教頭　2年目以降4人　1.75
- 教諭　2年目以降14人　2.56
- 養護教諭　5年目以降1人　4.00

f1校（2013 (H25)）／統合1年目に在任した教員

	旧小学校	統合校	合計
校長	3	1	4
教頭	0	2	2
教諭1	0	3	3
教諭2	1	5	6
教諭3	1	3	4
教諭4	4	2	6
教諭5	0	4	4
教諭6	1	4	5
教諭7	2	2	4
教諭8	0	4	4
教諭平均	1.13	3.38	4.50
養護教諭	0	3	3

2年目以降に転任してきた教員（平均在任年数）
- 校長　2年目以降3人　2.33
- 教頭　3年目以降2人　3.00
- 教諭　2年目以降16人　2.38
- 養護教諭　4年目以降1人　5.00

c2校（2014 (H26)）／統合1年目に在任した教員

	旧小学校	統合校	合計
校長	1	2	3
教頭	0	1	1
指導教諭	1	5	6
教諭1	5	2	7
教諭2	5	2	7
教諭3	4	2	6
教諭4	3	2	5
教諭5	3	3	6
教諭6	3	7	10
教諭7	2	1	3
教諭8	2	4	6
教諭9	2	3	5
教諭10	1	4	5
教諭11	0	6	6
教諭12	0	6	6
教諭13	0	1	1
教諭14	5	3	8
教諭平均	2.67	3.13	5.80
養護教諭	3	1	4

2年目以降に転任してきた教員（平均在任年数）
- 校長　3年目以降3人　1.67
- 教頭　2年目以降3人　2.00
- 教諭　2年目以降14人　2.36
- 養護教諭　4年目以降1人　4.00

e1校（2014 (H26)）／統合1年目に在任した教員

	旧小学校	統合校	合計
校長	2	1	3
教頭	1	1	2
教諭1	1	5	6
教諭2	0	1	1
教諭3	2	2	4
教諭4	2	1	3
教諭5	4	4	8
教諭6	2	1	3
教諭7	0	7	7
教諭8	1	4	5
教諭9	3	3	6
教諭10	2	6	8
教諭11	1	2	3
教諭12	1	2	3
教諭13	5	1	6
教諭平均	1.92	2.92	4.85
養護教諭	3	6	9

2年目以降に転任してきた教員（平均在任年数）
- 校長　2年目以降4人　1.50
- 教頭　2年目以降5人　1.20
- 教諭　2年目以降15人　2.19
- 養護教諭　7年目以降1人　1.00

f2校（2014 (H26)）／統合1年目に在任した教員

	旧小学校	統合校	合計
校長	3	1	4
教頭	3	2	5
教諭1	0	4	4
教諭2	4	2	6
教諭3	1	3	4
教諭4	10	6	16
教諭5	5	2	7
教諭6	5	2	7
教諭7	1	1	2
教諭8	5	7	12
教諭9	5	4	9
教諭10	5	4	9
教諭11	4	2	6
教諭平均	3.27	3.73	7.00
養護教諭	9	4	13

2年目以降に転任してきた教員（平均在任年数）
- 校長　2年目以降3人　2.00
- 教頭　3年目以降3人　1.67
- 教諭　2年目以降13人　2.00
- 養護教諭　5年目以降1人　3.00

a1校（2016 (H28)）／統合1年目に在任した教員

	旧小学校	統合校	合計
校長	5	1	6
教頭	1	2	3
教諭1	0	5	5
教諭2	1	1	2
教諭3	3	6	9
教諭4	1	3	4
教諭5	1	5	6
教諭6	5	1	6
教諭7	0	4	4
教諭8	3	3	6
教諭9	1	4	5
教諭10	3	3	6
教諭11	3	3	6
教諭12	0	1	1
教諭平均	1.83	3.08	4.92
養護教諭	3	5	8

2年目以降に転任してきた教員（平均在任年数）
- 校長　2年目以降2人　2.00
- 教頭　3年目以降2人　1.50
- 教諭　3年目以降9人　1.67

3.13年），c1校で1.7倍（5.00：3.00），b1校で2.0倍（5.13：2.56），f1校で1.9倍（4.50：2.38），c2校で2.5倍（5.80：2.36），e1校で2.2倍（4.85：2.19），f2校で3.5倍（7.00：2.00），a1校で2.9倍（4.92：1.67）と，1.5倍から3.5倍の違いがある。つまり，統合年度に配置された教諭は，その後に着任した教諭と比べて，明らかに長い期間を勤めている。ただし，教頭と養護教諭についてはこの指摘は当たらず，全体として，統合の初年度の在任者がより長くこの学校に勤務する傾向にあると述べるに留める。

また，Bグループの配置と転任を見ると，管理職の配置換えがとくに頻繁なことがわかる。それは，校長3年―2年，教頭1年―4年（d1校），校長1―2―2，教頭1―2―2―1―2（c1校），校長3―2―1，教頭2―1―2―2（b1校），校長2―2―3，教頭4―2（f1校），校長2―1―2，教頭2―2―2（c2校），校長2―1―2―1，教頭1―1―2―1―1（e1校），校長3―2―1，教頭3―1－1（f2校），校長3―1，教頭2―1（a1校）である。これら短期間での転任は校長に顕著であり，統合1年目に在任した校長は，2年目以降に異動してきた校長と比べて統合校に長期在任したことが改めてわかる。

さらに，Bグループの教員について，かれらが統合校に着任する以前，旧小学校に勤務した経験があるかどうかを検証した結果が，**表6**である。この分析の意図は，ある教員が統合校に来たのは，統合2年目以降ではあるものの，それ以前に旧小学校に在任していれば，統合後の学校に活かせる経験のある教員の配置と見なせると推定するためである。

表6　統合2年目以降に着任した教員数と旧小学校での勤務経験者数の比率

	d1校	c1校	b1校	f1校	c2校	e1校	f2校	a1校
2年目以降に転任した教員数	14	23	22	22	21	25	20	13
上記の内，旧小学校勤務経験者数	0	2	1	0	0	3	1	1
比率	0.0%	8.7%	4.5%	0.0%	0.0%	12.0%	5.0%	7.7%

　ここでは統合校に着任する5年前までの勤務経験の有無に注目した。その理由は，学校再配置の「基本計画」から導かれる，児童と教員との関わり上，最長年数なこと（旧小学校で1年生だった児童が統合校で6年生になるまで5年間），また，統廃合直前の時期の旧小学校における教育活動の実際を熟知していると考えられるからである。

　調査の結果，統合2年目以降に着任した教員のうち旧小学校で勤務した経験のある教員は，e1，c1，a1，f2，b1の計5校に認められるが，その数と占める比率はわずかに留まり，もっとも多いe1校であっても12.0%を数えるのみである。さらに，d1，f1，c2の3校には，統合された旧小学校で勤務した教員はいないことが明らかになった。

　このことは上述の，統合1年目に旧小学校からの教員が統合校に8割以上も配置された状況と，明らかな違いを見せている。つまり，旧小学校からの連続性が色濃く見られた統合1年目の教員配置と異なって，2年目以降は統合校を前提にした転任人事が行われておらず，両者はまったく対照的である。

　以上，同じ統合校であっても，その1年目に配置された教員の在任期間はより長い傾向にあったことを確認できる。これは，教員という人的資源を媒介して，統合された旧小学校と新たな統合校との連続性を担保しようとしたものと捉えられるだろう。だが，2年目以降になるとこの特徴は失われ，統合校の教員の在任期間は統合1年目に在任した教員と比較して短くなり，また，旧小学校での勤務経験を有する教員の配置も少なくなっていくのである。

②統廃合に関わっていない教員との比較

　次に，X市の小学校教員の中で統廃合に関わっていない教員，すなわち，統廃合された旧小学校で勤務経験がない，あるいは統廃合された旧小学校で勤務経験はあるものの統廃合以前に他校に転任した教員（以下，Cグループ）との比較から，Aグループの特徴を浮かび上がらせる。

　表7から，次の点を指摘できる。まず，Aグループの校長と教諭は，すべての統合校においてCグループのかれらよりも在任期間が長い。まず校長については，Cグループの平均2.53年に対してAグループは短くとも3年以上は統合校に在任していた。また教諭では，Cグループの平均3.79年に対して

表7　統合１年目に在任した教員と統廃合に関わっていない教員の在任期間

| | 統廃合に関わっていない教員 | 統合校に統合１年目に在任していた教員 | | | | | | | |
		d1校	c1校	b1校	f1校	c2校	e1校	f2校	a1校
校長	2.53	3.00	5.00	4.00	4.00	3.00	3.00	4.00	6.00
教頭	2.40	4.00	1.00	2.00	2.00	1.00	2.00	5.00	3.00
教諭	3.79	4.70	5.00	5.13	4.50	5.80	4.85	7.00	4.92
養護教諭	3.86	5.00	6.00	5.00	3.00	4.00	9.00	13.00	8.00

Aグループでは最短の学校で平均4.50年（f１校）であり，f２校では平均7.00年と，統廃合に関わりのない教員グループの平均の２倍近い長さに達している。それだけ，学校統廃合にとってAグループの持つ意味の大きなことがわかる。そして，養護教諭も８校中７校において，Aグループがより長く統合校に勤務した。ただし，この傾向は教頭に関しては該当しない。

　さらに，CグループとBグループを比較したのが**表8**である。この両グループでは，いずれの職種でも違いが見られない。同一校で長期的に在任したことが明らかなのはAグループにおいてのみ，つまり，統合した年度に配置された教員，とりわけ校長や教諭について明らかな傾向である。だが，B，Cグループにこの点を見出すことはできない。かくも，旧小学校と統合校との連続性を確保するという基本計画に示された教員配置の方針が，人事異動を通じた統合校での教員構成に明確に現れているのである。

表8　統合２年目以降に転任してきた教員と統廃合に関わっていない教員の在任期間

| | 統廃合に関わっていない教員 | 統合校に統合２年目以降に転任してきた教員 | | | | | | | |
		d1校	c1校	b1校	f1校	c2校	e1校	f2校	a1校
校長	2.53	2.50	1.67	2.00	2.33	1.67	1.50	2.00	2.00
教頭	2.40	2.50	1.60	1.75	3.00	2.00	1.20	1.67	1.50
教諭	3.79	3.13	3.00	2.56	2.38	2.36	2.19	2.00	1.67
養護教諭	3.86	5.00	6.00	4.00	5.00	4.00	1.00	3.00	―

5．結び

　以上のデータと分析から，次の結論が帰結される。

　児童数の減少にとどまらず，町村合併を背景にしていたX市の小学校の統廃合は，新たな地域社会の創出とあわせて，在籍児童の負担軽減と円滑な学校生活という安定性，そして旧小学校での特色ある教育活動の継続性を担保しようとするものであった。学校統廃合に臨んで設置された旧6町ごとの検討委員会とその分科会の議論を踏まえてまとめられた「学校再配置基本計画」に示された教員配置の基本方針が，統合校への教員の配置とその構成のありようを強く規定したのである。

　それは統合した年度に，①統合に伴って廃校となった旧小学校からの教員が8割以上と圧倒的な割合で組織されるとともに，②同市内の小学校からの転任でほぼすべての教員を充たしたこと，③学校管理職にはすべて旧小学校の管理職経験者が就いたこと，④複数の学級で構成される学年の学級担任に旧小学校からのバランスを考慮した配置が見られたこと，という統合校の実態から導かれる。

　また，同じ統合校での在任であっても，統合年度に配置された教員と同2年目以降に転任してきた教員では勤務期間が大きく異なり，とくに校長と教諭について明らかに長い傾向を前者に見出せた。しかも，2年目以降の教員は旧小学校での勤務経験を持つ者がわずかであり，学校統廃合を踏まえた転任人事がなされたとは見なせない。つまり，統合校での学校生活の安定性と旧小学校からの活動の継続性は，学校が統合した初年度の人事異動に色濃く現される。ただし，その傾向は2年目以降弱まっていくのである。

　これらの知見は，多様な経験と視野の広がりを通じた職能開発といった教員個人に即した人事異動の研究のみならず，各学校の使命と課題により合致した，組織としての教職員構成を企図するものでもある点を踏まえた研究の必要性を提起する。校長と教頭の組み合わせとその良し悪しなど，当事者による経験談はこれまで散見されるものの，単位学校での教職員組織のありよ

うと人事異動との関係はこれまで実証されていない。だが，単位学校の教職員構成はそれぞれの学校経営上の重要な変数であり，各自治体における人事異動，とくに転任人事はこのありようを規定している。この視点からの教員人事研究が今後求められるのではないだろうか。

　本稿は，教育行政が人事異動を通じて学校統廃合にいかに臨んだかを明らかにしようとした。残される課題は次の通りである。まず，統合初年度と2年目以降の人事配置をいかに説明するかについて，校長，市教委，県教委等，政策・行政システムに関わる要因を追究することが求められる。そして，他の地域での学校統廃合を契機とした人事異動を分析することで今回の知見の一般化の可能性を吟味することである。

（四天王寺大学／京都教育大学／京都府立大学）

〈註〉
1）中央教育審議会答申「新しい時代の教育や地方創生の実現に向けた学校と地域の連携・協働の在り方と今後の推進方策について」（2015年12月）。
2）若林敬子は学校統廃合について，施設の新設や拡充，教員数の増加，人間関係ほか学習機会が広がるという賛成論と，小規模校での教員－児童生徒間のつながりが弱まり，通学上の負担や学習機会が制約されるという反対論を挙げている。同『増補版 学校統廃合の社会学的研究』御茶ノ水書房，2012年，9－10頁。
3）国立教育政策研究所（平成25～26年度プロジェクト研究「少人数指導・少人数学級の効果に関する調査研究」調査研究報告書）『学級規模が児童生徒の学力に与える影響とその過程』（2015年3月）。
4）一つの学校に勤務する教職員全員へのインタビュー調査と文献調査を通じて，教職員の職務の実態とそれにかかわる感情の布置を明らかにしたものとして，水本徳明研究代表『分権改革下における公立小，中学校組織の変容と教職員の意識及び職務実態に関する研究』2012年。
5）文部科学省，2019年度（2018会計年度）「地方教育費調査」を支出項目別に見ると，人件費は学校教育費全体の69.9％，教員給与費は43.8％を占める。
6）佐藤全・若井彌一編『教員の人事行政—日本と諸外国』ぎょうせい，1992年，川上泰彦『公立学校の教員人事システム』学術出版会，2013年，渡邉恵子他『県費負担教職員制度運用の多様性に関する調査研究—「平成の大合併」以降の教

員人事を中心に―』国立教育政策研究所，2019年など。

7）元兼正浩「校長人事異動の実証的研究―福岡県公立高等学校を事例として―」
『日本教育行政学会年報』19,1993年，149-160頁，榊原禎宏・浅田昇平・松村千
鶴「教科から見た校長職の登用・配置に関する実証的研究―京都府下の公立中
学校を事例にして―」『京都教育大学紀要』114,2009年，87-103頁，同「教員の
学校配置と学校間転任に関する事例研究―その傾向と多様性，学校政策の影響
―」『京都教育大学紀要』136,2020年，109-125頁など。

8）本稿での記述が，分析対象とした自治体の学校政策の評価に関わることから，
以下では事例自治体の名称を伏せ，Z県X市とする。

9）「Z県内の市町村の歴史」『Z県市町村合併史』1968年。

10）旧町ごとの『学校再配置検討分科会最終報告』2008年。

11）『X市学校再配置検討委員会答申』2008年。

12）若林敬子，同上，10頁。

13）『f1小だより』2013年4月，『e1小だより』2014年4月，『a1小だより』2016
年4月，『a2小だより』2018年4月，『d2小学校だより』2019年4月。

14）『X市広報』2018年5月号。

Dynamics of Teacher Personnel Changes Associated with School Consolidation — Teacher Personnel Study Focusing on Teacher Organization in Unit Schools —

Shohei ASADA, *Shitennoji University*

Yoshihiro SAKAKIBARA, *Kyoto University of Education*

Chizuru MATSUMURA, *Kyoto Prefectural University*

The purpose of this paper is to clarify how school consolidation is reflected in teacher assignments at individual schools, on the administrative issue of school consolidation and teacher personnel transfers faced by a certain municipality (X City, Z Prefecture). It will also raise the question of how educational administration can respond to this issue in the future.

For the analysis, we used documents related to the city administration, the yearly edition of the "Z Prefecture School Personnel Records," and the "Personnel Changes in Teachers" at the end of each fiscal year published in various newspapers, etc. In addition, 1,438 teachers and staff members who were assigned or transferred to elementary schools in X City during the 18-year period from 2003 to 2020, before and after the consolidation of schools, were included in the analysis.

Based on the above data and analysis, the following conclusions were drawn. In the consolidation of elementary schools in X City against the backdrop of a decrease in the number of children and the merger of towns and villages, the aim was to ensure the stability of children's school life in the integrated schools and the continuity of educational activities from the former elementary schools. The basic policy on teacher allocation, which was outlined in the "Basic Plan for School Reallocation" compiled from the discussions of the study committees and their subcommittees in each of the six former towns, strongly regulated the allocation of teachers to the integrated schools.

This was evident from the following actual conditions at the integrated schools in the year of integration. (1) More than 80% of the teachers were from the former elementary schools, (2) Almost all of the teachers were transferred from elementary schools in the same city, and (3) All of the school administrators were former elementary school administrators, etc. In addition, the length of service at the integrated schools differed greatly between teachers assigned in the first year of the integration and those transferred after the second year, especially for principals and teachers. Furthermore, few of the teachers who were transferred after the second year had experience working at the former elementary school. In other words, the stability of school life in the integrated school and the continuity of educational activities from the former elementary school were strongly manifested in the personnel changes in the first year after the schools were integrated. However, this was weakened after the second year.

This raises the following need for the research in educational administration. The relationship between the organization of the teaching staff in unit schools and personnel changes has not been demonstrated so far. However, the composition of the teaching staff in a unit school is an important variable in school management, and the personnel changes of teachers in each municipality regulate this composition. Research on teacher personnel from this perspective may be required in the future.

Key Words

School Consolidation, Teacher Personnel, Inter-School Transfer, Teacher Organization,"Community-Based School"

社会経済的背景に配慮した教育資源配分の制度原則とシステム

―スウェーデンの配分システムを参照して―

貞広　斎子

1．問題の背景

　国際的にはPISAのハイパフォーマーとして評価される我が国であるが（OECD2018），その内実は，家庭の社会経済的背景による教育達成の格差が存在し続ける「凡庸な格差社会」（松岡2019）であるとされる。近年，その格差は拡大傾向にあるともいわれており，社会的公正という観点から「全ての子供たちの可能性を引き出す学び」（中央教育審議会2021）の実現のためには，制度原則の再形成と制度設計が求められる。

　本論は，中でも，社会経済的背景の差異に配慮した教育資源配分システムに着目し，スウェーデンのシステム（Socioekonomisk resursfördelning）を取り上げ，その制度と特性を参照することによって，我が国のシステムのオルターナティブと，その再構築に向けて検討するべき課題を明らかにしようとするものである。検討にあたっては，特に，①社会経済的背景の差異への配慮という観点に加え，②投入と成果の連動による効果検証，③データの整備と活用，④透明性を担保した明確な配分式等の観点に着目して検討を行う。そのために，まず次章では，先行研究の知見も踏まえ，①～④の各々の観点を整理する。その上で，スウェーデンの実際の制度を検討した後，同知見を基に，社会的公正に資する教育制度を支え得る教育資源配分システムの再構築について，考察することにしたい。制度の分析は，スウェーデン地方自治

体協会（SKR：Sveriges Kommuner och Regioner）（旧：SKL）が発行している諸資料，および同協会担当者に実施したインタビューデータ[1]を主な対象データとして実施し，適宜，学校教育庁（Skolverket），学校監督庁（Skolinspektionen），スウェーデン中央統計局（SCB：Statistiska centralbyrån），等の資料も参照して行う。

2．分析の観点

2.1 ①社会経済的背景に配慮した教育資源配分システム

　本論が主題とする社会経済的背景に配慮した教育資源配分システムとは，子どもや学校の社会経済的背景の違いに配慮した傾斜的資源配分を行うことを通じて，公教育によって社会的格差を拡大するのではなく，それを是正し，社会的公正を実現しようとする教育資源配分システムである。各人に同じ配分を行うことが均等配分であるとすれば，一定の達成に，より多くのリソースが必要と考えられる個人等に重点的に配分することが必要配分であり，本研究では，後者，もしくは前者と後者を組み合わせたシステムを社会経済的背景に配慮した教育資源配分システムとしている。周知の通り，均等配分と必要配分を組み合わせたシステムや教育財政原則を持つ国は少なくない。本論が対象とするスウェーデンを始め，イギリス（Pupil Premium），オーストラリア（ビクトリア州）（Equity Funding），ニュージーランド（Decileによる配分）などがその例として挙げられる。アメリカ合衆国で，公正を巡る議論の中から導出された適切性（adequacy）概念（竺沙1996）（白石2014）も，「全ての子どもに適切な教育を提供するために必要な資源」という観点からして，必要原則による追加的配分を含み込んだ財政原則であるといえる。

2.2 ②投入と成果との連動による効果検証

　教育資源配分原則として，橋野（2020）は，投入の均等を前提とする衡平性（equity）と成果を参照する適切性（adequacy）を挙げているが，スウェーデンのシステムは，不均等な投入を戦略的に行うことで，全ての子どもに一定水準以上の成果を保障しようとする財政原則を基に，投入と成果の

両者を連動させたハイブリッドなシステムであるともいえる。加えて，資源配分によって，全ての子どもが一定の最低基準に到達しているか否か（成果）を配分主体が検証し，その結果を基にシステム自体を絶えず修正することを配分システムの中に組み込んでいる特徴も持つ。

2.3　③データの整備とシステム改善への試行錯誤

投入と成果を連動させた効果検証や，同知見を用いたフォーミュラ（以下，配分式）の決定や制度の修正のためには，良質なデータと適切なデータ分析，分析ツールの共有や分析結果の翻訳が必須となる。先行研究でも，成果ベースの適切性には技術的困難があり，算定者によって必要なリソースの見積もりが大きくことなることも指摘されている（Odden et al.,2010）。

この点に関して，スウェーデンでは，子どもの属性を含めた縦断的データが整備され，学校関係者が同データにアクセスして自校の分析を行うツールが用意されていることに加え，統計分析の解釈や自治体の制度設計を支援する中間組織も存在し，上記の様な技術的困難を克服しようとしている。同データ分析の結果は，各校の教育改善に活用されるだけでなく，資源配分システムの見直し・修正にも活用され，絶えず試行錯誤しながら，社会的公正を強く意識した戦略的配分が目指されている。

2.4　④透明性を担保した明確な配分式

教育資源配分は，各社会の社会的公正と連動するため，政治的・社会的に決定されるものであり，どれが優れたシステムであるのかを明確に判断できる訳ではない。スウェーデンのシステムでも，社会の構成員の合意形成，納得性の調達は強く意識されているが，その方策として重視されているのは，データの活用と試行錯誤による透明性を担保した明確な配分式や，システム形成プロセスへの教育関係者の参画，メリットに着目した公報等である。

3．「等価」（likvärdighet）原則に基づいた投入と地方自治体の自律的運営

それでは，本章からは，スウェーデンにおける教育資源配分システムにつ

いて，具体的に検討したい。

スウェーデンにおいて，公教育費は，国→基礎自治体（コミューン）→学校という２段階のプロセスを経て配分される。いずれの配分プロセスにおいても，教育へのアクセスの平等性と児童生徒の社会経済的背景の相違を考慮する追加的教育保障を原則とする等価（likvärdighet）の原則が貫かれている。具体的には，地域や学校の前提条件の相違に対応して，必要となるリソースの量が異なるという前提に立ち，条件によって配分単価を変え，困り感に応じた戦略的配分システムを取る。等価原則は，ペール・アルビン・ハンソン（Per Albin Hanson）社民党党首（1928年当時）によって提示された「国民の家」（Folkhemmet）というアイディア―誰もが虐げられることなく平等に扱われる，国民にとっての「良い家」―に由来し，女性就業率の急上昇に伴う伝統的家族機能崩壊に対するオルターナティブとして（北岡 2011），国民に共有され，今日の社会政策でも重視されている理念である。近年では，差別法（2008年）の規定を受け，教育法（Skollag 2010改訂法）8§に，「教育への平等なアクセス：地理的居住地および社会的および経済的条件に関係なく，この法律の特別規定によって別段の定めがない限り，すべての人が学校制度における教育に平等にアクセスできるものとする。」[2]が特記された（2014年）。以前から，社会経済的背景に配慮した教育資源配分を行う自治体は少なくなかったが，これ以降はそれが自治体の義務となった。

同時に，脱集権化（1990～1992年）によって，教育における基礎自治体の権限と自主性が強化され，義務教育費の総額や内訳，配分方式の決定や効果検証等，自治体が自律的にシステムを設計・運営することになった。

４．社会経済的配分を支える横断的・縦断的データと支援機関の存在

各自治体の自律性が拡大される一方，小規模自治体においては，ヒューマンパワーの不足等が原因で，独自の配分システムや算定式の設定が困難な場合が想定される。相対的に政策立案能力がある大規模自治体においても，所

管する学校や子どもの数が多く，多様性の幅も広くなるため，配分式が複雑になり，制度設計の難易度が上がることから，関係者の納得性を調達できるような公正なシステムの導出は容易ではない。

　そのため，基礎自治体の意思決定を支援し，等価の原則による社会的公正を担保するため，自治体には主に以下①〜③の三つの支援が行われる。具体的には，まず，①中央統計局が，社会経済的状況の縦断的・横断的データを整備すると共に，②学校教育庁が同データと学力データと関連付けた分析ツール（SALSA: Skolverkets Arbetsverktyg för Lokala Sambands Analyser）と，各学校の生徒の構成データを毎年公開・提供し，常時アクセス可能な状況にしている。SALSAのツールは，基礎学校卒業時（9年生）の生徒の年次成績と，後述する諸属性との関係性をモデル化したもので，基礎自治体および各学校は，当該学校の生徒構成を入力することで，成績予測値や，達成目標を超えられない生徒数の予測を行うことができるようになっている[3]。SALSAの予測値は，基礎自治体では平等保障費の算定式設定のために，各学校では格差の是正にどのような組織的対応が必要であるか検討するために活用される。更に，③地方自治体協会は，その専門的知見から，基礎自治体が諸データや諸条件を加味した配分システムを導出したり，教育成果を検証したりすることを支援している。地方自治体協会[4]は，地方自治体から構成される組織であり，自治体の教育政策を含めた社会政策について，コンサルティングや知見の共有を担う中間組織である。教育政策においても，自治体の政策担当者の研修や，『学校への社会経済的資源配分：自治体ができること』（2014）の発行等，システム設計と運用のための指針や具体的実践例等も作成し，SALSAで示される横断的・縦断的データ分析方法や結果の解釈についても支援している。

5．7つの段階からなる循環的仕組み[5]

　それでは，基礎自治体がどのようなスキームによって，社会経済的配分システムを設計・運用しているのかについて，上述したスウェーデン地方自治

体協会の指針に従って整理してみたい。全体は，大きく分けて7つの段階から成るが，一連の仕組みには，社会経済的配分の成果検証と改善，すなわち，社会経済的配分が実際に格差の是正

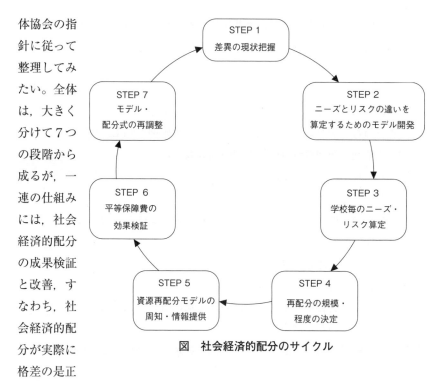

図　社会経済的配分のサイクル

に貢献しているか否かを検証し，その検証結果を活用してシステムの修正に活かすプロセスも組み込まれていることが特徴的である。いわば，公財政のシステムが，PDCAサイクルを基礎に成り立っているといえる（図）。

5.1　STEP 1：差異の現状把握

　基礎自治体から各学校に配分される教育費は，均等配分に相当する基礎的バウチャー（一人あたり単価）に生徒数を乗じた金額に加え，必要配分に相当する平等保障費とその他から計算される。ここでいう平等保障費が傾斜的配分に相当し，子どもの社会経済的条件によって異なる一人あたり単価が設定され，学校には各グループの生徒数を乗じた金額が配分される。

　配分システム設計，特に平等保障費の配分システム設計に先立ち，第一のステップとして，基礎自治体はSALSA等の統計データを援用し，生徒の属性による学力達成の差異を把握しなければならない。学力は，2科目以上の

科目で目標に到達できるか否かを基準にすることが推奨されるが，スウェーデン語，英語，数学等の重要科目については，１科目に依拠して差異を把握することも許容されている。

　達成の差異を生む要因のうち，地方自治体協会が例示している教育達成引き下げ要因は以下の通りである（括弧内は加重配分になる要因。不等号は加重，すなわち追加的ニーズの大小を示す。加重値例はSTEP３参照）。

(1)　親学歴（初等教育＞中等教育＞高等教育）

(2)　外国ルーツ（両親が海外生まれで，スウェーデン居住歴が７年未満）

(3)　性差（男子＞女子）

(4)　福祉的支援の対象・経済的状況（親が生活支援を目的とした何らかの社会保障の対象となっている）

(5)　世帯構造（片親家庭）

(6)　全体の達成度の低い学校

(7)　社会経済的背景の困難性が高い住宅地に所在する学校

(8)　上記(6)(7)の初年度学年[6]

5.2　STEP２：ニーズとリスクの違いを算定するためのモデル開発

　次に，基礎自治体は，SALSA等の統計データと同ツールを援用し，学力達成の相違に影響力を持つ要因から，特に重要と考えられる要因を，優先順位を付けて複数抽出した上で，学力達成を従属変数，各要因を独立変数とした回帰モデルを想定し，各独立変数の重み付け（係数）を推定する。更にその結果として，複数の変数から成るニーズ・リスク算定モデルが作成され，同モデルに基づいて，次のステップにおいて，実際の配分額を決める係数と配分式が導出される。これは，自治体が独自に作成する「精緻モデル」（後述・**表１**）といわれる。自治体規模が大きいほど，学校間での生徒の属性構成の相違が大きくなる傾向があるため，SALSAの積極的な活用や，統計データを基にした精緻なモデルと配分式の開発が推奨される（例：ストックホルム[7]）。SALSAを活用した場合，配分式に入れる変数やその係数（重み付けの度合い）が，実データを用いて決定されるため，明確な根拠に基づいた配分式となり，その透明性が担保される。我が国のシステムに当てはめて

例えるならば，加配教員を不透明な根拠やプロセスで一部の学校に配置するのではなく，各学校のニーズの多寡を学習状況調査と児童生徒属性データから算出し，ニーズの高い学校から加配を配置するイメージである。

　一方，自治体が小規模で，学校数が少なく，学校間差異の幅も小さい場合は，学校間の達成の違いにのみ依拠する「簡便モデル」（後述・**表2**）の選択も可能とされる（例：ハボ[(8)]）。

　ニーズ・リスク算定モデルの開発は，精緻モデルと簡便モデルのどちらを選択するかも含めて，基礎自治体の決定に委ねられ，自律的運営が前提とされている。ただし，いずれの場合も，経験知として何が重要であるか認知している各学校の校長等の積極的な関与が求められている。

5.3　STEP 3：学校毎のニーズ・リスク算定

　次に，ニーズ・リスク算定モデルを用いて，平等保障費に掛け合わせる学校毎の重みを決定する。重みの決定には，STEP 2と連動した2つの方法が想定されている。

(1)　属性別の加重値から係数を決定する方法（精緻モデル）（表1）

　第一の方法は，生徒の属性別割合に重みをかけて，学校別にニーズ・リスクの多寡を算出し，そこから係数を決定する方法（精緻モデル）である。その例として，**表1**を示す。**表1**は，各カテゴリーに加重される加重値（α）と各カテゴリーの生徒構成比率（β）（各学校で合計1）を掛け合わせ，総加重値（$\alpha \times \beta$）と係数（学校別総荷重値／基礎自治体全体の加重値）を得る方法である。相対的に，親学歴が低く，男子が多く，福祉的支援対象と

表1　属性別の加重値から係数を決定する方法（精緻モデル）

加重値 α		親学歴 初等 3	中等 2	高等 1	性別 女子 1	男子 1.5	福祉支援 対象外 1	対象 3	総加重値 （$\alpha \times \beta$の総和）	係数
学校A	生徒比率 β	0.15	0.30	0.55	0.37	0.63	0.76	0.24		
	$\alpha \times \beta$	0.45	0.60	0.55	0.37	0.95	0.76	0.72	4.40	4.40/3.83=1.15
学校B	生徒比率 β	0.00	0.05	0.95	0.66	0.34	1.00	0.00		
	$\alpha \times \beta$	0.00	0.10	0.95	0.66	0.51	1.00	0.00	3.22	3.22/3.83=0.84
コミューン全体	生徒比率 β	0.06	0.29	0.65	0.49	0.51	0.92	0.08		
	$\alpha \times \beta$	0.18	0.58	0.65	0.49	0.77	0.92	0.24	3.83	3.83/3.83=1.00

表2　目標非達成リスクから係数を決定する方法（簡便モデル）

	高リスク生徒の比率※	総加重値	係数
学校A	0.20	0.20／0.12	1.67
学校B	0.06	0.06／0.12	0.50
コミューン全体	0.12	0.12／0.12	1.00

※二科目以上で目標に到達できないリスクが予測される生徒の割合

なっている家庭の子どもが多い学校Aについては，総加重合計や係数も高くなり，一人あたりで1.3倍強（1.15／0.84）の平等保障費が配分される計算となる。

⑵　**目標非達成リスクから係数を決定する方法（簡便モデル）（表2）**

　もう一つの方法が，SALSAのツールを用いて各学校の目標非達成生徒数を推定し，その比率の多寡から係数を算定する方法（簡便モデル）である。**表2**がその例である。目標到達できないことが予測される生徒の比率が相対的に高い学校Aに，一人あたり3倍強の平等保障費が配分される計算となる。

5.4　STEP 4：再配分の規模・程度の決定

　基礎的バウチャーと平等保障費，その他の3本の柱からなるスウェーデンの学校配分予算であるが，全体の総額やその内訳は，必ずしも科学的に決定される訳ではない。基本的な教育活動にどの程度の予算が必要か（生徒の構成が最も有利な学校での必要額と同等），社会経済的に困難な背景を持つ生徒から構成されている学校がどれほどの追加的リソースを必要とするのか等を積み上げて算定する方法が理想であるが，スウェーデンにおいても，その総額の決定は，社会的・政治的決定事項とされる。加えて，総額や平等保障費の金額が一定でも，各学校の生徒の構成が年度によって変動することから，学校が受け取る金額は経年的に安定しておらず，これが学校経営の継続性にデメリットとなることも指摘されている。

　ただし，再配分の規模・程度を社会的・政治的な決定だけに委ねている訳ではない。特に，平等保障費に関連しては，各自治体が，学級規模縮小や教員研修，熟練した教師や能力の高い校長の採用などの取組について，学校間比較等を基に取組の効果検証を行ったり，コストのシミュレーションを行っ

たりすることで，再配分の規模や程度の見直しに活かす試みも見られる。

5.5 STEP 5：資源再配分モデルの周知・情報提供

　基礎自治体には，社会経済的配分システムとそれが依拠するモデルについて，その目的，構成，開発意図とプロセス，特定の要因がモデルに採用もしくは採用されなかった理由，重み付けの根拠，配分金額の学校間格差の根拠等，丁寧な説明を行うことが求められる。配分システムが，社会的公正に資するためには，学校関係者をはじめとする社会の構成員がモデルを理解して受容し，客観的且つ正当性があるものと納得する必要があるからである。

　特に，平等保障費は，生徒の構成に連動して毎年変動することから，配分を受ける学校側は削減額に目が行きがちになり，減額となる場合は，被害者意識を持ちやすい。従って，基礎自治体には，どれだけ減額されるかではなく，どれだけ追加的配分を享受できるかを強調し，その配分が元々の不利をどの程度補償しうるのかという観点や，不利な状況にある生徒に必要な追加的支援に焦点化して，周知や情報提供を行うことが推奨されている。

5.6 STEP 6：平等保障費の効果検証

　基本的に自律的学校運営を前提とするスウェーデンであるが，基礎自治体は，各学校における平等保障費の活用方法，活用方法と教育効果との関連等をフォローアップし，その結果を基にシステムの改良を行ったり，学校同士の相互参照を促したりする役割を持つ。これらの効果検証は，学校の管理というよりも，支援の側面から行われる。教育効果の検証には，SALSAが活用され，実際の達成と期待値とを比較する観点からの検証がなされる。

5.7 STEP 7：モデル・配分式の再調整

　平等保障費の算定は，学力達成へのリスクと考えられる要因を設定して行われるが，あくまでも現時点でわかっているリスクのみを考慮して算定しているに過ぎないため，学校によっては配分額が過小算定になる可能性も，他校と比較して過剰算定になる可能性もある。こうした制度の限界性・不十分性を前提に，7つのステップからなるスキームの最終段階においては，ニーズ・リスク算定モデルや配分式がより合理的で，正当性を担保する様に，毎年見直しがなされることが推奨されている。例えば，目標達成が十分ではな

い学校を対象に追加的な調査を行い，その原因が資源の不足にあるのか，学校の対応が不十分であるのか見極めたり，反対に，想定以上の効果を上げている学校を対象とした調査で，ニーズが過剰に算定されている可能性を検討したり，他校に参考となる学校のグッドプラクティスを抽出したりすることがなされる。

6. システムの効果と評価

上記のシステムについて，スウェーデン国内では，社会的公正の実現のために必須のシステムという評価が共有され，システムの海外輸出[9]までなされている。ただし，定量的データベースで述べるならば，法律で義務化された2014年から7年後の2021年現在，一般性・共通性を担保した平等保障費の効果抽出はなされていないとみるのが中立的であろう。効果は，「学校と使い方次第」（SKL2018）であり，配分システムにも効果はあるものの，全てを解決する万能薬という訳ではないというのが到達点である。

まず，各自治体や学校は，追加的に配分される平等保障費の効果を抽出することは，容易ではないと考えている。平等保障費が，独立的に執行されるのではなく，学校予算全体の中に溶け込ませて，教育全体を底上げして活用するように促されていることもあり[10]，使途と結果の因果関係の抽出・把握は当事者でも容易ではないというのがその理由である。同時に，学校教育庁や学校監督庁等の調査によれば，平等保障費の効果は予算の使途に依存し，学校や基礎自治体によって，効果の出現が一様ではないことも確認されている（SKL2018）（Skolinspektionen2018）。同時に，これらの要素を捨象した包括的集計データからは，「小・中学校ともに，追加的配分が自動的に成績の向上をもたらす訳ではない。全体傾向では，むしろ投入量が大きい学校は，相対的に成績が低い」（SKR2021）ことも示されており，傾斜的配分が即効性をもって，格差を解消し得る訳ではないことも広く共有されている。

ただし，上記の評価にもかかわらず，国内では，差別法，教育法にも記されている社会的公正の実現を目指す社会的信念を背景に，学校教育庁や地方

自治体協会等，機関横断的に，上記システムからの撤退ではなく，平等保障費の有効な使途をフォローアップし，システムを精緻化して改善しようとする方向性を共有している。例えば，地方自治体協会は，「学校でのリソースの使用方法や基礎自治体のリソース配分方式について，その効果をフォローアップするためのフォームの作成」を推進し（SKR2021），実験的試みによる試行錯誤の継続を推奨・支援している。

7．おわりに―社会経済的配分の我が国への導入

　以上，スウェーデンにおける社会経済的背景に配慮した教育資源配分システムを検討してきた。同システムでは，ニーズやリスクを想定した戦略的な傾斜的配分を行っているだけでなく，データを活用して配分の結果を検証し，その検証を基にシステム自体を絶えず修正することを一連の仕組みに組み込んでいる特徴を持つ。言い換えれば，教育財政のシステムが，社会的公正の実現を目的に，エビデンスに支援されたPDCAサイクルを基に成り立っているといえる。なお，ここでいう社会的公正とは，全ての人が一定水準以上の成果を達成することを支援するという考え方である。我が国においても，達成の多様性を許容しないことは現実的ではないことから，スウェーデン同様に「一定水準の達成」という考え方が，資源配分を見直す現実的な選択肢となるかもしれない。ただし，その実現にあたっては，理論的・制度的に乗り越えなければならない障壁が複数存在する。以下では，これらの点について，本稿で分析の観点として設定した4つの視点から，再考を行いたい。
　まず，①の社会経済的背景の差異への配慮という観点は，システム再設計の原点になるが，周知の通り，我が国の制度は，学級を単位とする均等配分を基本とする特徴を持ち，個人の差異を前提に傾斜的配分を行う動きや思考は低調である。2017年度から義務標準法の一部が改正され，通級指導や日本語指導等の基礎定数化が実現し，一部では傾斜的な資源配分の萌芽も観察されるが，それらはあくまでも例外であるといえる。それぞれの子どもの状況に応じた適切且つ最善な教育環境の確保・整備が必要であることは早くから

指摘されてきたが（小川2010），実際の制度への拡がりは限定的である。

　加えて，制度を支える社会的マインドとしても，教育を自己責任論の観点から捉える傾向が強く（中澤2014）（矢野他2016），予め与えられた条件（家庭の社会経済的背景や親の教育期待）が低いが故に十分な教育達成を得られないこと対して，社会がどこまで責任を負うのかについては，積極的な議論すら十分に行われていない。更に，仮にスウェーデン同様，全ての子どもに「一定水準以上の達成を目指す」ことを想定し，社会的公正を実現しようとする場合も，我が国では，「共通に保障される最低限の教育」については，あまり論じられて来なかった（赤井2010）（宮口2020）経緯もある。従って，現時点では「一定水準」の設定すら困難であるだけでなく，学校外学習の拡がりや一条校以外での教育を想定する制度改革の中では，射程は，「最低限の義務教育とは何か」ではなく，より拡がりとバリエーションを想定した「普遍的教育機会の保障」として同定していく必要もあろう。そのためには，これまでの様に，教育資源を負担の問題として議論するのではなく，教育の社会的効用から再吟味し，その体系化と共有を行うことが求められる。

　次に，②の投入と成果の連動による効果検証の観点では，我が国でも新自由主義的政策設計の流れを受け，定量的データで教育効果を事後的に検証し，次の政策立案に活かそうとするエビデンスに基づく政策立案（EBPM）が拡がりつつある。ただし，これらの取り組みは，事後評価検証（アウトカム評価）に焦点化されており，検証の結果が投入全体を圧縮する圧力として機能することはあれ，投入にバリエーションを持たせて，成果と連動させた検証を行う志向は低調である。一定のスタンダードによる事前規制で質を担保する強固な制度（インプット規制）があることも，その遠因であろう。過去に一部の自治体で，両者を連動させる動きも見られたが[11]，それはテストスコアの低い学校への配分予算を減額するという懲罰的思考による連動であり，社会経済的配分とは真逆の発想であった。投入と成果の連動を想定する場合は，地方や学校の自律性強化の検討と併せて，質保障の考え方を再考する必要に迫られる。

　③のデータの整備と活用は，実際に制度として実装する際，最大の障壁と

なる点である。我が国では，依拠しうる良質なデータだけでなく，データの分析・翻訳・支援を行う中間組織も不在状況にある。それ故，おのずと，着眼点④の透明性を担保した明確な配分方式の実現も難しい。具体的には，合理的な必要配分の基礎となる学習状況，例えばPISAや全国学習状況調査の二次分析も，個人間の格差是正の知見抽出という観点からは十分行われておらず，学校間格差や自治体間格差への着目もランキングが注目されるに留まっている。加えて，全国学習状況調査のデータは限定的な離散データであり，データの質に課題がある。更に，未来志向の学力観を想定し，それらを測定・分析しようとする開発的研究も，残念ながら広く展開されているとはいえない。このような状況でのデータの提示は，自治体や学校の負担になるだけでなく，データの誤読やつまみ食いのリスクを負いかねない。良質なデータに支えられたファクトやエビデンスに基づいた議論の展開に向け，スウェーデンの地方自治体協会の様なエビデンスの仲介者・翻訳者たる中間組織機能の創設も必要であろう。

　最後に，諸課題に通底し，今後，特に必要となる文化的・社会的側面に言及したい。

　まずは，教育政策の失敗と撤退を許容し，より望ましいシステムを目指して，データを用いた試行錯誤や修正，再挑戦を行う実験的志向の創成が必要である。我が国では，教育政策の失敗は許されず，経路依存性も高く，前例主義的政策選択によってリスク回避を行ってきた。それにも関わらず，皮肉なことに，大きな改革は政治的創発で行われる傾向がある（前川2002）。更に2000年代以降，政策決定システムが合議型民主主義から多数決型民主主義に変容をとげつつあると指摘され（村上2013），多様な価値を調整して，丁寧に合意を調達する政策課題解決手法が軽んじられる傾向も見いだせる。

　しかし，教育は，多様な価値を含み込んだ社会を映す鏡であり（Skolverket 2000），変化し続けるものである。スウェーデンも，いくつかの転機を経て，データを用いつつ，失敗も経験し，「自由，平等，公平，機会均等といった価値理念の比重や優先順位を操りながら」，諸変化に対応してきたのである（秋朝2016）。我が国でも，分析的仮説とデータに根ざした実験的試行錯誤の

許容によって，社会的公正を目指すマインドが必要である。

　同時に，データへの過剰な信頼も回避されなければならない。一時点のデータ分析結果が長期的に妥当であるとは限らない。また，良質なデータも唯一最良の解を導き出す訳ではない。実際は，分析結果から演繹する複数の選択肢から，価値に根ざした選択や，調整によるベストミックスが行われる。

　従って，データに根ざした政策選択や制度改革には，社会的公正にかかわる原理的検討と連関させた吟味こそが必須である。加えて，その際は，多数決的解決ではなく，価値の調整も伴いつつ，合意形成型問題解決（岡澤2016）によって，社会的合意と納得を調達する必要もあろう。理論と実証を連動させた知見とそこから導き出される公共政策規範（佐野2010）があってこそ，教育における社会的責任（社会がどこまで責任を負うのか）の再考とオルターナティブな制度に関わる実質的議論を実現しうると考える。

（千葉大学）

〈註〉

(1)　インタビュー対象者は，スウェーデン地方自治体協会（SKL：Sveriges Kommuner och Landsting）の教育・労働市場部（Education and labor market division）のSenior advisorであるEva-Lena Arefäll氏。実施日時は，2019年3月5日13：00〜14：30。

(2)　https://www.riksdagen.se/sv/dokument-lagar/dokument/svensk-forfattningssamling/skollag-2010800_sfs-2010-800

(3)　なお，9年生が含まれていない学校については，3年生と6年生の学力テストに基づいたパフォーマンス指標が用意されている。

(4)　Sveriges Kommuner och Regione 詳しくは，https://skr.se/skr.25.html

(5)　Sveriges Kommuner och Landsting（SKL）（2014）．を中心に，註(1)のインタビューデータも参照して記述。

(6)　ニーズの高い生徒については，小規模学級等，初年度学年で教師との密接な交流を確保することが，格差の是正に繋がると考えられている。

(7)　精緻モデルの例としては，大規模自治体のストックホルム（Stockholm）市の事例が挙げられる。人口・学校数ともに多い同自治体では，生徒の多様性が高く，学校間格差も大きいことから，傾斜的配分が必須であると同時に，配分式もおのずと複雑になる。そのため，市の財政部門には，経済学をバックグラウンド

とする専門性の高い研究員が配置されている。研究員は，配分シミュレーション等のデータ分析や，学校を対象とした使途調査も行い，学校長等との調整と合意を経た上で，配分式の決定・修正を行っている（SKL2018）。

⑻　簡易モデルの例としては，ハボ（Habo）市の事例が挙げられる。小規模自治体のハボ市は，学校数も少なく，成績の学校間格差も小さいことから，全学校長と教育行政担当者が話し合い，簡便モデルの作成を行っている（SKL2018）。

⑼　例えばウクライナは，同システムを導入するべく，スウェーデンの支援を受けて，制度改革を行っている。http://sklinternational.org.ua/en/education/

⑽　追加的なスタッフを雇用するのが，最も一般的な活用方法とされる。

⑾　東京都足立区は，2006年，区立の小学校（72校），中学校（37校）を学力平均によって4ランクに区分し，学力の高い学校への配分額を高くし，低い学校については引き下げる考えを示し，各方面から批判を受けた。

〈引用・参考文献〉

赤井伸郎（2010）「財政学・公共経済学からみた義務教育財政システムの分析視角と論点」『日本教育行政学会年報』36巻, 205-207頁。

秋朝礼恵（2016）「スウェーデン・モデル—グローバリゼーションの中の揺らぎと挑戦」岡澤憲芙・斉藤弥生編著『スウェーデン・モデル—グローバリゼーション・揺らぎ・挑戦』第11章，彩流社。

竺沙知章（2016）『アメリカ学校財政制度の公正化』東信堂。

中央教育審議会（2021）「「令和の日本型学校教育」の構築を目指して～全ての子供たちの可能性を引き出す，個別最適な学びと，協働的な学びの実現～（答申）」（中教審第228号）（令和3年1月26日）。

北岡孝義（2010）『スウェーデンはなぜ強いのか—国家と企業の戦略を探る』PHP。

松岡亮二（2019）『教育格差—階層・地域・学歴』筑摩書房。

宮口誠矢（2020）「2．就学義務制の再考」大桃敏行・背戸博史編著（2020）『日本型公教育の再検討—自由，保証，責任から考える』岩波書店。

中澤渉（2014）『なぜ日本の公教育費は少ないのか—教育の公的役割を問い直す』勁草書房。

橋野晶寛（2020）「第6章　投入と成果」村上祐介・橋野晶寛（2020）『教育政策・行政の考え方』有斐閣。

OECD（2018）. *Education Policy in Japan: Building Bridges towards 2030, Reviews of National Policies for Education.* OECD Publishing, Paris.

岡澤憲芙（2016）「プラグマティックな実験国家」岡澤憲芙・斉藤弥生編著『ス

ウェーデン・モデル―グローバリゼーション・揺らぎ・挑戦』彩流社。

Odden, A.R., Picus, L.O., & Goetz, M.E.（2010）．A 50-State Strategy to Achieve School Finance Adequacy. *Educational Policy*. 24(4):628-654.

佐野亘（2010）『公共政策規範』ミネルヴァ書房。

澤野由紀子・林寛平（2008）「E.スウェーデン」諸外国教育財政研究会編『諸外国における義務教育費保障制度の比較研究』101－120頁。

白石裕（2014）『教育の質の平等を求めて―アメリカ・アディクアシー学校財政制度訴訟の動向と法理』協同出版。

Skolinspektionen（2018）．*Kommuners styrning av gymnasieskolan.*

Skolverket（2000）．*Education for all: The Swedish Education System.*

Sveriges Kommuner och Landsting（SKL）（2014）．*Socioekonomisk resursfördelning till skolor – SÅ KAN KOMMUNEN GÖRA.*

Sveriges Kommuner och Landsting（SKL）（2018）．*Socioekonomisk resursfördelning i skola och förskola.*

Swedish Association of Local Authorities and Regions（2014）．*An Association for its Members.*

Sveriges Kommuner och Regioner（SKR）（2021）．*Så mycket kostar skolan.*

矢野眞和・濱中淳子・小川和孝（2016）『教育劣位社会――教育費をめぐる世論の社会学』岩波書店。

前川喜平（2002）「文部省の政策形成過程」城山英明・細野助博編著『続・中央官庁の政策形成過程―その持続と変容』第6章，中央大学出版部。

村上祐介（2013）「政権交代による政策変容と教育政策決定システムの課題」『日本教育行政学会年報』第39号，37－52頁。

【謝辞】一部の資料収集について，林寛平会員のご助言を頂いた。ここに記して，御礼申し上げたい。

【付記】本研究は，科研費（18K02357）の助成を受けた研究成果の一部である。

Institutional Principles and Systems to Allocate Educational Resources Considering the Socioeconomic Backgrounds in Sweden

Saiko SADAHIRO, *Chiba University*

In this paper, we focus on the educational resource allocation system that considers differences in socio-economic backgrounds (*Socioekonomisk resursfördelning*) in Sweden and examine the system's elements to consider a Japanese alternative to the system.

We analyze the Swedish system from the following four viewpoints: 1) allocation based on differences in socioeconomic backgrounds, 2) the verification of the effect by linking input and outcomes, 3) the preparation and utilization of data, and 4) a clear allocation formula that guarantees transparency. Accordingly, an analysis was conducted on the materials issued by the Swedish Local Government Association (SKR: *Sveriges Kommuner och Regioner*) (formerly, SKL) and the data collected through an interview with a an SKL employee.

Results revealed that the Swedish system not only makes a strategic gradient allocation after assuming needs and risks but also verifies the allocation's result using relevant data and constantly upgrades itself based on the verification. In other words, the educational resource allocation system is implemented based on the evidence-based plan-do-check-act cycle to achieve social justice. These points should be considered when developing a resource allocation system in Japan. However, multiple barriers must be overcome both theoretically and institutionally to realize these points. In this paper, I reconsider these barriers from the four aforementioned viewpoints.

First, for viewpoint 1, the allocation system in Japan is strictly based on equal distribution and does not promote movements and philosophies that support gradual allocation. In addition, there is a strong tendency to view education from the perspective of self-responsibility (Nakazawa 2014) (Yano et al. 2016).

Second, regarding point 2, the spread of evidence-based policymaking is being affected by neoliberal policy design in Japan. However, these efforts focus on ex-post (outcome) evaluations and are characterized by only a weak intention to provide input variations

Further, point 3 denotes the biggest obstacle to the implementation of a system in Japan similar to that of Sweden. In Japan, we do not have reliable high-quality data; furthermore, there are no intermediate organizations to analyze data, translate the analysis, and support policymaking. Therefore, it is difficult to formulate a clear allocation method that guarantees transparency, as required by viewpoint 4).
Hence, it is necessary to create an intermediary organization function that acts as a mediator and translator of evidence similar to the Swedish Local Government Association to develop discussions based on facts and evidence supported by high-quality data.

Finally, we consider the cultural and social aspects that will particularly be required in the future. We should accept a trial-and-error method to design education policy, aim to develop an efficient system, and discuss various system alternatives that link social justice–related public policy norms (Sano 2010).

Key Words

Educational Resource Allocation, Needs-Based Allocation, Input and Outcome, Data Utilization, Allocation Formula

Ⅲ 大会報告

●公開シンポジウム　アイヌ民族をめぐる法制と教育行政の課題
趣旨　　　　　　　　　　　　　　　　　　　安宅　仁人・玉井　康之
アイヌ施策推進法──アイヌ民族法制の到達点　　　　　　常本　照樹
共生を志向する教育──2つの世界をつなぐ　　　北原モコットゥナシ
アイヌの人たちの歴史・文化等に関する教育の充実に向けた北海道教育
委員会の取組について　　　　　　　　　　　　　　　　　赤間　幸人
指定討論　　　　　　　　　　　　　　　　　　　　　　　小川　正人
総括　　　　　　　　　　　　　　　　　　　　　　　　　安宅　仁人

●課題研究Ⅰ　緊急事態に直面する教育行政・教育行政学の課題（1）
　　──「全国一斉休校」から見えたこと
趣旨　　　　　　　　　　　　　　　　　　　勝野　正章・高野　和子
地方自治と全国一斉休校──指示・要請・指導助言　　　　中嶋　哲彦
露わになったこと，見直されたこと，見過ごされていること
　　──教育方法学から見た「学びの保障」　　　　　　　亘理　陽一
一斉休校と子ども・若者・家族
　　──誰が実態をとらえ支援したのか？　　　　　　　　末冨　　芳
総括　　　　　　　　　　　　　　　　　　　勝野　正章・高野　和子

●課題研究Ⅱ　教育行政学における基礎概念および重要命題の継承と発展
　　──ポスト戦後社会における規範・理念の定立と事実分析との往還
趣旨　　　　　　　　　　　　　　　　　　　　　　　　　清田　夏代
東京大学系譜の教育行政学──理論枠研究アプローチ　　　広瀬　裕子
広島大学系譜の教育行政学──実証的研究アプローチ　　　河野　和清
東北大学系譜の教育行政学──史資料分析アプローチ　　　大桃　敏行
指定討論　　　　　　　　　　　　　　　　　　　　　　　山下　晃一
総括　　　　　　　　　　　　　　　　　　　　　　　　　髙橋　　哲

●若手ネットワーク企画
若手研究者のキャリア形成について
　　　　　　　　　植田みどり・元兼　正浩・竺沙　知章・小野まどか

アイヌ民族をめぐる法制と教育行政の課題

安宅　仁人 （小樽商科大学）

玉井　康之 （北海道教育大学）

【趣旨】

　「共生」や「多文化」が教育行政学上の重要なキーワードとなって久しいが，その研究対象の多くはオールドカマーやニューカマーさらには種々の性や障害をめぐるものが占めている。一方，国内の先住民族——特にアイヌ民族——と教育との関係については，教育行政学上の成果や課題が十分に整理されてきたとはいいがたい。

　しかし，近年の国内外の先住民族をめぐる現状は大きな動きを見せており，中でも2007年の「先住民族の権利宣言」は世界の先住民族政策に大きな影響を与えている。また，米州，欧州，亜州，オセアニア等においても，先住民族・少数民族の教育・学習権の保障の在り方が研究上かつ実践上の課題として位置づけられてきた。

　そして国内でも，新学習指導要領（中学校社会科・歴史的分野）への「アイヌの文化についても触れること」の追記（2017年），「アイヌ施策推進法（アイヌの人々の誇りが尊重される社会を実現するための施策の推進に関する法律）」の制定（2019年），そして北海道白老町の国立博物館「ウポポイ（民族共生象徴空間）」の新設（2020年）など，アイヌ民族をめぐる教育・文化施策の動向に一定程度の変化の兆しがみられている。

　そこで本シンポジウムでは，アイヌ民族を対象とした研究者ならびに教育行政機関の担当者から報告をいただき，国ならびに北海道内におけるアイヌ民族をめぐる教育に関する研究と実践の到達点と課題を理解・共有することを通じて，教育行政学はこれからの先住民族と教育の問題にいかに向き合う

べきかを検討することとした。

【登壇者・報告テーマ】

　以上の趣旨をふまえ，本シンポジウムとして以下の登壇者を迎え，それぞれの立場から以下のテーマで報告（記載は報告順）をいただいた。

　第一報告は，憲法学を専門とするとともにアイヌ関連法制研究の第一人者でもある札幌大学教授（報告時）の常本照樹氏による「アイヌ施策推進法——アイヌ民族法制の到達点——」である。

　第二報告は，アイヌ文化論を専門とする研究者であり当事者の視点も含めた立場から，北海道大学アイヌ・先住民研究センターの北原モコットゥナシ氏による「共生を志向する教育——2つの物語をつなぐ——」である。

　第三報告は，北海道内の学校教育行政を俯瞰できる立場から，北海道教育庁学校教育監（報告時）の赤間幸人氏による「アイヌの人たちの歴史・文化等に関する教育の充実に向けた北海道教育委員会の取組について」である。

　また，各報告に対するコメントと論点の整理と議論の深まりを促進することを目的として，アイヌ教育史を専門とする北海道博物館・アイヌ民族文化研究センターの小川正人氏を指定討論者として迎えることとした。

【付記】

　本シンポジウムはコロナ禍の収束が見通せない状況であったことから，他の大会プログラムと同様にオンラインで開催することとなった。また，開催時間は前年までの3時間30分から2時間40分に短縮して開催している。

　シンポジウム当日はZoom（ウェブ会議システム）ウェビナー機能を利用し，各登壇者は個々の職場等からアクセスして報告をおこなった。各報告後の質疑応答時には，Googleフォームを利用して参加者からの質問・意見等をリアルタイムに募ったうえで，これらのコメントにたいして報告者ならびに指定討論者がZoom上で返答し議論を深めた。

■公開シンポジウム■
《報告1》

アイヌ施策推進法
—アイヌ民族法制の到達点—

常本　照樹 （北海道大学名誉教授）

1．アイヌ施策推進法の概要

　1997年に制定されたアイヌ文化振興法は，わが国における独自の文化を持った民族の存在を認めた法律として注目を集めたが，アイヌ民族の先住性には触れておらず，施策対象を言語，音楽，舞踊，工芸その他の文化的所産の振興等に限定していた。そして，それから20年あまり経った2019年4月に，アイヌを先住民族と位置づけた「アイヌの人々の誇りが尊重される社会を実現するための施策の推進に関する法律（アイヌ施策推進法，以下，推進法という）」が制定された。

　推進法の立法目的は，「アイヌの人々が民族として誇りを持って生活することができ，及びその誇りが尊重される社会の実現を図り，もって全ての国民が相互に人格・個性を尊重し合いながら共生する社会を実現する」ことである。推進法はアイヌが先住民族であるとの認識を示した初の法律として注目されるが，その主たる意義はメッセージ効果にあり，先住民族であることに法的効果を結びつけていないため，先住民族の定義は設けられていない。

　立法目的を達成するため，アイヌ文化の振興等及び知識の普及啓発だけでなく，文化振興等に資する「環境の整備」に関する施策を，全国的視点から推進することとされており，さらに，アイヌであることを理由とする差別を禁止するとともにアイヌに関する国民の理解を深めるための教育活動・広報活動等を国及び自治体の責任で行うことと国民の努力義務が規定されている。

そして，アイヌ施策を総合的・効果的に推進するための基本方針を閣議で決定し，従来の文化振興や福祉施策に加え，地域振興，産業振興，観光振興等を含めた総合的施策としてアイヌ施策を推進することとされている。

　施策の実施は市町村が担い，施策の推進に必要な事業計画を含むアイヌ施策推進地域計画を策定し，基本方針との適合性等について内閣総理大臣（内閣府）の認定を受けなければならない。事業としては，伝統的なアイヌ文化・生活の場の再生支援，木工芸品等の材料供給システムの整備，アイヌ文化のブランド化推進，アイヌ文化関連の観光振興，地域住民のためのバス運行，アイヌと地域住民の交流の場の整備，アイヌ高齢者のコミュニティ活動の支援，地域の子供の学習支援など様々なものが想定されている。市町村が事業計画を策定するに際して事業実施者の意見を聴くことが義務づけられているが，事業実施者は事柄の性質上アイヌが中心となることが想定され，この規定により地域のアイヌの意見と要望の事業への反映が担保されている。また，推進法が，アイヌ施策の推進に当たって，アイヌの人々の自発的意思の尊重を基本理念としていることに照らしても，計画策定に際してアイヌの人々の声に十分に配慮しなければならない。

　事業の経費に充てるためにアイヌ政策推進交付金が創設されたほか，伝統的儀式や生活様式などアイヌ文化を守るため特例措置を設けることとしており，伝統的儀式に用いる林産物の国有林での採取，河川での鮭の採捕，地域団体商標の商標登録等，事業経費に充てるための地方債の起債について，地域計画に記載されている場合には特別の配慮がなされる。

　さらに，アイヌ文化の振興及び民族共生象徴空間（ウポポイ）の運営を担う法人を国が指定することとしており，公益財団法人アイヌ民族文化財団が指定された。また，アイヌ施策を総合的かつ効果的に推進するため，内閣官房長官を本部長とし，国土交通大臣や文部科学大臣などの関係閣僚で構成するアイヌ政策推進本部が内閣に置かれる。

2．論点の検討

①民族と国の実状に応じた先住民族政策

推進法の最大の特徴は，アイヌを先住民族と位置づけながら，先住民族の権利の保障ではなく，アイヌ文化の振興及び文化振興のための「環境の整備」を目的とした総合的振興施策が採用されていることにある。

　これについては，民族自決権や土地権など「先住民族の権利に関する国連宣言」が列挙する諸権利を保障されることが先住民族たる要件であり，推進法はこれを満たしていない点で「世界標準」に及ばないという見方がある。

　しかし，それらの権利を保障することが望まれるとしても，そこに至る道筋や利益実現の最適解は個々の民族や国の実情に応じて異なると考えることができるように思われる。

　実際のところ，先住民族政策先進国と言われる諸外国を見渡してみても，議論の方向性としてはともかく，一律の世界標準がすでに存在しているというのは困難ではなかろうか。例えば，カナダや台湾などでは，先住民族としての位置づけと具体的な権利保障及び利益の実現を切り離すことによって，具体の民族のあり方及び必要性に応じた現実的かつ柔軟な対応を追求していると見ることができる。

②権利主体と施策対象——文化というコンセプト

　権利を保障し，それに基づく施策を実施するのであれば，その前提として，権利主体を明らかにし，施策対象を特定する必要があろう。例えば，アメリカ合衆国においては，インディアン部族政府のように自治権や土地権などの集団的権利の保障及び行使に必要な権利主体が実在するだけでなく，その存在は憲法に裏付けられているし，また，大学進学や就職に際しての優遇措置などのような個人を対象とする施策の実施に必要な先住民個人の特定も，部族名簿などによって可能とされている。また，台湾では，日本統治時代に作成した戸籍に原住民である旨の記載があることが原住民施策の対象者として認定されるための絶対的条件である。

　しかし，アイヌ民族の場合は，全国のアイヌを代表する組織はまだ誕生しておらず，戸籍等によるアイヌ個人の特定可能性も，全国に適用される法律に必要とされる程度には実証されていない。また，アイヌだけを対象とした政策については，憲法14条の法の下の平等に抵触するという意見もある。

　他方，アイヌとしてのアイデンティティの選択・保持を可能にするためにも，また，日本の文化を豊かにするためにも，アイヌ文化は不可欠である。

　そこで推進法は，アイヌ文化の振興という文化振興法以来の基本線を維持しつつ，二つの仕組みによって政策の幅を大きく拡げた。一つは，文化振興を基本としつつ，政策により支える文化を，文化振興法と同じ「音楽，舞踊，工芸等」に「生活様式」を加えてより広義に捉えることとしたこと，もう一つが，文化の振興等に資する「環境の整備」に関する施策もアイヌ施策に加えたことである。こうすることによって，民族の基盤たる文化を支えると同時に，政策対象者の特定という困難な問題に深入りすることなく，アイヌの人々の生活への実質的な支援をも一定程度可能にしたといえよう。

③アイヌ政策推進交付金

　推進法の交付金制度は，先述の個人特定という困難な課題を回避しつつ，民族共生の理念に基づき，アイヌが地域の人々と共に豊かになることを目指すという，日本の事情に適合した先住民族政策の中核的スキームといえよう。地方自治体を対象とする交付金は，通常，補助率が2分の1で自治体の負担が大きいのに対し，アイヌ政策推進交付金は国負担が実際上9割であるなど，自治体の負担を最小化する仕組みが取られている。

　この交付金制度は，アイヌとわが国の実状に照らして当面ギリギリの施策と言わなければならない。そうであるなら，国が重い責任を負う先住民族政策という観点から，厳しい財政状況においても継続的に予算を確保することと，広義のアイヌ文化の振興という緩やかな枠をはめながらも最大限の自由度を保証することが必要であるとともに，これによってわが国なりの先住民族政策を推進するためにどのような施策に取り組むべきか，アイヌと国，自治体，そしてすべての関係者の知恵と想像力が試されているといえよう。

〈参考文献〉常本照樹「アイヌ施策推進法——アイヌと日本に適合した先住民族政策を目指して」月刊法学教室468号（2019）

共生を志向する教育
―2つの世界をつなぐ―

北原モコットゥナシ（北海道大学アイヌ・先住民研究センター）

1．はじめに

　ここでは，和人向けにデザインされた民族教育で育ち，同じ環境の中で育児をするアイヌとしての経験に基づいて述べる。ここでの議論は，民族的マイノリティに限らず，様々なマイノリティとマジョリティの相互理解に通じるものであり，マジョリティに必要な教育をも見据えたものである。

2．マイノリティとマジョリティのギャップ

　和人新政府は，アイヌ民族とその土地・資源を国家に包摂しつつも，制度上では様々に排除をし，他の国民（和人＝日本の民族的マジョリティ）と同等の権利を保障しない政策を取った。これ以後，2つの民族は同じ場所で同じ歴史を歩みつつも，その経験に対して大きく異なる受け止め方をしてきた。和人の物語には，アイヌが添え物のように登場することもあるが，多くの場合アイヌの存在や併合の事実が隠蔽／忘却され，あるいは「過去のもの」，「解決済みのこと」とみなされている。一方，アイヌにとって「開拓」の歴史とは，生活が破壊され，自分たちの思想や言語，果ては存在自体が異質で恥ずべきものとされてきた経験である。和人は「文字文化」や「農耕文化」，アイヌは「無文字文化」で「狩猟文化」といった単純化と線引きがなされ，

それによってアイヌの劣性を論じるという二重の操作がなされた。さらには容姿といった生得的な要素にも，和人と明確に区別できる「アイヌ的」なイメージが作り上げられ，嘲笑の対象となった。

　このようにして生じる，特定の属性に対する負の感情をスティグマと呼ぶ。マジョリティが持つ「パブリック・スティグマ」と，マイノリティがそれを内面化することで形成される「セルフ・スティグマ」があり，また，両者ともに無意識・無自覚なレベルでの「潜在的スティグマ」を持つと言われる。スティグマが生じると，それによってマイノリティの行動が制限され，マジョリティとの接点が減る。接点が減ることによってスティグマが解消される機会も減り，むしろ強化されるという悪循環が生じる。

　障がいや困難の要因を社会構造に見出す「社会モデル」の観点に立てば，上のケースを「言語や慣習，容姿についてある集団（和人）が自らを標準とする社会を作ったために，他の集団（アイヌ）に排除や蔑視，抑圧が生じた」と見ることができる。しかし，その要因は往々にしてマイノリティの身体や心理に求められ，個人を社会に近づけようとする対処が取られてきた（個人モデル）。日本の植民地政策では個人モデルに立って同化を目指すことが多く，行政担当者はその進展や完了を強調した。いっぽうで「アイヌらしさ」とされる習慣や言葉，容姿，血筋への忌避感は，それが作られた経緯が知られることなく和人・アイヌ双方に内在している。それはしばしば潜在的スティグマとなっており，問題化することが難しい。

3．アイヌ文化学習の問題

　1997年のアイヌ文化振興法制定など，アイヌ民族が政策上の議題となる場面も増えてきたことから，アイヌをめぐる状況は改善されてきたと見る向きもある。しかし，マイノリティ文化に目を向けることと，当事者の状況改善（あるいは必要な教育の提供）とは当然ながら同じではない。

　2020年1月に行われた「札幌市人権教育フォーラム」（札幌市教育委員会主催）では，自然と共生する価値観を学ぶことがアイヌ文化学習の主たる目標

とされた。また，札幌市がアイヌ施策推進法による補助金を受け，2019年度に実施した事業は「アイヌ文化の魅力発信」を柱とした。「学ぶ」や「発信」という文言を見れば，行政が，アイヌ文化をもっぱら非アイヌ向けの教養か，観光資源として位置づけていることは明らかである。

アイヌ民族史や現状についての教育は，和人による歴史的不正義や差別の話題につながり，敬遠される。いっぽう体験型の文化学習はこうした問題を回避することができ，児童の関心も引きやすい。また，和人児童に向かってアイヌ文化を教える理由として，自然との結びつき・環境との親和性を強調することが80年代以降に増加してきた。

現行のアイヌ文化学習もこうした視点を踏襲し，文化の差を語る傾向が強い。これによりアイヌ文化と和人文化，あるいはより広くアジアの文化に見られる共通性などが見落とされ「独特」さが過剰に強調される。

しかし，近代以降のアイヌ民族は和人化・西洋化をたどってきた。今日では生活スタイルの差は狭まっているし，教材の中の「伝統文化」と現代アイヌの生活には大きな隔たりがある。それを看過すれば「異質な他者」か，他者性を喪失して「同化していくアイヌ」というイメージは生まれても「立場は異なるが対等なパートナー」というイメージは作られない。また，教師もアイヌ児童を見過ごしやすく，教材に描かれる過去のアイヌと児童とを適切に結びつける説明もなされない。アイヌ児童自身も，アイデンティティの混乱を感じたり，アイヌか和人かといった二者択一を迫られるように感じ，自らの民族性を公表することに抵抗感を強めたりすることがある。「教材に掲載された図像のような暮らしはしていない，しかし和人にもなっていない」という自己の状況を，児童自身が整理して伝えることは困難なので，自らの属性を表明しないことも多い。アイヌとして特定される恐怖を感じながらアイヌ文化学習を受けたという声もある。

このように，アイヌ文化学習は，民俗や歴史分野における1コンテンツとしての位置付けにとどまり，共生の視座を育てる学習という機能を果たせていない。教材には不正確な情報や，抽象的・過度に一般化した叙述，全てを過去形にする叙述などといった初歩的な改善点もあるが，なにより，現状で

は学習を実践しても，アイヌと和人が互いを正しく認識できず，２つの世界が全く交差しないことが最大の問題である。

4．共生に向けた教育とは

　他者理解や偏見解消のためには，十分な敬意と時間をかけた交流が必要であるという。樫原・石垣（2018）で紹介された障害学における「連続性教育」は，これを実践するものであろう。障がい者と「健常者」の，連続性と多くの共通性に目を向けることで相互理解が進み，潜在的・顕在的スティグマを低減することができる。同じように，アイヌ文化と和人文化も，アジアの文化圏の中で，多くの共通性と個性を持ち合わせていると見る方が，より実態に近く，また相互理解につながる。

　つぎに，マイノリティの困難を，自身に起因するものと社会に起因するもの（スティグマ）に切り分ける。さらに，現状のままで良いもの・変えたい（回復したい）ものに分け，変えたい（回復したい）問題のうち社会（マジョリティ）に起因するものは社会に返す。マジョリティも変えることができない／変える必要がないと思っている常識を，変えられる／変えられないものに切り分け，衡平の観点からマイノリティとすり合わせをすることで，無理のない歩み寄りの可能性を見出すことができる。

　こうした実践をするにあたり，当事者の視点を取り入れることは重要である。アイヌを学ばれる客体ではなく，学ぶ主体の一部として位置づける。

　また，和人もけっして均質ではなく様々な立場があり，だれもがマイノリティになりうることを理解することで，他者の困難も自身に引き付けて考えることができるようになるだろう。教員は自身のポジションに意識的になりつつ，個々の児童に均等に配慮することを心掛けたい。

〈参考文献〉

綾屋紗月（編）2018『ソーシャル・マジョリティ研究』金子書房。
樫原潤・石垣琢磨2018「多重スティグマ①精神障害と恥」『当事者研究と専門知生き延びるための知の再配置　臨床心理学増刊第10号』金剛出版。

アイヌの人たちの歴史・文化等に関する教育の充実に向けた北海道教育委員会の取組について

赤間　幸人（北海道教育大学教職大学院（函館校）特任教授）
（報告時：北海道教育庁学校教育監）

1．はじめに

　本報告は，アイヌの人たちに関する学習指導要領の記載及び北海道教育委員会の国への要望，北海道教育委員会の施策，学校における実践例を紹介し，シンポジウムにおける討論に資することを趣旨とするものである。

2．学習指導要領及び学習指導要領解説における記載の確認

　本報告で紹介する学校の実践は，意欲的に取り組んでいる先進的事例であるが，まず，全国の学校で共通に学習するための学習指導要領及び学習指導要領解説（以下，「解説」という。）における記載を確認する。

　平成29・30年改訂の学習指導要領におけるアイヌ民族に関わる指導についての基本的な改訂点は，平成20年6月6日衆・参議院本会議における「アイヌを先住民族とすることを求める決議」（以下，「決議」という。）と平成26年6月13日閣議決定，平成29年6月27日一部変更の「アイヌ文化の復興等を促進するための民族共生象徴空間の整備及び管理運営に関する基本方針について」（以下，「基本方針」という。）を踏まえ，アイヌの人々の文化に触れることとした点である。

　（1）　小学校「社会」6学年の「我が国の歴史上の主な事象」における内容の取扱いの「解説」に，「決議」と「基本方針」を踏まえ，「現在の北海道などの地域における先住民族であるアイヌの人々には独自の伝統や文化がある

ことに触れるようにする。」と示された。

(2) 中学校「社会」歴史的分野の「鎖国などの幕府の対外政策と対外関係」の内容の取扱いに，「北方との交易をしていたアイヌについても取り扱うようにすること。その際，アイヌの文化についても触れること。」と示され，文化について触れることが加えられ，「解説」に，「決議」と「基本方針」を踏まえて，「先住民族として言語や宗教などで独自性を有するアイヌの人々の文化についても触れるようにする。」と示された。

(3) 高等学校「歴史総合」の「18世紀のアジアや日本における貿易」の内容の取扱いに，「アジア貿易における琉球の役割，北方との交易をしていたアイヌについて触れること。その際，琉球やアイヌの文化についても触れること。」と示され，「解説」に「アイヌについては，北東アジアに広い貿易ネットワークを構築していたことなどについて触れるとともに」，「決議」と「基本方針」を踏まえて，「先住民族として言語や宗教などで独自性を有するアイヌの人々の文化についても触れる。」と示された。

なお，現行の学習指導要領には，地理歴史科の歴史科目のいずれにも，アイヌに関する記述はなく，新学習指導要領の新しい科目で記載された。

(4) 高等学校「日本史探究」の中世の「多様な文化の形成や融合」の内容の取扱いに，「アイヌや琉球の文化の形成についても扱うこと。」と示され，「解説」に，「決議」と「基本方針」を踏まえ，「先住民族であるアイヌの人々の生活や文化が，言語や宗教などで独自性を有するものとして形成されてきたこと（中略）を扱い，この時期のアイヌや琉球がアジア諸国や諸地域との交流や交易などで果たした役割など，歴史的な背景を踏まえて多面的・多角的に考察するなどの学習が考えられる。」と示された。

近世の「貿易の統制と対外関係」の内容の取扱いには，「松前藩やアイヌの人々を通して，（中略）北方貿易が行われたことについて取り上げること。」と示され，「解説」に「アイヌの人々が担った東アジアにおける交易と松前藩との関係についても，それぞれの特徴を踏まえて扱うことが大切である。」と示された。

また，指導上の配慮事項の「地域社会の歴史と文化の学習について」に，

「アイヌや琉球をはじめ日本列島各地の人々がそれぞれに文化的な多様性を
もって歴史を形成してきたことに気付くことで，複眼的で豊かな歴史認識の
基礎を身に付けることができるのである。」と示された。

　(5)　高等学校「世界史探究」の中世〜近代の「アジア諸地域の特質を構造
的に理解すること」について，「解説」に「日本については，徳川幕藩体制
の下，海外貿易や交流の統制が行われたが，長崎や琉球，対馬，アイヌを通
じて外の世界との関係が保たれていたことを扱う。」と示された。

　(6)　北海道教育委員会は，令和3年度の国の文教施策への要望で，学習指
導要領の「アイヌの人たちの歴史・文化等に関する内容」の記述について一
層充実させること，初任段階教員の研修の年間研修項目に，アイヌの人たち
の歴史・文化等に関する学習について取り上げることを要望している。

3．北海道教育委員会の施策

　(1)　北海道教育推進計画（平成30〜令和4年度）に，「アイヌの人たちの
歴史・文化等に関する教育の充実」を掲げ，教師用指導資料や子どもホーム
ページの作成，初任段階教員等を対象にした研修会の実施，施設や人材等を
活用した学習等の実践事例の提供などを施策項目に位置付けている。

　(2)　アイヌ教育相談員を配置し，市町村教育委員会への助言などの支援を
行っている。主な業務は，小学校向け副読本の記述に関わる調査研究，小・
中学校の先進的な実践事例の収集，指導事例集の作成，学校への出前授業，
教員研修における講義・演習，初任段階教員研修の手引きの改善などのほか，
アイヌ関係団体及び知事部局等との連絡調整，アイヌの人たちの歴史・文化
等に関する啓発資料の発行などを行っている。

　(3)　北海道ふるさと教育・観光教育等推進事業（平成28年度〜）のテーマ
の1つの「アイヌの人たちの歴史・文化等」の実践校が「北海道ふるさと教
育指導プログラム」を作成し，地域の人材や施設，関係機関等を活用した活
動の実践事例を道教委Webページに掲載している。

　(4)　修学旅行等での民族共生象徴空間「ウポポイ」の活用を促進している。

　(5)　道徳教材「きた　ものがたり」を作成し，北海道にゆかりのある偉人

や著名人などを対象にした教材を作成し，小学校高学年用に知里幸恵氏，萱野茂氏，中学校用に知里真志保氏の生き方や業績を紹介している。

4．学校における指導の実際

(1) 「北海道ふるさと教育・観光教育等推進事業」の実践校が，ムックリ製作体験，アイヌ古式舞踊体験，伝統料理づくりなどの体験や，新聞づくり，リーフレット作成などの発信を行っている。

(2) 平取町立二風谷小学校では，アイヌ語学習，アイヌ文化体験学習のほか，先住民族の文化などについてニュージーランドと交流を行っている。

(3) 白老東高校は，国立教育政策研究所の「伝統文化教育」の指定事業を受け，学校設定科目「地域学」で，アイヌ語の学習，アイヌ民族の歴史，アイヌ文化の学習など，年間約50時間のアイヌ民族に関する学習を行った。

(4) 平取高校は，文部科学省の「人権教育研究推進事業」の指定校として，ニュージーランドのマオリ族との交流による異文化や生活習慣の理解，アイヌ民族の伝統的な生活様式と現代生活，他の少数民族との比較，環境保全の検討などを通して，多文化共生社会への理解を深めた。

5．歴史教育における視点について

新学習指導要領で，高校の歴史科目における「多面的・多角的に考察」の表記が大幅に増加し，「歴史総合」に「過去の視点のみで一面的に現在を捉えたり，現在の視点のみで一面的に過去を捉えたりすることがないよう留意すること。」と示された。また，カリフォルニア大学ロサンゼルス校名誉教授リン・ハントは，2018年出版の「なぜ歴史を学ぶのか」（長谷川貴彦訳）において，オーストラリア，フランス，イギリスの歴史教科書において，先住民の歴史が無視されてきたこと，植民地の歴史を宗主国の視点から語ってきたことなどを指摘している。

三氏の報告を受けて

小川　正人（北海道博物館・アイヌ民族文化研究センター）

1. 常本先生の報告を受けて

　報告は，2019年に制定された「アイヌ施策推進法」をテーマとしたものだったが，その前提的な説明として，現在に至るまでの国の施策の変遷についても，限られた時間の中で丁寧にまとめて下さったと感じている。

　常本先生が述べて下さった，アイヌ施策支援法に至る北海道や国及びその審議機関での検討や議論の歩み[1]から，道や国の審議機関における議論とそれに基づく施策が，絶えず，そのときどきの日本社会における現実的な実現可能性を慎重に見極めながら進められてきたことを感じ取っていただけるのではないかと思う（「現実的な実現可能性」は，「マジョリティの受容可能性」と言い換えてもよい）。

　また，これも報告から窺えると思うが，現在までのアイヌ民族政策では，教育に関わる法制面での規定はほとんどない。とはいえ私も，何らかの法制化をいま重視しているわけではない。むしろ，常本先生がリプライの中で，いまの政策面では，学習指導要領などの改訂，さらには，教科書会社に向けた研修などに取り組んでいることを紹介して下さったが，教育に関わる問題の現在の位置がこのような状況にあることを受け止めるべきと考えている。（この点はシンポジウム当日のコメントでは伝えられなかったと思う。ここにお詫びし補訂する。）

　すなわち，アイヌ民族に関わる（或いは，社会の構成員が多様であること
の認識に関わる）現在の日本における教育の課題は，まず教育課程の基本的
構成をこれに対応し得るようにすること，さらには，日本の諸学界がそのよ
うな教材編成を担い得るようになる [2] ところにあると私は認識している。
日本社会のマジョリティの中で，アイヌ民族の問題が北海道など特定の地域
の課題だと認識されていたり，関心の焦点が，「アイヌの伝統文化」「アイヌ
のアイデンティティ」さらには“純粋なアイヌ”の人数如何など，もっぱら
アイヌのあり方に向けられていたりする（マジョリティ自身のあり方には向
かいにくい）ことは，このような状況と通底しているだろう。

2．北原先生の報告を受けて

　30年ほど前（1991年）の日本教育学会（第50回大会，於東京大学）で，
「アイヌ教育研究の現状と課題」と題したラウンドテーブルを開催し（企画
者は竹ヶ原幸朗氏），北原先生の母・北原きよ子氏（関東ウタリ会）に報告
していただいたことがある。その頃から教育学会では「多文化共生」が謳わ
れてはいたが，学会の主たる関心は，日本国内でいわゆる外国人労働者が増
えつつある状況に向いていた。北原きよ子氏は，報告の中で，ラウンドテー
ブルに30〜40名の研究者が参加して下さったことに感謝を述べつつ，「反面，
いまこうして外国からの方々の教育の問題に皆さんの関心が集まっていって，
それはもちろん大事なことだと思いますが，また私たちアイヌのことは，主
たる関心ではなくなってしまうのでは，と心配になる」という趣旨のことを
話されたことが，強く印象に残っている。
　学界（会）でアイヌ民族のことをテーマにすると，一定の関心が寄せられ，
幾つかの取り組みに繋がることもある。それが，拡がり（共有，と言い換え
てもよいかもしれない）や継続に繋がってきたのか，30年前の問いはこのよ
うなことだと私は受け止めている。
　北原先生が指摘された，これまでの（現在の）教育実践や副読本が内包し
てきた（いる）問題は，私自身も博物館での仕事で日々感じている，或いは，

自戒すべきことだと考えている。博物館でも，理念として「社会の多様性」を言うが，展示や出版物で無前提に「昔，北海道は蝦夷地と呼ばれていました」と書いてしまう（言うまでもなく，「蝦夷地」は，その地域に暮らしてきたアイヌによる呼称ではない）とか，アイヌ民族の伝統的な生活文化について歴史性を欠いて紹介したりするような，当たり前の想像力を欠いた展示やマッチポンプのような解説を出してはいないか。北原先生は報告の中では主に改訂前の札幌市の副読本が例に挙げられたが，そこに見られる内容や着想は，今でも自治体や教育関係出版社の刊行物でしばしば見かける。これは教材の内容の問題でもあるが，そうした教材を作ってしまう，そうした原稿を校閲でスルーしてしまうような〈人〉と〈組織〉の問題でもある。

3．赤間先生の報告を受けて

　ここでも回想からコメントに入る。私が近代アイヌ教育史の勉強を始めたのはほぼ40年前だが，その当時，札幌の公立小学校や道立高校で教員が露骨に差別的な講話や授業を行っていたことが明らかになり，北海道ウタリ協会（現北海道アイヌ協会）らが抗議，道及び道内の幾つかの自治体におけるアイヌ教育相談員の配置や副読本の練り直しが始まった。

　そこから今日までの歩みも，常本先生の報告で紹介されたのと同様に，現実的な受容可能性を踏まえつつ進められた過程だったと認識している。赤間先生が紹介されたとおり，そうした過程の現段階として，今日，アイヌ教育相談員の配置があり，その精力的な活動があり，いくつかの市町村では意欲的な取組が見られ，副読本についても，直接に関係する記述の増加などの進捗を見ることができる。ただし，北海道には179の市町村があることに対して道のアイヌ教育相談員は未だ1名である（この点，北原先生も指摘されたとおり，専門的知見を有する人材の配置と，その専門性が教材作成等において重んじられることが大切だと思う）。また，アイヌ民族について紙幅を割いておきながら，古い写真や昔の絵画を掲載して「アイヌの人々」とあるだけの教材も，未だ残っている。

　副読本などにおける自治体紹介の記述で，「○○町には，昔，アイヌの人たちが暮らしていました」という過去形は論外としても，「先住民族であるアイヌの人たちが暮らしています」という記述は，マジョリティの存在を暗黙のうちに先ず中心に置いて，その上で先住民族の存在を言う，という関係が前提になっていないだろうか。先住民族の存在が先ずあって，「今は，江戸時代の終わりごろから移住してきた人たちもたくさん暮らしています」とする記述を，あくまでも可能性や選択肢としてではあるが，意識してみてよいと思う。先住民族であるアイヌと，移住してきた人々らの，多様な歴史が重なり合って現代に至っているという認識にも通じるはずだと考えている。

〈註〉

(1)　常本先生の報告ではおそらく時間の制約で割愛されたと思うが，アイヌ政策推進会議（2009年〜）やアイヌ政策のあり方に関する有識者懇談会（2008〜09年）に至る，政府・道が設置した検討会議は，1984年10月に北海道が設けた「ウタリ問題懇話会」に始まると私は認識している。このウタリ問題懇話会設置は，社団法人北海道ウタリ協会（現公益社団法人北海道アイヌ協会）が，「日本国に固有の文化を持ったアイヌ民族が存在することを認め，日本国憲法のもとに民族の誇りが尊重され，民族の権利が保障されることを目的とする」（前文）ことを掲げた「アイヌ民族に関する法律（案）」の制定要求を1984年5月の総会で決議し，道知事及び道議会議長に陳情したことが契機となっている。常本先生の報告にある，「北海道旧土人保護法」に対する北海道ウタリ協会の方針にいう"これに代わる法律ができたときに，それと引換えに廃止すべき"の「これに代わる法律」は，少なくとも1980年代以降はこの法律案だった。このことと，道や国の審議や施策が日本社会での現実的可能性を慎重に見極めてきた歩みとを，一つの視野に収めておきたい。なお，「アイヌ民族に関する法律（案）」が「日本国憲法のもとに」と述べたことにも，日本社会の現実への配慮と，同時に，その日本社会への強い要求とを看取すべきだと思う。これについては，中村睦男『アイヌ民族法制と憲法』（北海道大学出版会，2018年）が示唆的だと考えている。

(2)　教科書におけるアイヌ民族に関する教材の充実について，アイヌ語研究者の中川裕氏が，それとともに（その前に）先ずその教材による授業をすることができる教員の養成が課題であり，さらには大学における教員養成課程においてそうした教育を担い得る大学教員が必要だと提言した（関東ウタリ会（編）『アイヌ民族と教科書』同会，1993年）ことは依然として課題のままになっている。

アイヌと教育をめぐる教育行政学上の意義と課題
―質疑応答の概要と論点整理―

安宅　仁人（小樽商科大学）

フロアからの質疑と応答

　以上の報告と指定討論を経てフロア（視聴者）からの質問・意見等を募ったところ，3名から以下の質問が登壇者に寄せられた。第一の質問者のジェフリー・ゲーマン氏（北海道大学・一般参加）からは，「アイヌ施策推進法のもとでの民族学校の可能性」，「学校教育以外の教育（社会教育，高等教育）の可能性」，「今後のアイヌ教育に一番望むもの（この質問のみ北原氏を指名）」の3点が示された。続いて，第二の質問者の村田淳一会員（桑名市立陵成中学校）からは，「中学校，高校での選択教科としてのアイヌ語は考えられるか」との質問があった。そして最後の質問者の坪井由実会員（北海道大学名誉教授）からは，「アイヌとしての生き方を選択する場合，日本国民・市民としての人権主体としてのシティズンシップないしアイデンティティとを統一的に人格形成していくうえで，どのような苦労があるのか」との問いが示された。

　最初の問いの「民族学校の可能性」について，常本氏からはアイヌ施策推進法の交付金事業を活用して民族教育等を行う学校や学校類似施設を設立することは現時点でも可能との見解が示された。一方，北原氏からは義務教育から高校程度の段階ではアイヌと和人（マジョリティ）の子どもが十分に交流して互いに敬意を育むことが大切であるため，共学が望ましいとの考えが

示された。

　次の質問の「学校教育以外の場での教育の可能性」にかかわって，常本氏からは，アイヌ民族をめぐる構造的な差別問題の解消を目的として，就学前段階でアイヌの子どもたちがアイヌ文化を学べる幼・保施設を整備していくアイデアが示された。また，赤間氏からは社会教育の面で博物館が中心的な役割を果たしている点や市町村における社会教育講座の展開例が紹介され，子どもと大人とが共に地域の事柄を学べる環境整備の重要性が謳われた。

　そして，次の「中学校，高校での選択教科としてのアイヌ語教育の可能性」の質問にたいし，赤間氏からは平取町の二風谷小学校の事例に触れつつ，総合的な学習の時間内でアイヌ語を学ぶことや外部講師による指導も現時点で十分に可能との見解が示された。また北原氏からは，校内にアイヌ語を常時教えられる人材を複数配置し教員同士が研鑽できる環境をつくることの重要性が指摘された。さらに小川氏からは，民族学校やアイヌ語やアイヌの歴史教育を推進するためには，その具体的な教育方法の開発や教育を担える人材をいかに育成していくかにまで目を向けた議論が必要となるとの課題が指摘された。

　続いて，「今後のアイヌ教育に望むもの」について問われた北原氏からは，社会の中で蓄積された偏見とそれをアイヌ自身が内面化したスティグマが世代を超えて継承されていることへの指摘がなされた。さらに同氏からは，先住民族政策を重視する海外の学校におけるセーフスペース——先住民族などマイノリティの子どもをめぐるトラブルの発生時に子どもが一時的に避難できる場所——の導入事例とその必要性に加え，学校教育の中において和人たちの視点から相対化した自分（アイヌ）自身の視点で当時の交易や文化の形成を学ぶことの意義が強調された。

　そして最後の「アイヌとしてのアイデンティティとシティズンシップの関係」をめぐる問いにたいして，常本氏からは民族としてのアイデンティティとは一種の生や生き方の選択にかかる問題である一方で，国民であることは一種の資格の問題といえ，国民であることと民族としてのアイデンティティは両立しうるとの考えが示された。一方，北原氏からはホモソーシャルな環

境が強い日本社会の中では他の民族としての名のりを上げるハードルは高く，それゆえ日本国民の多様性を涵養する教育の重要性が示された。続く赤間氏からは，全員が常にマイノリティになる可能性がある中で互いに尊重される社会をいかに作るかという視点に立った教育の必要性が提起された。

　以上の質疑を経て，最後に各登壇者からアイヌと教育をめぐる今後の課題について次のような総括コメントが示された。常本氏からは，現実を踏まえずに制度設計を考えていくことは難しいこと，それゆえに社会における実現可能性を検討しながら一つひとつ政策を実現していくことの重要性が指摘された。一方，北原氏からはマジョリティがその課題を共有できるように目線を少しずらすこと——すなわち「中心を作らない」こと——の必要性が唱えられた。そして赤間氏からは，学校でアイヌやその周りの子どもたちの声に耳を傾けられる教員の育成と学校づくりの重要性，さらには歴史教育の点で多様性や事実・解釈・批評を子どもたちに伝えていくことの必要性が示された。最後に小川氏からは，北海道の中のアイヌをはじめとする少数の人たちが博物館に来た時に，北海道の歴史や現在への違和感や疎外感を覚えないように努めることの意義が示された。

おわりに——教育行政学上のあらたなテーマへ——

　以上の報告・指定討論と質疑応答に示されているように，アイヌ民族と教育をめぐるテーマはマジョリティとマイノリティの関係性，包摂と排除の問題，さらには文化継承やアイデンティティ形成のための条件整備や人間の尊厳と社会の多様性にかかわる議論も含まれ，教育学および教育行政学上の課題の核心を問うものであった。

　今回のシンポジウム内で触れることはできなかったが，子どもの権利委員会による第4・5回政府報告書にたいする所見の中で，「民族的マイノリティ（アイヌ民族を含む），被差別部落出身者の子ども，日本人以外の出自の子ども（コリアンなど），移住労働者の子ども，レズビアン，ゲイ，バイセクシュアル，トランスジェンダーおよびインターセックスである子ども，

婚外子ならびに障害のある子どもに対して現実に行なわれている差別を減少させかつ防止するための措置（意識啓発プログラム，キャンペーンおよび人権教育を含む）を強化すること[1]」と勧告されている。ここで掲げられているいずれの課題も教育行政学上の重要な課題であると考えられるが，「民族的マイノリティ（括弧内原著）」の差別の解消がその筆頭に挙げられている点は特に注目されよう。

　しかしながら，和人とアイヌ民族との関係性に起因する教育行政上の課題はこれまで学会内のテーマとして十分に可視化されておらず，またそのこと自体が自覚されてきたとは言い難い状況であった。その一方，今回のシンポジウムで多角的な視点と立場からの報告と討議を通じて，アイヌ民族と和人というマイノリティと圧倒的な数的マジョリティの間で生じる教育行政学上の課題を可視化するとともに論点整理のための有益な示唆が得られたことは，本学会としても大きな収穫となったのではなかろうか。

　最後に，今回のシンポジウムにおける各登壇者の報告と討議を通じて重要性を再確認できた視座として，以下の三点を挙げておきたい。一つ目は，社会的かつ現実的な状況をふまえつつ漸進的な解を志向するというマクロレベルの視座。二つ目は，学校づくりと教員養成・研修という学校組織や地域社会といったメゾレベルの視座。そして最後は，アイヌと和人の子どもたちや教師個々人に内在する意識の変容を迫るミクロレベルの視座である。アイヌと教育をめぐる問題に限らず，いずれの点も教育行政学がマイノリティに関する課題を扱う際に避けることのできない視座であるといえよう。

　本シンポジウムの開催を契機にアイヌと教育をめぐる課題と意義が一人でも多くの学会員に共有されるとともに，今後さらに発展的かつ継続的な議論につながることを切に願う。

〈注〉
(1)　日本弁護士連合会『子どもの権利条約報告書審査，第4回・第5回政府報告書審査』「国連子どもの権利委員会総括所見　日本語」https://www.nichibenren.or.jp/activity/international/library/human_rights/child_report-1st.html（2021/5/30最終アクセス）

緊急事態に直面する教育行政・
教育行政学の課題（1）
—「全国一斉休校」から見えたこと—

勝野　正章（東京大学）
高野　和子（明治大学）

【趣旨】

　周知のように，いわゆる新型コロナウイルス（COVID-19）への対応は，突発的な出来事でありながらも，恒久的な変容を学校教育や教育行政にもたらしうる重要案件として認識されつつある。今後の医療等の発展次第で事態は変化しうるが，少なくとも2020年7月現在，各地の学校では，徹底的な感染防止の上で可能な限り効果的な教育活動を維持・展開するための試行錯誤が続いている。

　こうした状況に鑑み，今期の研究推進委員会・課題研究Ⅰでは「緊急事態に直面する教育行政・教育行政学の課題」を優先テーマとして位置づけた。3年間を通じて，新型コロナウイルスに対応する教育行政の方向性と教育行政学の理論的課題の解明を目指し，緊急事態の下で教育行政がいかなる課題に直面しているか，各地でどのような対応が試みられているか，今後の教育と教育行政をいかに見通せるか，これらを学問的にどう引き受けるべきか等について考究していく予定である。

　1年目にあたる今年度は，初期段階で問題となった「全国一斉休校（2020年3月）」に主たる焦点を当てて，教育行政と教育行政学が直面した課題の検討を行った。

　一連の措置は中央政府から要請され，全国ほとんどの地域で実施されたものであるが，教育行政における政治的中立性・法律主義・地方自治などの諸原理との関係で懸念が残る。教育を受ける権利の停止や，突然の決定による

地方教育行政や学校現場の混乱等が，どの程度の緊急性の下で正当化されるべきか明瞭でなく，また，それらが公共的議論となりにくい現代的特質も検討すべきである。折しも学習指導要領の改訂等，教育の新展開が期待された矢先のことで，かつ対応方策も不明な中で，学びの保障をめぐる議論は不安と混乱を見せていた。さらには，今日の学校が果たしている総合的な児童・生徒の保護機能（食，保健，福祉等）の大きさもあらためて浮き彫りになっている。

　これらは一時的事象に留まらず，従来は放置・隠蔽されてきた問題を明るみに出し，今後の行政・制度の構造的な変容を示唆するものである。その点で，全国一斉休校の動向に着目することは，現在そして今後の教育行政・教育行政学のあり方を見通す糸口となる可能性がある。

　以上の課題意識の下，今年度は全国一斉休校の決定・実施をめぐって，①特に教育の地方自治から見た行政過程・政治過程の諸課題，②休校中の学習権保障と新たな指導のあり方に関する諸課題，③子ども若者支援および児童福祉行政から照射される諸課題，という3つの観点から，それぞれの第一人者によって報告を行っていただいた上で，フロアを交えて，教育・教育行政・教育行政学の置かれた状況と課題について認識を共有・深化させることを目指したところである。

地方自治と全国一斉休校
—指示・要請・指導助言—

中嶋　哲彦（愛知工業大学）

はじめに

　2020年２月27日，安倍晋三首相（当時）は第15回新型コロナウイルス感染症対策本部の席上，国公私立すべての学校及び学校設置者に対して一斉・一律の臨時休業を要請した。この要請を受ける形で，感染者が一人も確認されていない地域も含めて，週明けの３月２日からほぼ一斉に臨時休業が始まった。その期間は当初，春休み開始までとされたが，新学期にも学校が再開されることはなく，地域差はあるが５月末前後まで継続された。この間，学校では各教科の授業時間確保に関心が集中し，休業期間中はオンライン授業の導入，学校再開後は土曜授業や長期休業短縮の措置がとられた。しかし，子どもの日常生活を支える上で学校が果たしてきた社会的機能（休み時間・部活動などでの子ども同士または教師を交えた交流，食事，放課後の安全確保など）は見落とされがちだ。それら失われた社会的機能を学校単独で代替することは難しく，必要かつ適切な準備を整える暇なく開始された臨時休業の弊害が認識された。

1.「全国一斉休校」と教育の地方自治

　学校の臨時休業については，学校保健安全法第20条に基づき，各学校の設

置者が「感染症の予防上必要があるときは，臨時に，学校の全部又は一部の休業を行う」権限を有する。公立学校について言えば，教育委員会は児童生徒等の保健・安全（地方教育行政の組織及び運営に関する法律第21条第9号）や環境衛生（同条第10号）について職務権限を有し，児童生徒及び教職員を感染症から守る責務を負っており，感染症予防のため教育施設の環境整備や消毒剤の設置などの条件整備を行い，また職員等を対象に安全確保のために必要な知識・技能の研修を実施するなどの対策を講ずるとともに，必要かつ適切な場合には学校の臨時休業を行わなければならない。臨時休業の判断基準について法令には定めはないが，「欠席率が20％に達した場合は，学級閉鎖，学年閉鎖および学校閉鎖等の措置をとる場合が多い」（須藤隆・中原俊隆編『学校医・学校保健ハンドブック』文光堂，2006年，78-79頁。）。

　しかし，2020年における全国一斉休校は，各学校設置者の判断に基づく臨時休業という形式で行われたものの，その実質は次のようにまったくかけはなれたものだった。なお，各項目末尾の（　）内には，教育を受ける権利など児童生徒の人権制限を伴う措置を行うときに考慮すべき視点を示す。

　①児童生徒の生命安全に現に危険が迫っており，または学校で集団感染が発生し感染を拡大する可能性が相当程度高い，という事実の不在。（根拠となる事実の所在，措置の必要性）

　②臨時休業の感染拡大予防効果，未確認。感染者が確認されていない地域を含む全国一律・一斉の措置。（措置の合理性，最小限度の制約）

　③要請される休校期間が長く，その根拠も示されなかった。また，休校期間がさらに長期化する可能性もあった。（措置の基準）

　④保護者への外出自粛要請や営業自粛要請が同時に行われたため，児童生徒の家庭・地域における日常生活を包括的に制約。（措置の影響評価）

　⑤休校期間中の代替措置や事後的補償措置について，計画や準備が不在または不十分なまま休校が開始された。（不利益の回避・事後的補償）

　⑥権限なく発出された休校要請と，具体的・合理的事由を欠く休校決定。（措置の合法性）

これを教育の地方自治の視点から整理する場合，次の二つのアプローチが

ありうる。第一に，首相の一斉休校要請には法的根拠がなく，措置内容にも合理的正当性がないにもかかわらず，教育委員会が教育行政外在的な「忖度」からその要請に応じた，という整理である。この場合，教育委員会による臨時休業実施の合理性・妥当性・合法性とともに，教育の地方自治の一つの担い手である教育委員会の主体性自体が問われることとなる。

　第二に，首相の要請は，法的権限も合理的根拠もないにもかかわらず，マスコミ発表による既成事実化で教育委員会から地方自治的な意思決定の機会を剥奪したものであり，教育委員会の学校管理権を侵害し，学校の教育活動継続を不法に妨害したものであって不当な支配に該当する，という整理である。この場合，臨時休業「要請」はその実質において国家緊急権発動と同等の効果をもち，責任ある行政機関の権限を事実上剥奪し，子ども・教職員の基本的人権を包括的に制約するものだった。しかも，臨時休業に伴う否定的効果を予想し，必要な措置を講ずることもなかった。国家緊急権新設を含む憲法改正や包括的な私権制限容認を企図する動きもあるが，首相の要請はこの権限がいかに恣意的に行使されうるかを白日の下に晒した。

2．緊急事態宣言発出時における権利・利益の保護

　2019年末に始まった感染症の危機はまだ去っていない。また，今後も繰り返し同種の危機に直面する可能性もある。政府の国家緊急権行使類似行為によって，児童生徒や教職員の権利や利益が再び不法に侵害されることがあってはならない。そのため，教育行政学が引き受けるべき課題は，教育行政における感染症対策の位置づけと，感染症対策における教育行政の位置づけを整理し，不法・不当な政治介入が入り込む空隙を埋めていくことにある。

　紙幅の制約から，以下に主な論点を整理して列挙する。第一に，公衆衛生は地方公共団体の首長の所掌事務に属するが，感染症の予防及び感染症の患者に対する医療に関する法律においては，感染症対策は主として都道府県知事が法定受託事務として処理し，市町村長は都道府県知事による総合調整の下で対策を講ずることとされている。他方，公立小中学校の管理は市町村の

自治事務に属し，市町村教育委員会が首長から独立して管理執行にあたり，感染症拡大時には教育委員会と首長との連携が必要となる。学校における感染症対策には公衆衛生と学校保健の連携が不可欠であり，平時においても総合教育会議（地方教育行政の組織及び運営に関する法律第1条の4）における協議及び調整の主題として取り上げられるべきである。

　第二に，学校保健安全法は，学校安全に関しては各学校に危険等発生時対処要領の作成を義務づけている反面（第29条），学校保健に関しては平時における健康相談・健康診断と感染症を理由とする出席停止・臨時休業を定めるのみで，感染症拡大に対する危機管理マニュアルの策定は義務づけていない。また，現行制度は感染拡大の防止だけを目的とし，かつ出席停止と臨時休業だけで対処しようとするもので，それらの措置によって失われる学習・教育機会を代替または補償する手立て（たとえば分散登校，オンライン授業，登校忌避者への対応，日常生活支援等）は視野の外にある。要するに，教育委員会は感染症対策のための休校措置について権限と責任を有するものの，感染症予防措置に伴って必要となる教育・福祉の代替・補償措置に必要な権限やリソースはほぼ何も準備されていない。このことが，地方自治体が国家緊急権行使類似行為を受容してしまう主体的条件を構成している。

　第三に，学校保健安全法上，市町村教育委員会は自らの判断で公立小中学校を臨時休業とする権限と責任を有する。他方，新型インフルエンザ等対策特別措置法には，新型インフルエンザ等発生時（第14条）または緊急事態宣言発出時（第32条）において，市町村教育委員会は，政府対策本部が策定する基本的対処方針（第18条）に従って行動する都道府県知事による総合調整（第24条①）または指示（第33条②）に服する市町村長からの求め（第36条⑥）に応じて必要とされる感染症予防措置を講ずることとなる。この仕組みは緊急事態発生時における権利・利益の優先順位に即した行政機関間の権限の一時的調整として理解されるとしても，当該感染症予防措置によって毀損される児童生徒の教育・福祉の権利・利益の代替及び事後的補償の観点が地方教育行政から脱落し，またその脱落が感染症対策を理由に正当化されることがあってはならない。これを担保する制度的保証が必要である。

露わになったこと，見直されたこと，
見過ごされていること
―教育方法学から見た「学びの保障」―

亘理　陽一（中京大学）

1．露わになったこと

　2020年3月の「全国一斉休校」は，教育行政の担い手としての都道府県・市町教委の問題を露わにしたと言える。例えば静岡県教委は休校（の延長）・再開を検討・決定した経緯を公文書に残していなかった（中日新聞［2］[(1)]）。起案文書はあっても合議の過程が不透明な他市町教委のケースを含め，児童・生徒やその保護者，各学校・教職員の意向・実態をどの程度把握して決定されたのかが検証不能であるという点で大きな禍根を残した（中日新聞［1］）。

　休校期間に多くの人が改めて認識したのは，どちらかと言えば学校が果たしてきた子どもの保護機能の重要性であったと思われる。当たり前だったものが長期に奪われることによって，あるいは子どもが家にいながらの在宅勤務という特殊な状況によって，保護者の仕事中に子どもを安全に預かってくれる場所，そして食事を提供してくれる場所としての存在感が際立った。それと同時に，子どもたちの知的欲求や関係性に対する欲求を満たそうとしても，学校や授業の代わりを務めるのは難しいということにも多くの人が気づいたことだろう（NHK ETV特集，朝日新聞［3］）。しかし，学校や塾が提供した学習課題や教材の質を見ても，子どもたちが感じた不足を埋めようとする真剣な模索が行われたようには思えない。

　休校期間に提供された課題や再開後の様子からは，学校側の学習観の貧し

さや管理・統制的な志向も少なからず露わとなり，そしてそれは現時点に至るまで少なからず継続されている（朝日新聞［2］，［4］，［5］，毎日新聞）。体育祭などの行事が中止・縮小などを余儀なくされる一方で，夏休みは，例えば静岡県では1町教委を除く34市町で9日間から3週間に短縮され，「学力保障」の大義名分のもとで，計画されたカリキュラムの消化を優先しようとする教委・学校側の姿勢が浮き彫りとなった。その影で，各家庭・学校のネットインフラ等の環境整備についての支援不足や，児童・生徒への学習・生活への影響，教育格差助長の懸念が指摘されている（朝日新聞［1］，［3］，［6］）。

　以上の全てから，子どもたちは「大人たちは自分たちの声を聞かないし，『主体性』など本当は求めてはいないのだ」というメッセージを受け取ったかもしれない。

2．見直され（なかっ）たこと

　長期間の休校は，子どもや教師自身も含め，社会的に，学校があることの有り難みを少なからず見直させる契機となった。特に再開後の教室レベルでは，新学習指導要領に盛られた諸能力の追究よりもケアの論理のほうが重視されているように思われるし，それは今後ますます必要となるだろう（教育科学研究会ほか（編），2020）。

　臨時休業に伴う教育課程の弾力化は休校要請と同時に文部科学省から示され，その後半月に渡ってQ&Aは改訂された（文部科学省，2020）。標準授業時数の不足や未指導の内容は課程修了・卒業認定において問われず，臨時休業期間は指導要録上の授業日数には含まず，未指導分の授業を次学年で行ってもよく，評価や卒業式等の実施にも相当程度の柔軟性が認められた（同時に，補充授業のための長期休業期間の短縮や土曜授業の実施も認めたが）。実態に先んじて文科省が「フリーハンド」をここまで認めるのは異例のことと思われる。最終的な責任を逃れるための布石にも見えるが，見方によっては，「子どもの学習経験の総体」という意味でのカリキュラムの見直しの機会が文科省の手から放られたと言える（上掲・教科研ほか（編），2020；「た

だし」の懸念については髙橋，2020を参照されたい）。それにもかかわらず前節で述べた再開後の状況がもたらされていることに，各自治体教委や学校側が「学力保障」をどのように捉えているかが示されている。そこには高校・大学受験（を意識した生徒・保護者の要求）も影響しているだろう。

　学校のオンライン環境整備やクラスサイズの問題は，「コロナ禍」によって見直される契機を得た。ただ前者は，純粋なケアや学びの保障の論理によって駆動されたというより，「コロナ禍」以前から蠢いていた文科省・経産省・総務省のGIGAスクール政策の追い風として利用された部分がある。スマートフォン等の持込み制限見直しもそこに掲げられたBYODという方針の延長にあり，同政策の実証事業等で報告される遠隔教育の「成功」事例は，今後，通常授業にも様々な影響を与えていくだろう（子安，2020）。小人数学級が，教職員定数の改善に結びつかず，遠隔教育と定額働かせ放題の加速によって表面的に賄われる可能性は大いにある。

3．見過ごされていること

　前節まででも述べてきたように，実際に子どもたちと接するレベルの一部を除けば，学びの当事者である児童・生徒の声が汲み取られているようにはとても思えない。現状，学校が再び奪われることを望まない子どもたちの献身や保護者の理解に支えられているとは言え，児童・生徒，そして教師がこの状況で引き受けている負荷を軽視すべきではない。交渉シラバス，あるいは過程シラバスの観点も含め，深く学べる内容を精査・再編することが結果として学びの保障に繋がるという視点が求められる。長期間の我慢や理不尽な行動統制にさらされ続けることの影響ももっと深刻に考えられるべきだろう（田中，2016）。

　これまでの体制を維持しようとする各方面の努力によって，今後も通学や授業の枠組み自体は維持され，進級・進学にも大きな混乱は生じず，学校は「日常」を快復して行くのかもしれない。それでも上記を強く主張するのは，少なくない児童・生徒の中に学びに対する諦念のようなものが生じることを危惧するからである。それはかつて佐藤（2000）が論じた「『学び』からの

逃走」に連なるものであり，そこに遠隔教育の充実が加わると実は，教科学習が浅い「知識の習得の最大効率化」のみを志向する貧相なマスタリーラーニングに堕すおそれがあり，体験型の学びが対置される状況と併せて，一層警戒が必要だと考えている。学びの保障が，形の維持にではなく，教師と子ども，そして子ども同士の関係を基盤とするものだということを各教科において示す実践が支えとなるだろう。

尤も，例えば一斉休校時にオンライン化の対応が進んだように見えるものの，教員によりその活用経験やスキルに差があるだけでなく，１年経っても学校のネットワーク環境等が十分整っておらず，授業で教員が利用できる端末整備の目処も立っていないという状況も散見される。これまでもそうであったように，そうした理念と実態の乖離のしわ寄せが教師に降りかかっていることも見過ごされてはいけない。

〈註〉

(1) 新聞記事の出典詳細については，http://bit.ly/jeas55_watarefを参照されたい。

〈引用文献〉

子安潤（2020）.「未来の教室の設計を変える」『教育』896, 36 – 43.

教育科学研究会・中村（新井）清二・石垣雅也（編）（2020）.『コロナ時代の教師のしごと』旬報社.

文部科学省，2020年３月13日，「新型コロナウイルス感染症対策のための小学校，中学校，高等学校及び特別支援学校等における一斉臨時休業に関するQ&Aの送付について」（３月13日時点）

NHK ETV特集，2020年４月18日，「７人の小さき探究者：変わりゆく世界の真ん中で」

佐藤学（2000）.『「学び」から逃走する子どもたち』岩波書店.

髙橋哲（2020）.「新型コロナウイルス臨時休業措置の教育法的検討（二）：学校再開後の子どもの『学びの保障』をめぐって」『季刊教育法』206, 1 – 8.

田中千穂子（2016）.「心理臨床からみえてくる思春期の子どもたち：おとなたちにできること」佐藤学・秋田喜代美・志水宏吉・小玉重夫・北村友人（編）『変容する子どもの関係』（pp. 157-183）岩波書店.

一斉休校と子ども・若者・家族

—誰が実態をとらえ支援したのか？—

末冨　芳 (日本大学)

1. はじめに

　一斉休校もパンデミック災害もその本質は人災であり，その中で端的にいえば，自治体にも学校にも子ども・若者の生命や安全を守る動きは，ほとんどなかった。

　本報告の目的は，一斉休校期間中の教育委員会・学校の対応を振り返るとともに，とくに困難を抱える子ども・保護者の厳しい生活困窮の実態を把握し，支援の最前線を担ったのは，行政でも学校でもなく，民間支援団体であった実態をあきらかにすることである。

　一斉休校時に，とくに困難な状況にある子どもの支援を念頭に置き，給食継続や学校相談体制の維持，スクールソーシャルワーカー等による家庭へのアウトリーチ等を実施できた自治体・学校は，報告者が把握する限りでも限られている。

　本報告では，一斉休校中の子ども・若者・家族の課題や困難に対し，まず「誰が実態をとらえ支援したのか」，官民による主要な活動，実態調査および支援実施団体の活動状況を整理した。

　そのうえで，なぜ多くの日本の教育行政・学校は一斉休校期間に子どもたちを置き去りにできたのかを検討した。

２．誰が子ども・若者・家族の実態をとらえ支援したのか

⑴　支援の実態

①中央政府による支援

　国民１人10万円の特別定額給付金以外に，子ども・子育て世帯への支援は
ひとり親世帯に対する子育て世帯への臨時特別給付金（2020年度に２回支
給）が実施された。2020年度においてふたり親困窮世帯は子育て世帯への臨
時特別給付金の対象外となっていた（2021年度６－７月に支給対象となっ
た）。これ以外には，緊急小口資金・総合支援資金が全国の社会福祉協議会
を通じて貸し出された。

②地方自治体による支援

　全国的な実態は解明されていないが，自治体ホームページや新聞報道等を
通じて下図の支援がごく一部の自治体で行われていたことが判明している。

　逆にいえば，多くの自治体は食の保障やタブレット等貸し出しによるオン
ライン学習保障等ができていなかったということになる。

　地方自治の理念のもと，住民のための行政活動を行っている地方自治体の
多くが子ども・若者を支援できていなかった状況については，原因究明と再
発防止の仕組みの検討が必要になる。

・給食や食料宅配等の食料支援，食料費補助	・タブレットWifi貸出
３月　文京区，子ども宅食（困窮600世帯），休業期間中の要保護・準要保護世帯への昼食費補助	４月～　熊本市
豊島区，学童クラブでの学校給食提供，休業期間中の要保護・準要保護世帯への昼食費補助	５月～　狛江市，世田谷区，久喜市，船橋市，浦安市，武蔵村山市（中３のみ），日高市，姫路市，箕面市，三鷹市，近江市
つくば市，学校施設での給食提供	
５月～　中野区，木更津市，牛久市（休業期間中の要保護・準要保護世帯への昼食費補助）	
６月～　三鷹市，中野区（休業期間中の要保護・準要保護世帯への昼食費補助）	６月～　つくば市，北九州市（小６，中３のみ）

③民間団体による支援

　子どもたちへの職や学びの保障について，小規模ながら直接支援活動の中核を担ったのは民間支援団体であった。

(2)　主要な実態調査

　文部科学省，地方自治体，研究機関・シンクタンク，非営利団体，営利団体調査のうち，一斉休校中の子ども・保護者を直接の対象とし，結果が開示されているのは，一部の地方自治体調査，研究機関・シンクタンク，非営利団体，営利団体調査である（文部科学省，地方自治体以外）。文部科学省調査は自治体・学校を対象とした調査であり，地方自治体調査は学校を中心とした調査となっている。

①中央省庁の調査

　一斉休校に関する中央省庁調査の主なものを，調査公表月次順に示した。

> 厚生労働省，2020年3月18日「新型コロナウイルス感染症対策のための小学校等の臨時休業に関連した子供の居場所の確保等に関する各自治体の取組状況等について」
> 文部科学省，2020年4月7日「新型コロナウイルス感染症対策に関する学校の新学期開始状況等について」
> 文部科学省，2020年6月3日「新型コロナウイルス感染症に関する学校の再開状況について」
> 内閣府，2020年6月21日「新型コロナウイルス感染症の影響下における生活意識・行動の変化に関する調査」
> 文部科学省，2020年7月17日「新型コロナウイルス感染症の影響を踏まえた公立学校における学習指導等に関する状況について」

②自治体調査

　自治体調査については兵庫県教育委員会「新型コロナウイルス感染症の影響に関する心のケアアンケート　第1回調査結果」が，2020年度中に実施された調査としては注目される。

③子ども・若者を対象とした主要民間調査

　研究機関で，一斉休校期間中だけでなくパンデミックの中での児童生徒の

心身のストレスを調査してきたのが国立成育医療研究センターである。セーブザチルドレンジャパン等複数の支援団体の調査結果でも，一斉休校期間中に子どもの心身のストレスや感染不安などの深刻化があきらかになっている。

3．日本の教育行政・学校はなぜ子どもたちを置き去りにできたのか？

報告では3つの仮説を示した。

(1)ショック・ドクトリン，総理による一斉休校宣言への地方自治体の対応方策の欠如，(2)法制レベルの課題，(3)自治体レベルの課題

4．結びに変えて：「いまわれわれは何をすべきか」

最後に，報告者自身は，教育行政学を含む教育学アカデミアへの問いを発したい。「いまわれわれは何をすべきか」と。

パンデミック災害は，社会と科学との信頼と疑念という緊張関係を顕にしているが，社会科学としての教育行政学は，この緊張関係にいかに応答できるのか（あるいはできないのか）？

また一斉休校やパンデミック災害のもとでの子ども・若者のウェルビーイングの後退に対し，我々は学問の高みに立ち，状況を分析し，語るだけにとどまるのか？

そうではない研究者や会員も存在するはずである。パンデミック災害の中で，あるいは振り返り，教育行政を含む教育学は自らのロゴスとエートスの揺らぎを感じ取り，変化の方向について議論を交わすことができるのだろうか？　率直に言って見通しは厳しい。

〈引用文献〉
末冨芳，2020「ポスト・コロナショックにおける地方自治体の働き」，東洋館出版社編集部編『ポスト・コロナショックの学校で教師が考えておきたいこと』

子ども・若者の参加保障も視野に

勝野　正章（東京大学）
高野　和子（明治大学）

1．質疑応答及び報告者によるまとめの発言

　中嶋会員の報告について，高橋哲会員（埼玉大学）から複数寄せられた質問の一つに，文部科学省が2000年5月15日に発出した「学びの保障」通知において柔軟性を示した一方で，教育委員会・学校の対応が硬直的であった要因を問うものがあった。これは，同じ高橋会員の亘理氏に対する，学校が文科省通知を柔軟に活用するには何が必要であるかという質問と表裏一体の関係にあるものだったため，高橋会員に質問の趣旨を補足していただいた。

　高橋会員からは，確かに「学びの保障」通知において，学年を跨いだ教育課程の編成や学習指導要領に定める内容の重点化という「柔軟性」が示されたものの，その後の文科省令・告示等も含め，全体的にみれば，土曜授業や7時間目授業を行ってもなお消化できない場合の「特例」として位置づけられており，「詰め込み」が前提となっていることから，「柔軟」との評価は必ずしも妥当とは言えないかもしれないという見解が示された。

　この質問について，中嶋会員からは，これまで様々に強い規制を受けてきた教育委員会や学校には急に「柔軟に対応してもよい」と言われても踏み切れない面があったのではないかということや，親や児童・生徒の「学習観の貧困」（亘理氏報告）に教育委員会や学校が応えるという側面があったのではないかとの応答があった。続いて亘理氏から，教育委員会・学校がとりうる柔軟な対応の例として，GIGAスクール予算を上手く流用して必要な英語

教育研修を維持することや，天井釣りプロジェクターの設置など，教師が授業をやりやすい環境を普段から整えておくことがあげられた。また，ICTの導入が進む中で子どもたちがやり取りできるオンライン空間を設けたり，オンライン環境だからこそ可能になる子どもたちの豊かな学びを普段から考えたりしておくことが，いざという時に柔軟に対応できる下地となるのではないかとも述べられた。

　続いて中嶋会員は，髙橋会員からのもう一つの質問である，休業措置に至る手続きにおける地域保健所の役割について，実態として保健所は緊急事態宣言の発出要件に関わって感染経路を見極めることに注力していたのではないかとしたうえで，学校と直接連携して情報をやりとりする形が良いのか，それとも一旦首長を介する方法が適切なのかを検討する必要があると指摘した。また，安宅仁人会員（小樽商科大学）からの休校措置に関する都道府県知事による関与の位置づけと課題に関する質問に対しては，一部に「功名争い」のような動きはあったが，住民の安全を守る公衆衛生の観点から地方公共団体（知事）として独自の判断を下すことは必要であり，あくまでも今回の問題の中心は首相の法的根拠のない要請に基づいて一斉休校が行われたことであると述べた。ただし，学校の休業を判断するのは市町村教育委員会であり，その点，知事による判断の押し付けがあってはならないとも強調した。

　末冨会員の報告に対しては，髙橋会員から，コロナ禍で見られた教育行政の「欠損」は教育行政と福祉行政の連携と教育行政の守備範囲拡大のいずれによって補われるべきかという質問が寄せられた。また，青木栄一会員（東北大学）からは，行政による子ども支援が後手後手に回った理由に「小さすぎる政府」があると考えられるが，それが変わらないのであれば，民間団体が資金の受け皿になるような税制改革なども検討されてもよいのではないかとの論点が提示された。

　髙橋会員の質問について末冨会員は，教育委員会配置のスクールソーシャルワーカーが教員とともにケースワークをすることで学校が変わった例や，コロナ禍のもとで食の提供に踏み出した教育委員会の例に言及して，教育行政に子どものケアや安全保障という機能を組み込むことが求められるという

見解を示した。続いて，青木会員が提示した論点については，他の先進国と比較して，日本では人的リソースとしての公務員が社会的課題の多さや深刻さに比して少ないことから，まずは増員の努力をすべきであるしたうえで，民間団体が資金の受け皿となることについては，その難しさを指摘した。

　すなわち，アメリカのように非政府部門が自立的に支援を行うのが良いとの規範や伝統を持たない日本では，民間団体同士の利益追求の争いが生じ得る。公益性があるように見せかける団体や，予算を取ることを目的として事業を転換する団体が現れ，本来民間でしか担えない小規模で丁寧な支援，行政の担当者が交替しても継続される支援から乖離していく危険性がある。さらに日本では力の強い教育産業が容易に財団を作れる事を考えると，アメリカのように民間が請け負うという形を模索するのであれば，公益性の定義をはじめ，サービス提供の原理原則など，詳細なルール作りが必要である。

　末冨会員には，もう一つ舘野亜実会員（北海道大学研究生）から，コロナ禍のもとで大学生対象のフードバンクを行ったり，学生支援緊急給付金や自治体独自給付金の申請を支援したりした経験から，自治体と学生・若者を繋ぐ仕組みについての質問があった。

　この質問に対して末冨会員は，基礎自治体との繋がりは子どもの貧困対策でも同様に課題であり，特に高校進学後は学校を通じて子どもの情報がつかめないと述べたうえで，若者については，若者政策自体が乏しいうえに自治体の意思決定への若者の参画が少ないことを日本の問題点として指摘した。そして，この点に関わって社会教育が果たし得る役割に触れ，まず若者の居場所づくりを行っていくことが求められること，イギリスの若者による地方自治体運営参加の仕組みであるユースキャビネットのような仕組みが参考になるのではないかと述べた。

　以上のような質疑応答のあと，報告者からまとめの発言があった。まず中嶋会員は舘野会員の質問に対する末冨会員の回答に言及して，教育や福祉に関わる行政の仕組みをどう作るかということと同時に，住民がどう動くかが大切であり，その点から若者や学生の主体としての形成を保障する仕組みも考える必要があると発言した。次に亘理氏からは，民間団体を支援のための

資金の受け皿にすることについての青木会員による問題提起に触れ，一部の大学が英語民間試験で一定のスコアを獲得することを教育実習参加要件としていることで生じている弊害の例をあげながら，慎重である必要があるとの見解が述べられた。また，授業は削れないが，体育祭とか学校行事などはやめてもよいという発想が学校には見られるが，実は学校でしかできないそうした活動こそ継続することが求められるのではないかと指摘した。最後に末冨会員は，教育行政学はどうあるべきかという問いかけを改めて強調するとともに，なぜ学校と教育行政は子どもたちを放り出したのかを，同じことを繰り返さないために丁寧に検証しなければならないと述べて，検証作業への参加を会員に向かって呼びかけた。

２．まとめに代えて

　３本の報告はいずれも，「全国一斉休校」を中心にコロナ禍への（教育）行政・学校による対応の諸課題を包括的に捉え，理解を深めさせてくれるものであった。中嶋会員の報告では，教育行政学が普段十分に注意を向けていない，学校保健や学校安全に関わる法制度的課題が指摘されるとともに，比較的研究がされてきたはずの国と地方公共団体あるいは地方公共団体の中での首長と首長部局と教育委員会の権限関係のあり方についても，まだなお検討すべき課題が少なくないことが明らかにされた。亘理氏の報告からは，学校の中にある学習観・教育観の貧しさを変えていくことの必要が，そのための子どもによる参加の保障ということとあわせて提起されたが，これは同氏の専門分野である教育方法学に限らず，教育行政学の課題でもある。この点，末冨会員も，公的な意思決定への若者の参加を保障する仕組みの不在を指摘していた。このように振り返ってみるならば，今回の課題研究はコロナ禍のもとでの「全国一斉休校」という緊急事態から教育行政（学）の課題を析出することをねらいとしていたが，実は子ども・若者による授業や学校づくりへの参加，そして地方自治体や国の公的な意思決定への参加を普段からどのように保障していくのかという課題の存在が浮き彫りになったとも言えよう。

教育行政学における基礎概念および重要命題の継承と発展

—ポスト戦後社会における規範・理念の定立と事実分析との往還—

清田　夏代（実践女子大学）

【趣旨】

　国家による公教育事業の開始以来，その前提となる理念や原理は時代や社会状況によって変容してきた。戦前から戦後にかけての学制改革においては，教育を受ける権利／義務の概念転換，公教育の民主主義的統制といった新たな理念の登場などを背景に，いわゆる「戦後教育」と総称される一連の公教育政策が展開され，それと同時に教育学研究においても新たな理論枠組み，新たな論点を対象とする「戦後教育学」が構築されてきた。それに対する批判の擡頭とそれが戦後教育学をトータルに批判するものとなっていることを，黒崎勲が指摘したのは，1992年の論考であった。

　折しも，臨時教育審議会の諸答申に基づいた教育改革がいよいよ実施に移されようという時期であったが，これ以降新自由主義のドグマに基づく改革は，教育行政のあり方そのものを土台から変えていくこととなる。公教育における強調点が「平等」や「機会の均等」などの保障から「自由」や「個性」といったものへと転換し，教育もまた個人の能力やニーズに合わせてカスタムメイドされるべきという新たな要求がこれまでの公教育制度の前提を揺るがした。まさに黒崎のいうところの「教育行政＝制度研究の基礎となっている戦後公教育の根幹とされてきた諸制度，諸理念がすべて「改革」の暴風に曝され，解体される危機に直面」（黒崎2009 23）することとなったのである。

　黒崎はこうした状況に対して，われわれが現代社会において新たに生起した問題に直面していること，さらにその問題に対応し得る新たな制度と理念

を探求することが教育研究の課題であると主張していたが（黒崎2009 21），矢継ぎ早に実施に移される新しい政策，また複数の主体による教育ガバナンスの恒常化など，制度の外面的な変化を記述するのに追われ，いかなる政策原理のもとに新たな改革が展開されているのか，また，公費支出の正当性がどのような形で担保されうるのか等，教育行政学研究の中核をなすべき公共性原理，新たな制度理念の探究や再構築などの課題をつい後回しにしてしまってきたことについては，改めて自省の念を深めているところである。

　「新たな」教育政策の展開とその教育学研究への影響や制約については，必ずしも整合的な理論的解明が蓄積されないますでに約30年が経過している現在，ますます混沌とする問題状況を問い直し整理する必要があるということは共有されていることであろう。教育行政学の基礎概念とは何か，そして現代的な命題とは何かを問い直し，これまでの学問的蓄積をいかに継承・発展させていくのか，現在あるいは今後の研究者養成の課題をも視野に入れ，学会全体で議論し，共有することを目的とする活動には重要な意義があると考える。一方で，教育行政学の課題や限界をめぐる議論は，確立されてきた戦後教育学とそれに対する批判の往還において既に論じられてきたことと多くの部分が重なっており，これについても再評価と現代化が求められている。

　教育行政学研究の過去・現在・未来という時間軸の枠組みで，これまでの学問上の蓄積の再評価と現代的な命題の探究を試みることを目的とする課題研究Ⅱの第一回目の研究会においては，戦後教育学の文脈の中で発展してきた命題と研究手法を再評価し，継承し発展させるべき論点，方法論を探り，その上で現在の社会状況と何を継承すべきかを議論するため，広瀬裕子会員，河野和清会員，大桃敏行会員にご登壇いただき，それぞれの研究者としてのバックグラウンド，研究手法，教育行政学の現在の課題，研究者養成についての思い，等々広く論じていただく。教育行政学という学問領域でも複数の異なった議論の枠組み，研究方法，エトスなどが発展してきたことを改めて認識し，議論のきっかけにしていただければと思う。

〈引用文献〉
黒崎勲（2009）『教育学としての教育行政＝制度研究』同時代社。

■課題研究Ⅱ■
《報告1》

東京大学系譜の教育行政学
―理論枠研究アプローチ―

広瀬　裕子 (専修大学)

1．宗像誠也に始まる国民の教育権論の功罪

　本報告では教育行政学の命題と方法の明示も求められていた。筆者はそれを，近代公教育行政の理論の検証と整備だと考えている。教育政策の諸現象を整合的に把握でき，かつ政策を構想展開しうる理論の検証と整備である。

　東京大学系譜として教育行政学をみるならば，宗像誠也にはじまる国民の教育権論に触れないわけにはいかない。戦後日本の教育行政学は，良くも悪くも相当の期間にわたって国民の教育権論を主流パラダイムとした。この理論との位置関係で教育行政学の諸論は理解され，大枠で3極が動いていた。第1は，いうまでもなく宗像誠也を代表論者とする国民の教育権論で，教育裁判にコミットしなから内的事項外的事項区分論を軸とした政策批判を展開した。第2は，伊藤和衛（東京教育大）らを代表論者とするもので，国民の教育権論から距離をとって教育組織や教育経営などを論じた。第3は，持田栄一らを代表論者とするもので，国民の教育権論に対峙しながら政策批判しつつ教育行政の全体像を描こうとした。

　教育行政学が国民の教育権論をプラットフォームにしたことには功罪がある。裁判闘争のための理論構築の過程で，政局に敏感な教育政策の分析手法を高度に発達させた。これは功といってよい。他方，この理論とは異なる研究手法や課題設定は陰に陽に疎んじられ，政策提案やデータ収集分析に関す

る研究も育たなかった。これは罪といってよい。

　教育裁判の収束とともに国民の教育権論の勢いは1990年代に下火になる。この時期以後，国民の教育権論批判とともに多様な研究課題や手法が勃興顕在し，ある意味教育行政学には開放的な学界空気が醸成された。しかし，それと裏腹に関心が拡散して学問的アイデンティティが見えにくくもなった。

2．ポスト「主流」の理論を構想する設計図と持田理論への注目

　教育行政学のポスト「主流」のプラットフォームとして，1990年代に注目され始めるのは持田栄一の理論である。宗像を教育行政学の第一世代とすると持田は第二世代に当たる。最も明確に国民の教育権論を批判していたのが持田であったことを想起すれば，持田への注目は不思議ではない。児美川（1995）は，学校論を念頭に，従来の論とは異なりその編成原理や力関係の拮抗をも含めて持田理論は問題を主題化しうると評し，また，教育委員会の変革と具体的教育計画という課題を射程に入れた黒崎（1992）は，持田のシェマには極めて豊かな可能性があると論じた。しかし，持田がすぐさまポスト「主流」のプラットフォームになったわけではない。持田第3期と呼ばれる時期を理論処理することが不可欠だからであり，それは容易ではないからである。児美川はそこに袋小路的な理論循環を予期して処理の不可能を感知し，持田継承の設計図まで提示した黒崎は最終的にその課題を迂回した。

　黒崎の設計図は，宗像を持田で展開しようという「奇抜」なものだ。国民の教育権論批判を鮮明にしていた黒崎が宗像を継承するという場合の宗像は，初期宗像である。国民の教育権論は，宗像が展望していた「教育行政の社会学」が挫折したあとの仕事なのであり，継承すべきは中断されたままになっている初期宗像であるというのが黒崎のモチーフだからだ。その初期宗像を持田第2期のシェマ，教育を技術過程と組織過程の二重性において把握するシェマ（持田1965）で展開しようというのが黒崎の設計図である。

　持田理論の特徴は，教育行政を近代公教育行政と把握するところにある。近代公教育を，持田は，教育の「私事」化・「個人主義」化と教育の「国家

統括」が表裏する制度であり，市民社会における私的個人の「私事」としての教育の秩序を「国家」が保障する体制であると把握する（持田1979）。その上で，実践性と組織性を重視する持田は，教育行政における「管理」と「経営」との関係構造に着目して戦後日本の教育行政を論じ，教育権理論を中軸に据えた公教育制度論の理論的深化を図った。これが持田第１期，第２期の仕事である（清原1980）。持田理論の全体像の把握が一筋縄ではいかないのは，この時期を自己批判したところに，前記３極で見た持田らしさが看取される第３期が登場するからである。持田の第３期の核は，近代公教育行政が持っている「改良」の側面それ自体が基本的には「体制」安定の安全弁であるという認識を明確にしたところにある。国民の教育権論が外的事項への行政の関与を許容する論理構成をとるのとは異なり，内的事項と外的事項を区別する発想をとらない持田の理論は，国家権力の体制安全弁的機能に注目することで，教育への国家関与を包括的に断罪する強力な批判理論となり得た。この強みは，しかし，上からの教育計画（＝教育行政）に展望を見出せない理論的袋小路と表裏でもある。実践的であることを重視した持田が打開策として構想したのは，勤労者のヘゲモニーによる「下からの教育計画（批判教育計画）」であるが，逝去により未完である。

3．異彩事例をも把握しうる持田理論の汎用力

持田の自己批判を理論検証すること抜きに，第２期に集大成されたシェマを安易にプラットフォームにすることはできない。かつて筆者もこの課題に挑み，挫折して持田理論から離れた。改めて挑戦してみて，袋小路は抜けられるのではないかと思うに至っている。詳細は省くが，持田理論が一貫して構造改革論を軸にしていたことに注目すれば，自己批判前とは異なった第３期の闘争的性格は，持田の理論の不連続を意味するのではなく，持田理論が近代公教育をパラドクシカルなものとして読もうとした理論であるがゆえに内包していたチェック・アンド・バランスの作用が稼働したことによって出現した，警戒モードを最大化した形だと処理可能だからである（広瀬2021）。

　持田理論の再発見は，筆者広瀬自身の研究経緯の必要によるものでもある。自律しない私的領域を国家がメンテナンスするという公私二元論では説明できないイギリスの性教育義務化政策（広瀬2009）や，破綻した地方教育行政を国家が強制的に介入支援する有事のガバナンス改革としかいいようのないロンドン・ハックニー区の改革（広瀬2014）など，通説では説明できないイレギュラーな教育政策の分析を課題としてきた中で，個々の政策の性格づけをなしえたとしてもそれらを包括的整合的に説明しうる教育行政学理論がないことに気がついたからである。諸論精査する中で黒崎の設計図のアイディアに導かれて，30年以上も離れていた持田理論に戻った形である。

　持田理論の強みは，近代公教育を「私事」としての教育秩序の国家保障という壮大な理論的枠組みで押さえた上で，そこに教育を教育の「技術過程」と「組織過程」の二重性において把握する現実的シェマを走らせる立体構造にある。実践性をも具備した持田の理論枠組みが，広瀬が知る限りの多様な政策事象を問題なく説明しうる汎用性を持つことに今更ながら驚いている。

　（本稿は，科研費基盤研究(C)19K02569の研究成果の一部を成す。）

〈引用文献〉

清原正義（1980）「『持田栄一著作集』全6巻解題」，第1巻所収，明治図書。

黒崎勲（1992）「教育権の理論から教育制度の理論へ」森田尚人，藤田英典，黒崎勲，片桐芳雄，佐藤学編『教育学年報1　教育研究の現在』世織書房。

児美川孝一郎（1995）「戦後学校論の到達点と課題〈制度としての学校〉認識を中心に」堀尾輝久・奥平康照他編『講座 学校1 学校とはなにか』柏書房。

広瀬裕子（2009）『イギリスの性教育政策史：自由化の影と国家「介入」』勁草書房。

広瀬裕子（2014）「教育ガバナンス改革の有事形態」『教育ガバナンスの形態』日本教育政策学会年報第21号。

広瀬裕子（2021）「近代公教育の統治形態を論じるための理論枠の構築について：宗像誠也を持田栄一で展開する黒崎勲の設計図」広瀬編著『カリキュラム・学校・統治の理論』世織書房。

持田栄一（1965）『教育管理の基本問題』東京大学出版会。

持田栄一（1979）『持田栄一著作集6 教育行政学序説（遺稿）』明治図書。

広島大学系譜の教育行政学
―実証的研究アプローチ―

河野　和清（京都光華女子大学）

1．はじめに

　今回の報告では，これまでの自分の研究を振り返り，自分が教育行政学の
どこに問いを発し，それをいかなる方法によって解決しようと考えてきたか
を述べてみたい。筆者は，基本的に教育行政とは何か，管理とは何か，組織
とは何かといった原理的な問題に大きな関心を抱きながら，これらの問いへ
の答えを，研究生活の初期においてはアメリカ教育行政学の理論的研究に求
め，研究生活の半ば以降では，そこで学んだことを基にしながら，わが国の
市町村の教育長職や教育委員会制度の実証的な研究の中で模索してきたよう
に思う。本報告では，①教育行政の概念，②研究方法論，③組織観，④リー
ダーシップ論，そして⑤政策研究に焦点を当てながら，これまでの研究を振
り返りつつ，自分にとって教育行政（学）とは何か，そこではどんなことを
課題として捉えてきたのかなどについて報告してみたいと思う。

　本来ならば，広島大学系譜としての教育行政学を語らなければならないが，
発表者にはその力量もないので，私個人の研究を事例にとることでその責め
を果たさせていただきたいと思う。

2．研究の歩み

⑴　教育行政の概念と基本的性格

　アメリカ教育行政学の理論的研究という観点から，アメリカの教育委員会

制度の発達過程を検討する中で（拙著，1995,59頁），教育行政は，「政治」，「管理」，「教育」の3つの要素から捉えることができ，また現実の教育行政は，これら3つの構成要素の対立葛藤の中で展開されているものと理解した。教育は，個人の価値形成に係わる精神的な営みであるため，教育の個性化と教師の専門性や自律性の保障が求められ，これらの要請が，これまで政治過程（＝合意形成）や，あるいは管理過程（＝能率）との間において緊張関係を生み，教育の公的支配を制度的にも特徴あるものにしてきたと考えられる（拙著，1995年，340-341頁）。

　一方で，教育行政（学）は，政策遂行の流れ（過程）の側面から見るとき，伝統的な政治＝行政二分論よりも，政治＝行政融合論に立って捉える方が有益であるように思われた。すなわち，教育行政（学）は，教育上の公益とは何かを常に問い続ける一方で，多元的に対立する教育上の利益を公益にまで調整統合し，それを教育政策として形成する「政治過程」と，その教育政策の目的や内容を実現するため，人的・物的・財政的条件を整備していく「管理過程」の両側面より捉える必要がある（拙著，1995年，339頁）。

⑵　教育行政学のパラダイム論争─認識論や研究方法論をめぐって─

　アメリカでは，1970年代に，それまで教育行政学の最も有力な研究方法論を提供してきた実証主義パラダイムと，認識論的主観主義の立場に立つ，現象学，エスノメソドロジーなどの新しいパラダイム（解釈学的パラダイム）との間で，認識論や研究方法論をめぐって熾烈なパラダイム論争が展開されてきた。実証主義パラダイムは，自然事象と同じく，行政（社会）事象を客観的に認識できると考え，自然科学と同じ研究方法で，行政（社会）事象を記述し，説明し，予測しうる客観的法則的知識の獲得を目指すのに対して，解釈学的パラダイムは，行政事象はすべて意味をもつとみなし，自然事象と行政事象の研究方法論は本質的に異なるとの立場から，行為者の見地から，行為者の主観的な意味付与過程ないし解釈過程を内側から明らかにしていく理解的方法を，その主な研究方法として採用する（拙著，1995,224-226頁）。

　教育行政学の，これら二つのパラダイムは，認識論や研究方法論を異にするため，行政観のみならず，以下に示すように，組織観やリーダーシップ観

にも違いをもたらすことになる。

(3) 組織観

　認識論的客観主義に立つ実証主義者は，組織を，客観的な実体として，人間の外部に存在するものとして，また，全体の共通目標に向けて，相互に作用し合う諸要素の集合体（システム）として見做す。このように，組織は統合され，秩序ある存在として捉えられる（拙著，1995,382頁）。

　他方，認識論的主観主義に立つ組織論研究者は，組織を「人間の心の中に抱かれる観念，すなわち人々がどう相互に結びつくべきか，その結びつき方について抱かれる一組の信念」として捉え，「その結びつき方の諸関係の中で，人々は，彼らにとって重要な価値を実現し，目標を達成するために行為する」（Greenfield, p.560）と考える。組織は主観（価値）の世界と見做されるため，組織の理解への旅は，価値の考察で終わるとされる。

(4) リーダーシップ論

　1970年代までは，教育におけるリーダーシップ研究は，リーダーシップの特性研究や行動論研究など，実証主義パラダイムに基づく定量的研究が盛んに行われてきた。しかし，1980年代に入ると，教育行政学のパラダイム論争の影響も受けて，リーダーに必要とされる，組織目標に対する手段の合理的な選択能力（合理的技術的能力）よりも，組織の望ましい目標設定能力や価値葛藤の解決能力などの，リーダーシップの価値的側面に着目した研究が行われるようになった（拙著，1995,267-268頁）。そこでは，これまでリーダーシップ論で見逃されていた重要な側面，すなわち組織の将来（新しい価値，理想，ビジョン）を創造する機能が重視されることになる。

(5) 教育政策の実証的研究

　筆者の研究の中盤以降では，これまでの理論的研究を踏まえて，わが国の市町村教育長のリーダーシップ（拙著，2007）や，市町村教育委員会の学力政策にも焦点を当てた実証的研究を行った。とりわけ後者については政治学や政策学などで使われる政策過程モデルに基づいて，教育政策（この場合，学力政策）の過程を捉えると，何が政策実施の阻害要因として働いているかを俯瞰して理解することができ，政策問題への対応策も講じやすくなると思

われた（拙著，2017,268-269頁）。

3．今後の課題

　以上，筆者は，アメリカ教育行政学の理論的研究や既存の学問分野から，教育行政学とは何かを中心に，その基礎概念（政治，管理，モーティベーション，リーダーシップ，組織，政策，価値，イノベーションなど）や研究方法論を学び，そこで得た知見を援用して，わが国市町村教育委員会制度や教育長リーダーシップなどの実証的研究に取り組んできた。特にパラダイム論争からは多くのことを学んだ。パラダイム論争は，架橋し難い認識論・研究方法論上の違いがあるものの，どちらの立場も，教育行政のリアリティーをよく捉えており，教育行政の見方や在り方を考える上で興味深いものがある。

　教育行政学の今後の課題として，私の立場からは，教育行政学で推進すべき研究領域として，①研究方法論，②組織論，③政策研究，④教育経済学，⑤ICTと教育などを挙げたい。また，教育のビッグデータやAIを使った，教育行政の学際的研究の推進も期待されよう。いずれにしても，教育行政学は，教育問題の解決に資する有益な政策情報をいかに生み出すかが肝要であり，また，その政策が効果的に実施できる制度的仕組や運営を考えていくことが求められる。今後，超スマート社会や脱炭素社会の進展の中で，新しい教育行政観（概念，諸原理）が生まれることが予想される。

〈引用参考文献〉
拙著『現代アメリカ教育行政学の研究』多賀出版，1995年。
拙著『市町村教育長のリーダーシップ研究』多賀出版，2007年。
拙著『市町村教育委員会制度に関する研究』福村出版，2017年。
Greenfield, T. B., "Organizations as Social Inventions," *Journal Applied Behavioral Science, Vol.9*, No.5 （1973）, pp.551-574.

■課題研究Ⅱ■
《報告3》

東北大学系譜の教育行政学
—史資料分析アプローチ—

大桃　敏行（学習院女子大学）

1．東北大学における教育行政学研究

　東北大学教育学部教育行政学講座での研究の特徴として次の点があげられる。第一に，教育行政を学校管理や教育内容との関係でとらえる仕組みがあったことである。小講座制のもとで教育行政学講座は学校管理講座，教育内容講座とともに一つの専攻を構成し，専攻の合同の演習や行事など3講座一緒に行われた。教育行政を学校管理や教育の内容との関係でとらえる重要性が指摘されていた。第二に，教育行政や政策，制度に関する歴史研究の伝統があったことである。教育行政学講座初代教授の中島太郎の『近代日本教育制度史』（岩崎書店，1966年）はその例であり，私が大学院に在籍したころからの博士論文も諸外国を含めて歴史研究が多かった。本課題研究で「史資料分析アプローチ」という副題をいただいたのもそのことによるものと思われる。第三に，その一方で，教育行政のあり方や政策担当者の思想，教育法などの研究も行われていたことである。岩下新太郎教授の編著『教育指導行政の研究』（第一法規，1984年）や，木村力雄教授の『異文化遍歴者　森有礼』（福村出版，1986年）がその例である。第四に，3講座を跨いだ調査研究が活発に行われていたことである。学校管理講座の松井一麿教授の編著『地方教育行政の研究』（多賀出版，1997年）がその例になる。

　世紀転換期の大講座化・大学院重点化により，教育行政学分野は教育社会

学，比較教育システム論，教育計画論とともに教育政策科学講座を構成することになった。それに伴い，歴史より現代を扱う研究が多くなっていく。ただし，教育行政の原理に関する研究も行い，調査研究も続けられた。前者の例としてケネス・ハウ（大桃敏行・中村雅子・後藤武俊訳）『教育の平等と正義』（東信堂，2004年），後者の例として私が転出してからの出版になるが大桃敏行・背戸博史編著『生涯学習―多様化する自治体施策』（東洋館出版社，2010年）がある。

2．歴史資料分析の楽しさとその時々の課題の投影

　歴史資料分析の楽しさの一つに，過去の出来事や主張との出会いがある。私の場合は，全米教師協会の1857年結成大会記録でのリベラル・プロフェッションをモデルとする教師組織の資格付与団体化構想との出会い，全米教育協会学校監督部会の1880年代大会記録での日本における議論とは異なる内外事項区分論との出会いなどがそうであった。このような出会いの前提に，その時々の研究関心や課題意識がある。もとより，作業仮説は歴史分析においても資料との丁寧な対話を通じて絶えず見直さなければならず，その過程で観察者の認識枠組み自体の問い直しも必要になってくる。しかし，観察者の現在とその歴史把握とを完全に切り離すことは難しく，歴史資料の選択においても，その解釈においても観察者の置かれた時代状況が影響してくる（大桃 2015: 110-111）。

　時代状況による観察者の眼差しの枠づけであり，その時々の教育行政学の基礎概念が歴史解釈に投影されていくことにもなる。私は19世紀後半の米国連邦段階での教育改革論議の検討において，1）連邦制下での連邦の権限と州の権限，州の権限と地方自治の伝統，そこにおけるハミルトン的伝統とジェファソン的伝統の対立（集権と分権），2）南北戦争後の黒人への教育機会の平等保障に向けた連邦の役割と，親の教育の自由，その延長上に措定される教育の地方自治（平等と自由），3）教育の専門家による効率的で公正な公費支出や制度運営の要請と，住民の直接参加や住民の代表による学校の設

置運営の伝統（専門性と民主性）などが分析指標となった。村上・橋野（2020）は教育政策・行政における理論的な概念や政策選択の対立軸に着目し，それらを「と」でつないで教科書を編んでいるが，「自由と平等」「集権と分権」など多くが重なっている。私の歴史資料分析も今日的枠組みに制約され，それが投影されていたことになる。

3．公教育の形成・揺らぎと教育行政学研究

　以上のように今日的課題認識に枠づけられながら歴史をみる一方で，私が関心をもったのは歴史に現行の公教育の代替モデルを探ることであった。当時の私には，「今日の改革論議が福祉国家化され行政国家化された国家体制における公教育の枠組み自体を問うものであるなら，その公教育の意味を福祉国家化，行政国家化の過程に即して問い直すことが必要であり，それは後に支配的となる制度モデルを単に批判的に分析するだけでなく，その代替モデルとの相互吟味が必要」とする認識があった（大桃 1996: 31-32）。米国では19世紀半ばから後半にかけて"official"で"common"で"open"なものとしての公教育概念が形成されるが，当時にはまた他の多くの教育の組織モデルがあった（大桃 2020a）。

　私は米国の歴史の勉強をする一方で，日本の調査研究にも加わっていたが，両者がつながってくるようになる。公教育の形成期に他の組織モデルを探りそれを相対化しようとしたのと同じように，現行の公教育の揺らぎのなかで「新たな政策選択肢の拾い出しによる公共性の概念の組み直しの作業」の必要性を考えるようになったのである。それは，公共セクターによる公共性の専有が問われるなかで，「多様な主体の連携による学びの深化や，行政と多様な民間セクターとの協働による新たな内容の公共政策の創設の可能性」を探ることでもあった（大桃 2015: 114）。

　20世紀末には，行政学において「公と私の境界が連続的・流動的になってきた今日，行政学が取り入れるべき観点は，……これまでの「行政」概念を見直して，視野を広げ，公共サービスの供給体制のあり方の問題として行政

現象を捉える視点であると思われる」（森田 2000: 167-168）との指摘も出されるようになる。これを教育行政学に置き換えれば，公教育の供給体制のあり方の問題として教育行政現象を捉えるということになろう。また，その後，多機関の連携について「現場で提供される公共サービスの質を高めるための試み」（伊藤 2019: 4）といった定義が示されるようになるが，これも教育行政学との関係でいえば，「公共サービスの質を高める」とは「高い質の教育を保障する」となろう。

　教育行政学のミッションの一つを，教育に関する行政のあり様とその課題の解明として捉えることができよう。何が高い質の教育かは，その時々に育成が求められる資質・能力に規制される。ポスト近代が志向されるなかで，教育改革プログラムの策定過程も実施形態も多様な関係に開くことによる新たな能力育成への取り組みがみられるようになった（大桃 2020b: 30-34）。東北大学教育行政学講座では教育行政と教育内容の関係が最中の皮と餡子に譬えられることがあったが，皮と餡子の関係が総体的に変わるなかで，専門性や民主性などの諸概念の捉え直しが求められている。歴史的な観点からすれば，現行の公教育の揺らぎは公教育の崩壊としてよりも次の形態への模索として捉えることができ，このような把握においては揺らぎの動態と再編課題の検討が必要となる（大桃 2020a）。この検討はまた，現行の教育行政の基礎概念の再吟味，再構成の作業を伴うものとなろう。

〈引用文献〉
伊藤正次編著（2019）『多機関連携の行政学—事例研究によるアプローチ』有斐閣
大桃敏行（1996）「米国教育行政史研究と教育改革論議」日本教育学会『教育学研究』第63巻第1号
大桃敏行（2015）「教育史研究と現代教育政策分析の視点」教育史学会『日本の教育史学』第58集
大桃敏行（2020a）「日本型公教育の再検討の課題」大桃敏行・背戸博史編著『日本型公教育の再検討—自由，保障，責任から考える』岩波書店
大桃敏行（2020b）「学校教育の供給主体の多様化と日本型公教育の変容」同書
村上祐介・橋野晶寛（2020）『教育政策・行政の考え方』有斐閣
森田朗（2000）『改訂版　現代の行政』放送大学教育振興会

教育行政学の魅力と未来
―教育学における位置と意義に注目して―

山下　晃一（神戸大学）

1．教育行政理論の「プラットフォーム」

　広瀬報告では，大所高所の視点からの議論が展開された東京大学の系譜を対象として，教育行政学における重要な影響と課題が提起されている。

　宗像誠也を起点とした国民の教育権論という「プラットフォーム」形成の過熱と冷却の後，多様な研究課題や手法が展開した。一連の歴史的経緯を通じて，「教育のまわりから教育にせまっていく」研究の限界に対する勝田守一の指摘など[1]，今なお十分に応答できていないゆえにこそ，向き合い方次第で今後の教育行政学を豊穣化しうる重要な論点も生まれている。

　こうしたなかで当時，新たな理論的共通土台としての潜在力を有しつつも未完に終わった持田栄一の再評価から，教育行政研究に今なお有益な示唆を得るという報告者の提案は魅力的であり，また首肯させられる。だが，得るべき示唆の内実については，今後も協議できることを期待したい。

　たとえば，課題研究を終えた後に回想したことで，あくまで今後の議論に資するよう記すところだが，かつて指定討論者が黒崎本人に持田の業績への評価を尋ねた際に得た回答は「教授＝学習過程（のちに教授＝生活形成過程と表記）と，教育管理＝経営過程の交錯で教育をとらえる点にのみ見るべきものがある」というものであり，それは後日，以下のように著された[2]。

　第一に，持田の把握は，教育と教育行政を峻別して後者を制限・限界づけ

るだけの当時の発想（内外事項区分論等）への批判であり，後者の積極的なあり方や構造改良の究明を提起できるという特徴をもつ。第二に，とくに教育管理＝経営過程の概念化によって，教育活動の組織化（協業化）と権力統制という二重性・矛盾的側面が析出可能となり，また上記二過程の交錯として教育を再把握することによって，管理と作業（労働）の分離に起因する現代社会の否定的性質の変革をも見通すという特徴をもつ[3]。

　これに基づくならば，持田の業績の包括的説明力に着眼したというよりも，教育と教育行政＝制度を有機的に関連づけて対象化する接近態度の一つとして，いわば方法論的に黒崎は持田を位置づけており，また勝田の指摘への強い意識を視野に入れるなら，そこから展望されたのは単なる初期宗像の展開とは言えないのでは，というのが指定討論者の仮説的理解である。

　とはいえ，いずれにせよ「袋小路を抜けた」という報告者近刊での詳しい説明は楽しみであり，また，持田理論の先見性が結果的に判明したのか，そこから修得した枠組に潜在的に導かれて報告者の研究が進展したのか，因果も興味深いところであるが，国家的社会的規模での教育行政の全体像を描き出す教育行政学理論の力能の意義を再論する広瀬報告には，後進世代が正面から受け止めるべき視点・姿勢が多く含まれることは疑いない。

2. 「教育・政治・管理」と教育行政

　河野報告は広島大学の系譜を直接扱わず，個人的な研究来歴を振り返っている。とはいえ，わが国の教育学を牽引する伝統ある部局では教育行政学への組織的期待等も大きかったであろう。その作用・反作用のなか，個人的経験といえども系譜の刻印を受けてきたことは想像に難くない。

　冒頭で教育行政を政治と管理と教育という三要素＝三概念で捉え，それらの相互葛藤の相に着目するという重要な提起があった。

　ただし注意も必要である。3つを「と」でつなぐと一見，相互連関性には着目できるが，反面で「と」によって峻別されて分断される。だが，現代教育学が注目してきたことは，権力の形式という視点を挿入してとらえ直すと，

教育自体もまた権力の形式として作用して政治と分けがたく結びつく，あるいは教育の管理にも権力性ないし政治性が潜む，といった相互不可分性であり，別要素とされた途端それが隠されるということではないか。

そして，ゆえにこそ逆に，政治や管理にも教育が沈潜しており，それを外部から実践者や観察者が顕在化するよう働きかけることによって，政治や管理の人間化，そしてその発展型としての教育化も可能になる（教育の政治化が論題となるのと同様），という"権力の作動を反転させる場としての教育"が視野に入ってくるのではないか。この点にこそ，教育自体ではなく，その公共的社会的な制度化とその運用を扱う教育行政学の固有性・おもしろさを見いだせるようにも思われる。

あるいは，教育行政現象の把握において，すでに学説史のなかで実証主義パラダイムと解釈学的パラダイム（認識論的主観主義・現象学的方法等）の対立が展開してきたことも整理・指摘されたが，そうした知的遺産が研究者個人の自省を越えて教育行政学全体でどう継承されているのか，学会として検証していくべき課題として残されている。示唆的な論点を構造化する河野報告は，あらためて先行研究への建設的批判的な向き合い方を様々に試行・創造・想像するよう後進者に励ましを与えてくれるものである。

3．教育行政学の変容と現代への関与

大桃報告では，教育内容・学校管理との不離一体性，活発な歴史研究，思想論・指導者論の包含などを特色とする東北大学の教育行政学が示された。そこでは，戦後改革に由来した，教育の必要に端を発する教育行政とその学の系譜があったことを理解できる。

これらを振り返る検討も重要とは思うが，その後の講座再編の様子を見たとき，さらに問われるべきは，当時の大学改革にも関連して各地で注目を集めた「政策科学」とは何であったのか，教育行政学にとって何をもたらし，何を奪ったのか，講座再編後に参入する若い世代に及ぼす影響もあわせて，その得失は誰がいつ総括するのか，といった諸論点のようにも思われる。

　たとえば，従来の教育行政学では時系列・過程への着眼があったのに対して，教育政策の語からは政策内容自体への焦点化も示唆される。あるいは，行政過程に対する政策過程という語の選択は，権力関係の展開への着眼を意味するもので[4]，上述のような現代教育に固有の公共的社会的組織化を検討する上で重要となり得る。こうした政策の語に科学という語が付されることは何を意味するのか。それは価値中立的なものか，それとも一定の権力性をも帯びたものなのか，検討の余地と必要性を感じる。

　また，アメリカ公教育形成期から示唆を得て，現代の教育や教育政策の公共性をアップデートすべく，現状と異なる代替的選択肢（オルターナティブ）を探り，公教育の供給体制における「公」と「私」の境界の再設定や多機関連携の推進など，既存の制度を自明視せず疑い，大胆な組み替えを見通せという提案も大桃報告の特徴の一つである。そこには，今日の動態を公教育の崩壊としてではなく，次形態への移行に伴うゆらぎとして把握するという方法論的転換がある。柔軟な発想は魅力的で学ぶところが大きい。ただ今後は，歯止めなく進む教育の多様化・自由化・個別化を追跡して各々の意義を局所的に挙げるのみならず，そこで育成される資質・能力に関する徹底的な問い直しも含み[5]，また，実践者と観察者を動かす現代的な力（政治性）にも目配りした上で，多様化等の理念や選択の制度化等をめぐる原理的な課題指摘に対して[6]，本格的な正対と応答を試みる必要があると思われる。

〈註〉
(1)　勝田守一「教育の理論についての反省」『教育』No.29，1954年，90頁。
(2)　黒崎勲『教育行政学』岩波書店，1999年，12〜13頁。
(3)　管理＝経営過程自体の教育性・政治性に関する竹内常一の先駆的指摘について，藤本卓『藤本卓教育論集』鳥影社，2021年，271〜272頁参照。
(4)　大嶽秀夫『政策過程』東京大学出版会，1990年，204〜205頁。
(5)　石井英真編著『流行に踊る日本の教育』東洋館出版社，2021年など。
(6)　例として小塩隆士『教育の経済分析』日本評論社，2002年，4〜7頁。一神教下の個人主義に適した米国教育制度観の日本での適合可能性も興味深い。

教育行政学の命題，基礎理論，そして存在意義を問う

髙橋　哲 (埼玉大学)

1．各報告の概要

　本年度の課題研究Ⅱにおいては，教育行政学の基礎理論と重要命題の析出，共有を目的として，長年にわたり本学会の理事を務めた会員に自らの出身学派の潮流を意識しつつご報告をいただいた。

　第一報告の広瀬裕子会員からは，東京大学の教育行政研究に関する歴史総括のもとに，現代において有効な教育行政研究の理論枠組みの提示が試みられた。広瀬会員は，宗像誠也を中心に形成された「国民の教育権論」には功罪があるとし，同説と対極的な関係にあった持田栄一の理論に注目する。広瀬会員は，持田を評価する黒崎勲と課題を共有する一方，黒崎が教育の技術過程と組織過程の二重性に注目した「第2期持田」を評価するのに対し，勤労者のヘゲモニーによる「下からの教育計画（批判的教育計画）」を掲げる「第3期持田」にこそ理論的意義を見いだすべきであると主張した。

　第二報告の河野和清会員からは，自身のアメリカ教育行政研究との関連性をもとに，教育行政の基礎理論を中心に報告がなされた。河野会員は，アメリカ教育行政学の知見から，教育行政は「政治」，「管理」，「教育」の3つの要素から捉えることができ，現実の教育行政はこれらの対立葛藤の中で展開されていると指摘する。また，教育行政の特質として，専門性や自律性の要求があり，この点が政治過程（＝合意形成）や管理過程（＝能率）との緊張関係を生み，教育の公的支配を特殊なものとしてきたとする。また，研究方

法をめぐり，①客観的認識を重視する「実証主義パラダイム」と，②行為者の主観的な意味付与過程を重視する「解釈学的パラダイム」の論争が紹介された。さらには，今後の研究領域として，①研究方法論，②組織論，③政策研究，④教育経済学，⑤ICTと教育などの課題を推進し，「新しい教育行政観」を示していくことの重要性が指摘された。

　第三報告の大桃敏行会員からは，教育行政の史資料分析の意義を題材として，教育行政の基礎理論と命題へのアプローチのあり方が示された。そこでは，今日的課題認識に枠づけられた歴史分析は，「歴史のつまみぐい」となる危険性がある一方で，それが現行制度モデルの相対化と，公教育の代替モデルの提示につながりうると指摘する。大桃会員は，教育実践と教育行政との関係を「モナカの皮と餡」にたとえ，「ポスト近代」志向のもと，皮と餡の関係が総体的に変わりつつあると指摘した。その上で，「教育に関する行政のあり様とその課題の解明」が教育行政学の命題であるとし，公教育の変動を次の形態への模索としてとらえる視座の重要性を示した。

　指定討論を務めた山下晃一会員からは，全体にわたる論点として，第一に，戦後教育行政学の基礎理論とされた「国民の教育権」論に際して，新たな理論枠組みは教育実践との関係が十分に練られたものなのか，また，その理論枠組みに持田理論を持ち出す場合，持田理論のどこに可能性を見出すのか，という論点が示された。第二に，「親学問」「子学問」という枠組みの設定をめぐり，教育行政学は，「親学問」ないし，他の学問領域とどのように向き合い，関係を構築していくべきか，という論点が投げかけられた。第三に，教育実践と教育行政との関係をどのように捉えるべきかという課題が提示された。そこでは，「モナカ」モデルに長短のあることが示され，教育実践と教育行政を一体として捉えることが重要ではないかとの論点が示された。

２．討論のまとめ

　質疑の序盤に論題となったのは，「親学問」「子学問」概念を教育行政学において如何に捉えるべきか，という点であった。これに対し，広瀬会員から

は，大学院時代に教育学の専門書よりも，経済学，政治学，行政学，法学などの専門書を学んだが，これらを「親学問」と捉えたことはない，それゆえ，「親学問」という発想自体が共有できない旨の発言がなされた。同様の経験を河野会員も共有し，「自分たちの教育行政学がどのようなものであるか」という理解に努めたとの見解が示された。渡邊恵子会員からは，アメリカの行政学と教育行政学の相違についての質問がなされた。アメリカ行政学においては，官僚を如何に統制するかという点に焦点があたるのに対して，教育行政学においては専門家の自律性を重視する。専門家を政治的に統制することと，一方で政治支配が及ぶこととの問題を如何に考えるかという論点が提示された。これに対し，大桃会員からは，スポイルズ・システムのもと，政治が公務員を支配する構造から，専門資格，採用基準などを通じた公務員の自律が模索されたこと，近年においては，行政と政治の融合論に傾斜していることが説明された。河野会員からは，行政学の論理のみでは教育行政上の問題を十分に解決できないという反省のなかで，教育行政学の概念が立ち上がってきたこと，また政治と教育のバランスをとる一つの手法として学校，教育委員会のアカウンタビリティが要請されているとの見方が示された。

次に，教育行政研究の理論枠組みに関わり，「教育権論」をどのように捉えるべきなのかという論点に対し，広瀬会員は「国民の教育権論」は，「教育を受ける権利」に軸足をおいた理論というよりも，つまみ食い的に採用することのできない精緻にできた体系であるとみるべきであり，その限界性が示されているとした。この回答に関連して，坪井由実会員からは，「国民の教育権論」は，憲法26条から出発する教育行政学という認識であること，また，憲法26条は，現在においてもなお実現されるべきプロジェクトであることが述べられた。またその実現にあたり学校，自治体における教育の「自己統治能力」が重要であり，それが問われたのが新型コロナ禍の休校措置をめぐる自治体判断であったとの見解が示された。

教育実践と教育行政の関係をどのようにとらえるべきか，という論点に対して，山下会員からは教育実践から教育行政を捉え直す一体性の必要性が問われた。これに対し大桃会員からは，多様な主体が教育に関わる中で，教育

自体のあり方が変化する，それによって教育行政のあり方や専門性が捉え直される必要があると指摘した。これに関わり，河野会員は教育の「管理」概念について触れ，教育の目標を達成する上での条件整備を意味するもとして，教育行政の役割が規定されることを示した。篠原岳司会員からは，教育実践と教育行政の双方を貫く概念として「教育のガバナンス」として捉えることが提起された。これに対し，広瀬会員からは，英国のハックニー学区の事例をもとに，教育の機能不全を是正する国家の機能として，持田の枠組みでいう「秩序を保障する国家の役割」を積極的に捉える必要があり，これが国家介入抑制論を乗り越える契機になると指摘した。

　教育行政学の研究方法と課題をめぐり，清田夏代会員からは，実証主義的アプローチと解釈論的アプローチの統合の可能性について質問がなされた。これに対し河野会員からは，両者を統合するという議論は存在しないものの，認識論のみでは十人十色の「カオス」が生じる恐れがある一方，実証主義アプローチの量的調査のみでは，その事象がなぜ起こるのかが説明できない。それゆえに，両者に一長一短があることを認識しながら，研究を進めていくことが必要であるとの回答がなされた。また，佐藤博志会員からは，河野会員のいう新型コロナ禍での「新しい教育行政観」とは何か，また，山下会員のいう次世代に伝えるべき教育行政学の魅力とは何かという質問がなされた。河野会員からは，Society 5.0のいう情報化社会への転換や，多様な主体が教育に関わる中で，教育行政のあり方も変容せざるを得ないとの見解が示された。山下会員からは，教育行政学は学校と社会の接点を考えながら，幅広い視野を持って，自己認識を深めやすい学問であり，オルタナティブがみえやすいという「おもしろさ」がある。これを次世代に伝えていくことが必要であるとの提起がなされた。

　上記以外にも紙幅の関係でお伝えできない質疑があったが，総じて，教育行政学の命題，基礎理論をめぐり多様なアプローチのあることが共有されたように思われる。これらのアプローチの多様性は，研究手法の一貫性や他学問領域との接合に難を示す一方で，教育行政学の領域的複合性とその「強み」，ないし，存在意義を示しているのかもしれない。

若手研究者のキャリア形成について

植田みどり （国立教育政策研究所）【1担当】

元兼　正浩 （九州大学）　　　　【2担当】

竺沙　知章 （京都教育大学）　　【3担当】

小野まどか （植草学園大学）　　【4担当】

1．はじめに

　今期の若手ネットワーク企画では，若手研究者のキャリア形成に焦点を当てた企画を計画している。そこで本年度は，研究者としてのキャリア形成の早期から，自らの研究課題を深めていくと共に，研究業績を意図的にかつ計画的に積み上げていくための心構えや取り組み方等について若手研究者自身が考える場とすることを意図した。

　まず元兼正浩会員より若手研究者のキャリア形成について，次に年報編集委員会委員長の竺沙知章会員より年報編集委員会の立場から，最後に，実際に学会紀要への自由研究論文の掲載経験をお持ちの小野まどか会員より経験談をお話しいただいた。各登壇者の発表の概要は次の通りである。

2．若手研究者（教育行政学関係）のキャリア形成

　最初の報告者である元兼会員は，自身の若手研究者の初期キャリア（論文査読，学位，公募，外部資金）への関わりについて紹介した後，Ⅰ．公募人事への対応，Ⅱ．学術振興会特別研究員の審査，科学研究費（研究活動スタート支援）審査のポイント，Ⅲ．優れた論文／優れていない論文とは何か，そして優劣以前の問題としての研究不正，研究倫理について，具体的な審査基準やコメント例で説明した。〈ジプシー投稿〉など致し方ない面もあるも

のの，院生当時に流行った鷲田小彌太『大学教授になる方法』に対し，「狭き門より入れ」と指導教員の小川正人先生から叱咤されたエピソードを紹介し，教育行政学研究者の立ち位置と教育界への責任の重みについて語った。

３．年報編集委員会からの報告：論文審査を通じて感じたこと

　年報に研究報告として投稿される論文について，査読において指摘される問題点は，研究目的，課題設定における学術的「問い」が曖昧であること／研究目的，課題設定と研究対象，研究方法，論文の結論との整合性に欠けること／研究方法の厳格性が欠けること／分析枠組み，主要概念の定義が不十分であること，などである。以上のような研究論文に必要な最低限の条件を満たすとともに，論文の核となる問題意識，課題設定，主要概念などへの自らのこだわりを大切にしてもらいたい。そのことが，中長期的には，研究の深化，自らの研究能力の向上につながると考える。

４．若手からの報告：自由研究論文が掲載されるまでの経験から

　小野会員は，「研究開発学校制度の成立過程に関する研究―46答申『先導的試行』以降の展開を中心に―」（『日本教育行政学会年報』No.44，2018年，105-121頁）が掲載されるまでを振り返り，その過程で得られたことを述べた。小野会員にとって，論文執筆や査読コメントを受けての修正作業は試行錯誤の連続だった。しかし，その過程を経ることで，焦点が当たることの少ない研究対象をいかに学会の研究の中に位置付けるか，論文のストーリーをどのように組むか，これらを考えることができ，研究を進める上での貴重な経験となったことを報告した。

　最後に，投稿に関する技術や戦略的なことだけでなく，社会との関わりの中で，何のために論文を書くのかという研究者としての倫理観や生き方の視点も大切にキャリア形成を考えて欲しいというメッセージが送られた。

Ⅳ　書評

福嶋尚子著『占領期日本における学校評価政策に関する研究』　　　　　　　　　　　　　　高橋　寛人

榎景子著『現代アメリカ学校再編政策と「地域再生」』　　　　　　　　　　　　　　　篠原　岳司

柏木智子著『子どもの貧困と「ケアする学校」づくり』

　　　　　　　　　　　　　　　　　　　　　福島　賢二

藤岡恭子著『ジェームズ・カマーの学校開発プログラム研究——米国都市における貧困家庭の子どもの学習支援の取り組み』　　　　　　　　　　　　　　　後藤　武俊

井深雄二著『現代日本教育費政策史』　　　　植竹　丘

青木栄一編著『文部科学省の解剖』　　　　渡辺　恵子

浜田博文編著『学校ガバナンス改革と危機に立つ「教職の専門性」』　　　　　　　　　　　　藤村　祐子

広田照幸編『歴史としての日教組』（上巻，下巻）　　　　　　　　　　　　　　　　　水本　徳明

大桃敏行・背戸博史編『日本型公教育の再検討——自由・保障・責任から考える』　　　　　　　　　　　　　　　　　武井　敦史

福嶋尚子著
『占領期日本における学校評価政策に関する研究』
（風間書房，2020年，410頁）

高橋　寛人

1．本研究の成果と意義

　本書は2020年度に日本教育行政学会の学会賞を受賞した研究書である。研究の目的は，「新制高等学校の水準保障のための仕組み形成の観点から，占領期日本における高等学校を対象とする学校評価政策について，その展開と特徴を明らかにするとともに，当時の学校評価政策の現代的意義を検討することである」と記されている（1ページ）。

　この目的にそくして本書を説明するならば，新制中学校・高等学校発足期における中等学校とくに高校の水準保障・向上策との関係で当時の学校評価構想の意義を明らかにし，それをふまえて現代の学校評価のありかたについて提言したものであると言うことができる。しかし本書は，学校評価にとどまらず，現代の学校の基準の設定主体のあり方や，水準の維持向上のための方策を検討する上で，参考となる多くの貴重な知見を提供している。また，占領期における中等学校改革の研究の面でも大きな意義を有している。学校制度の改革過程だけでなく，新制中高等学校の教育の質の向上のための方策という，従来検討されていなかった側面にも目を向けているからである。

　学校評価に関する研究は，1998年中教審答申「今後の地方教育行政の在り方について」が，学校の自己評価の実施を提言してからさかんになった。研究の主流は，学校評価制度のあり方をめぐる考察，文科省による学校評価ガイドライン策定後の自治体や学校での取組の検討，あるいは諸外国における学校評価システムの紹介などである。

　実は，戦後間もない時期にも学校評価が行われていた。当時文部省で学校評価を担当していた中等教育課職員の大照完によれば，学校評価は「全国的に大きな関心をよび起した。すなわち，三重，福島，山形，栃木，青森の各県及び神戸市その他

において，早くも同年（1950年）中に，普通教育の分野における学校評価計画がそれぞれ相当な規模をもって実施された」という（大照完「学校評価について」『文部時報』1951年5月号，16ページ）。

そして，文部省は1951年6月に『中学校・高等学校・学校評価の基準と手引（試案）』（以下『試案』と略記）を刊行した。ここでは学校評価目的を「学校が自ら，あるいは外部の援助を得て，自校を改善するための活動」であると記している。「学校の格付けを行い，または，校長や教師の勤務成績を評定して，監督上の資料とするためのものではない」と念を押している（『試案』3ページ）。学校評価基準策定のために，校長・教諭・指導主事・文部省職員・大学教員ら41名という大人数によって構成される「文部省内学校評価基準作成協議会」がつくられた。『試案』の内容は，解説と評価基準，そして評価の際の着眼点等を記した手引で，合わせて200ページに及ぶ。学校を評価する評価基準が約70ページを占めており，評価項目が大項目・中項目・小項目に分かれている。1ページにほぼ1行あたり1つずつ評価の小項目が記されている。小項目の評点をもとに中項目の評点を計算し，それを合算して大項目の評点を出して自己評価を行う。自己評価の他に訪問委員会による協同評価も行われる。このメンバーは「他校の校長と教師が大部分をしめ，大学の教授や指導主事がこれに加わる場合が多い」と書かれている（『試案』7ページ）。

学校評価の歴史について日本側の文書を用いた研究は存在するが，どうしてこの時期にこのような学校評価基準が策定されたのか，当時の教育改革といかなる整合性を持つのか，その謎を解き明かすには至っていなかった。

本書は，これまでの学校評価史の研究では用いられてこなかったCIE文書その他の第一次資料や米国の文献を検討することによって，占領期における学校評価導入の事情を実証的に解明したものである。占領期の学校評価が新制高等学校・中学校の水準保障・水準向上方策の一つとして構想されていたこと，さらにその前提としてCIEが中等学校についてもアクレディテーション制度を導入しようとしていたこととの関連を明らかにした。

占領下の改革については，日米の担当者間で相互の意見・方針の違いを理解した上で対立するケースと，前提の違いを互いに認識できないまま改革が進み，ある時点でそれが表面化する場合がある。また，占領終結まで表面化しないこともある。アクレディテーションについては，改革の中途で日米間の相違が認識された。大学の場合は形ばかり取り入れられたが，中等学校では導入されることはなかった。

2. 各章の概要

上述のように，本書は，占領下において『試案』が作成される事情を，CIE文書

や当時の米国の文献に基づいて明らかにしている。それをもとに，現代日本の学校評価のあり方に対する批判と提言が終章で述べられている。

序章は一般の研究書と同様，研究課題，研究方法，先行研究，構成を記している。

第1章「学校教育法制定以前の学校制度改革—学校基準構想の萌芽」は，学校教育法・同施行規則制定時における学校の水準保障に関する規定等を検討している。文部省とCIEとの間で，認証（アクレディテーション）と認可をめぐる理解に齟齬があったが，相互にそれを認識できないまま検討が進んだ。

第2章「高等学校設置基準における学校の水準保障構想」では，高等学校設置基準の制定過程を分析している。ここでも文部省とCIEとの見解の相違により，高校の基準設定は難航した。第1に，そもそも新制高校像について隔たりがあった。第2に，地方分権化をめぐる対立のために，文部省と都道府県の権限関係が問題となった。第3は，第1章で述べられたように，CIEは高校の認証評価（アクレディテーション）制度を実施しようと考えていたが，文部省側はこの制度を理解できていなかった。学校教育法・同法施行規則や高等学校設置基準の制定過程についてCIE文書を用いた先行研究として三羽光彦著『六・三・三制の成立』（法律文化社，1999年）がある。同書は，高校にアクレディテーション制度を導入しようと試みたことを明らかにしている（第7章第3・4節）。本書第2章は，この先行研究を踏まえて，学校の水準の確保・向上の観点から新たな検討を加えたものである。

第3章「農業高校を対象とする学校評価構想の浮上・形成」は，CIE職業教育担当官のネルソン（Ivan Nelson）の学校評価への取り組みを検討している。ネルソンは，第4期IFEL農業班の講習計画を作成して講師も務めた。3か月間にもわたる長期の講習に参加した教員たちは学校評価を研究し，『教育の協同評価——農業教育への摘要』をまとめた。

第4章「IFELにおける学校評価論の特徴」は，『教育の協同評価——農業教育への摘要』の分析である。同書の内容の検討を行った先行研究は存在するが，本研究のオリジナリティは，日本語版・英語版の草稿や他の図書に掲載されたネルソンの論文等々を用いて，ネルソン側の意図を明らかにした点にある。

第5章「中等教育における学校評価構想の浮上・形成」ではとくに第2節で，従来解明されていなかった次の事情と経緯を明らかにしている。1950年はじめ前出の大照完はCIE中等教育担当官のオズボーン（Monta L. Osborne）に対して，米国のアクレディテーションに関する情報の提供を求め，この制度の検討をはじめる。しかし，6月になるとアクレディテーション制度をあきらめ，学校基準・評価制度の研究プロジェクトにかわる。

そこで，学校評価基準作成協議会が編成され，全米中等学校評価基準研究（the Cooperative Study of Secondary School Standards）の研究成果であるEvaluative CriteriaおよびHow to Evaluate a Secondary Schoolを参考に，学校評価基準案の作成がすすめられる。こうして翌年6月に，『試案』が刊行されるのである。第6章「中等学校段階における学校評価制度の特徴」は，学校評価基準案作成の際に参考にされた米国の前記学校評価基準と『試案』の比較検討である。終章は，本研究のまとめと現代の学校評価への示唆である。

3．占領期の学校評価構想からの示唆

著者は，新自由主義改革の流れの中で登場した現代の学校評価政策においては，教育活動の質の保障は学校や教職員に課され，国・自治体・教育行政機関が免責されがちだと批判する（8～9，381ページ）。本書終章では，占領期の学校評価の研究を踏まえて，現代の学校評価について次のような提言がなされている。

占領期の学校評価は教育条件の水準向上機能を有していた。教育活動・学校経営だけでなく，卒業要件などの教育課程基準，施設・設備，教員配置なども評価対象となっていた。しかし，現代の学校評価は，これらは所与の条件となり，「問題点を自助努力で修整・改善していくこと」が要求される構造となった（381ページ）。

次に，現在の2016年版学校評価ガイドラインでは，小中高等学校・中等教育学校・特別支援学校の学校種を包括して対象にしている。しかし，各学校の改善を目的とする学校評価を行うためには，学校ごとに固有の基準が必要であると述べている。そして，評価主体の問題である。中等学校段階におけるアクレディテーションは実現を見なかったが，アクレディテーションとは，自己評価をもとに学校の設置者・管理者から独立した組織によって，教育専門家が行う評価である。学校の外部評価・第3者評価はこのように，行政から相対的に独立した機関で，教育専門家によって行われるべきである。

以上のように，占領期における学校評価構想をもとに，現代の学校評価に対して批判的に提言を行っている。評者もこれらの提言に賛同する。とはいえ，本書を読んだ後に，1951年に作成された『試案』を見直したところ，原理的側面以外にも今日の学校評価の改善に資する事項が少なくないように思われた。『試案』の評価項目や評価の着眼点などの中に，今日の学校評価の改善に役立つ具体的事項としてどのようなものがあるか，多くの学校評価に関わる研究者による追究が期待される。

（横浜市立大学）

榎景子著
『現代アメリカ学校再編政策と「地域再生」』
（学文社，2020年，274頁）

篠原　岳司

1．はじめに～本書の視点と評価の視点～

　本書は，著者が2016年に神戸大学大学院人間発達環境学研究科より博士（教育学）の学位を授与された学位請求論文「現代米国都市部における学校再編政策の特質と課題に関する研究―『地域再生』との連関に焦点を当てて―」に加筆修正をおこない刊行したものである。

　本書の目的は，アメリカの都市部における学校再編政策が「地域再生」との連関で進行している点に着目し，その特質と課題を明らかにすることにある。この研究は「子どもの豊かな育ちの保障に向けて，それを支える大人の営みや地域空間とはいかなるものか」（265頁）という問題関心から始まっている。経済発展優位の都市再開発政策に影響を受けるアメリカ都市部の学校再編の動向に着目しながら，単にそれを悲観し否定するだけではなく，「教育・発達の相から問い直し，組織化する道筋を明らかにすることで，（略）もう一歩深く理想を練り上げていけないか」と著者は述べる。その問題意識は「地域と教育の新たな展望」を描き出そうとする人々と出会い，子どもや地域への願いや教育への理想，またその過程における苦悩に直に触れてきた研究の歩みに基づいている。

　教育行政学の今日の研究動向が，ともすれば国家，そしてローカル行政機構の政治過程や行財政過程を対象にする研究が多い中で，ローカル局面においてもさらに草の根の，保護者や地域住民等による自治過程，教育意思形成や学習の過程に着目し，それらのアクターから発意する子どもや教育への願いを軸にしながら教育制度，教育政策を統一的に把握しようとする研究は，近年において極めて珍しいと言える。しかし，それらがいかなる統治過程・行政過程と結節し，いかなる複雑性を備え創造・維持・発展をしていくか，その過程を実証的に解明しようとする研究は，教育

行政学のかねてからの問題意識とも接合しよう。中でも地域教育計画策定に注目し，住民の生活世界と教育・発達が重なり交わりながら，地域のあり方と教育意思を統合し，計画化していく過程を明らかにした本研究は，教育行政を民主的に規制しながらその地域における多様な層による統治と行政財政の構造を創造的に問うものとも評せる。また本研究は，それを捉えるための枠組みや概念装置の更新を訴え，その必要性の実証に取り組んだ研究である。近年の教育行政学研究において重要な提起をもたらしていると言えよう。

以下，本書の構成および内容を端的に紹介した上で，本書（本研究）の意義や今後に向けての論点を述べてみたい。

2．本書の構成と内容

本書は3部構成であり，補章と終章を含め全8章からなる。各部の題は，第Ⅰ部「学校再編政策の理論的検討」（第1章，第2章，補章），第Ⅱ部「地域との関係を軸とした学校再編政策の展開と課題―オークランド統合学区の事例から―」（第3章，第4章，資料紹介），第Ⅲ部「グローバル化時代における学校再編政策と住民自治―シカゴ学区の事例から―」（第5章，第6章，資料紹介）であり，最後に終章で研究の総括がなされる。以下，各章の概要を紹介していきたい。

第1章（以下，章題は割愛）では，本書を貫く課題の提示とその定義化，また関連する先行研究の検討，その上での研究方法と対象の説明がなされる。著者が注目する括弧付きの「地域再生」の表記は，それを単に“善きもの”と捉えず，その複雑性や葛藤に目を配り，「誰のため」「何を持って」の「地域再生」であるかを追究することに主眼が置くためである。著者は，先行研究を整理する中で，学校再編政策と「地域再生」の連関が充分に深められていない背景に，①個別学校への作用・効果への限定的な関心，②他領域の政策との連関への目配りを欠いた教育政策研究の傾向，そして③抵抗運動から建設的批評・地域教育計画策定に照射・架橋する視点の不十分さを指摘している。また，それを受けた分析の視点として「政策の作用」「政策内容」「政策形成過程」を重視し，学校再編政策を公権力と住民の相互作用の下で捉えることを表明する。

第2章では，学校再編政策の本格化につながる学校管理手法「ポートフォリオ・マネジメントモデル（PMM）」の理論上の特質と課題が検討されている。PMMは，学区全学校を一元的に捉え学区全体で児童生徒の教育ニーズを満たすと共に多様で質の高い自律的学校群を成立させる目的を持つ。ここでは，PMMが従来の学校管理スキームや学校再編のあり方をその総合調整的機能と統治技法によって変容させ

る利点がある一方，個別学校の再編への抵抗感を減少させ再編が平時化する恐れも指摘される。続く補章では，個別学校の教育改善の視点として，後の学区の事例でも登場するスモールスクール改革の理論検討が行われている。

オークランド統合学区を事例とする第Ⅱ部の第3章では，学校再編政策に関わる住民の政策過程への関わりの例として，住民がその必要性を認識し学習していく「コミュニティ・オーガナイジング（community organizing）」の過程と，その過程を通じた学校再編政策の形成について明らかにされる。そこには，都市貧困層の連帯やエンパワーメントの土台，教育制度を生活現実や地域間関係から捉え直す「学び」の組織化，そして持続的な改善のための「関係性の文化」の構築が見られたことが特質として析出される。

第4章では，その学校再編政策を実施する学区教育委員会の政策内容と政策展開について，新たな困難にも注目している。中でも学校への権限委譲と学区から学校への支援のあり方が再検討され，PMM導入による総合調整と包括的支援に比重を移す過程が明らかにされる。この政策展開は，学区が各校の自律性をときに抑制しつつ住民と教育専門家間や学校間の対話と相互学習を促し，地域での新たな教育関係を形成していく漢方薬的な「地域再生」政策として意味づけられる。

シカゴ学区を対象とする第Ⅲ部の第5章では，シカゴ市における「ジェントリフィケーション」の学校再編政策への作用を検討している。そこでは，教育政策が都市戦略構造に組み込まれることによる，教育による発達保障が疎外される恐れ，そして学校再編と「地域再生」の一体的促進が他校や他地域に対する排他的特質を持ちうる点が確認されている。

第6章では，上記の学校再編政策に対する住民からの異議申立てに注目し，それが単なる抵抗運動ではなく，「地域教育計画」の策定と呼ぶべき住民主導の実践に展開していたことを明らかにする。その地域教育計画策定は，単一学校ではなく地区の小中高6校のネットワーク単位でビジョン形成が進められ，学校組織運営の工夫から成績向上も独自に進めていく対抗的教育政策立案の性格も有していた。著者は，この計画がシカゴ学区に承認されなかった点に触れつつも，児童生徒の発達保障を中核に個人と社会の矛盾を乗り越える，地域の「内発的発展」と主体形成の連動の展開として意義づけている。

終章は，本書全体の知見の総括と結論として4点が示される。第一に，政策形成過程における行政・住民間の相互作用について，両学区事例より見出される住民側の「コミュニティ・オーガナイジング」を土台とした相互作用に著者は可能性を見出す。第二に，政策作用としての他校・他地域への波及効果の課題について，学校

再編と「地域再生」の一体的取り組みが排他的性質を持つことがないよう留意する必要性が指摘される。それゆえ第三に，政策内容における単位学校中心主義の問い直しが主張される。他との関係が捨象されがちな単位学校中心主義の消極性を乗り越えるものとしてPMMの実施例に可能性を見出し，総体主義・全体性へのパラダイム転換を進める意義が主張される。第四に，地域の総体的な教育関係の編み直しについて，第6章におけるシカゴ・ブロンズビル地区の地域教育計画策定に再度触れている。わが国への理論的・実践的含意としては，地域教育計画策定過程に見られる地域での複数層（レイヤー）の拡がりと統合・包括の視点，そしてそれを教育・発達の相から問い直す動態を捉える理論枠組みや概念装置の未発達が指摘される。また，今後の課題として，地域空間の複合性との対応関係で教育制度を見通す教育制度空間論の追究の必要性が述べられている。

3．本書をめぐる論点

著者の研究は，教育行政における住民自治の意味を行政単位や学校単位の中間にある地域空間の層に見出していた。それは，従来の行政単位や学校単位とは異なる生活世界と連結した自治を教育の統治構造に結びつけ論じる必要性からであり，その点で評者も大いに刺激を受けたところである。

そのことを述べた上で，最後に著者と議論したい点を述べてみたい。それは，このような地域空間を単位とする中間的レイヤーと従来の統治構造・過程との往還が，制度としていかに構想，構築しうるかである。例えば東京都中野区の教育委員会準公選制運動における当時のその活発な実践も，政治的反作用の影響もあり，区の包括的な統治構造を再創造するのは大変な難題であった。その意味で教育行政学は，住民の自己学習や主体形成を基軸にした住民自治が政策との矛盾を乗り越え往還し相互作用する統治構造・過程を教育ガバナンス論として論じつつも，未だ成熟は見ていないと言える。著者の主張を理解する限り，その成熟の鍵は第3章の小括（99-101頁）にあるか。そこでは，その中間的レイヤーにおいて住民の潜在的意思の掘り起こしや教育にかかる自治能力の発達が期待され，それを支援する専門的機能の解明の必要性が示されている。では，これら社会教育学では馴染みの議論を教育行政学がいかに問えるのだろう。もしかしたら，本書の核心的示唆は，制度を作る人間の形成や教授・学習の過程を学的射程に捉えるための，今日の教育行政学のアンラーンであるかもしれない。

（北海道大学）

柏木智子著
『子どもの貧困と「ケアする学校」づくり』
(明石書店，2020年，272頁)

福島　賢二

1．社会的背景と本書の目的

　2014年「子どもの貧困対策の推進に関する法律」が施行されたことによって，学校が子どもの貧困対策の拠点として位置づけられるようになった。しかし「学校が，特に教師が，子どもの貧困にどう取り組めばいいのか」法に示されているわけではなく，「学校のさまざまな教育活動をどうするのか，学校をどう運営・経営するのかなど，考えなければならない多くの本来的な事柄がある」（p.ⅱ）。こうした問題意識のもと「教師の中心的な業務としての学習指導に着目し，教師のなしうる貧困対策を具体的に提示すること」（p.ⅱ）を目的に本書は編まれている。

2．本書の構成と概要

　本書は全10章のⅢ部構成となっている。第1章から第3章で構成される第Ⅰ部は，理論編として調査データをもとに子どもの貧困に関する理論が検討されている。第4章から第8章で構成される第Ⅱ部は，事例編として貧困に抗する学校の取り組みが調査データをもとに述べられている。第9章と第10章で構成される第Ⅲ部は，結論編として「ケアする学校」の要件と普及に向けての提案がなされている。各章の概要は以下の通りであるが，紙幅の都合で一部割愛する。

　第1章では，貧困の定義についてタウンゼントの議論の検討が行われたうえで，社会的排除の視点を追加した定義づけがされる。次いで貧困の実態について検討される。そこでは経済的困窮だけに還元されない複合的困難，すなわち物質的に剥奪された状態が文化的剥奪や関係的剥奪へと発展するという剥奪の複合性が指摘される。この複合的困難によって子どもは「学習活動への十全なる参加をすることができないばかりでなく，それによって市民としての権利を享受するための力量形成を

図れず，将来においても社会に十全なる参加をしにくい状況に置かれる」ため，「学校は，子どもの学びの権利を実質的に保障し，子どもの人間としての尊厳やウェルビーイングを保持する活動を通じて，積極的に貧困対策を講ずるべき」という課題意識が提示される（p.24）。

第2章では，貧困で困難を抱える子どもの対応について検討される。著者は「日本の教師は，困難を抱える子どもの支援にこれまでも取り組んできた」としながらも，「困難を抱える子どもが排除されやすい学校の現状」（p.43）すなわち「差異を目立たせずに，『みんな同じく』処遇することを原則とする学校文化が，自明のものとして受け入れられ，深く根づいている」（p.44）ことを問題視する。

第3章では，「みんな同じく」とする平等観についての理論的検討がなされる。そこでは潜在能力アプローチの検討を経てケア概念が注目される。「異なる処遇を重視する教育活動は，ケアから派生する教育活動である」（p.66）と著者が解釈するように，「みんな同じく」処遇する教育から，差異を前提に異なる処遇をする教育への転換には，ケア概念が有効であると提起される。こうした理解から著者は，貧困に抗する学校を「ケアする学校」として読み替えていく。

第4章では，第5章から第8章で記述される調査の概要が述べられている。

第5章と第6章では，貧困に抗するカリキュラムと学習環境をもつとされる学校が調査データをもとに紹介される。第5章では，地域と学校に誇りがもてない生徒の意識を改善するための地域学習の概要と，その学習を通じて子どもの意識がどう変化したかについて述べられている。第6章では，複合的困難な状況にある子どもに対して，物質・文化・関係という三方面から支援が行われている学校の取り組みが紹介されている。第7章と第8章は割愛する。

第9章では，調査を通じて得られたことを貧困に抗する要件としてまとめている。その要件とは「①物質的・文化的剥奪を防ぐ，あってはならない差異を埋めるための異なる処遇，②子どもの差異を尊重し，選択の自由を認める，あってもよい差異を認めるための異なる処遇，③異なる処遇とそれによる人権保障に取り組む地域をモデルに，子どもたちの批判的思考とケアする能力を育むカリキュラム」（p.229）として見出される。これらの要件が揃うことで「学校は，子どもの排除を生み出す仕組みを排し，ケアの倫理を基盤に子どもを包摂する文化を創造することができる」（p.230）のだと著者によって結論づけられる。

第10章では，貧困に抗する学校，すなわち「ケアする学校」の普及に向けて，教員の勤務シフト制の導入や退職教員の活用など，具体的提案がなされている。

3．本書の価値と評価

　まずもって貧困家庭の子どもへの支援のあり方や政策形成へつなげる情報と示唆が盛り込まれた書籍という点で高く評価できる。著者もいうように「子どもの貧困の解決が政策的アジェンダとなり，さまざまな対策が講じられようとしている。その中で，学校は貧困問題に取り組むための中心的拠点として位置づけられている」。にも関わらず，何をどうすればよいのか，学校も行政も分からず，手が出せない状態になっている。本書はこの状態に風穴を開けるものとなるだろう。

　貧困対応の難しさは，経済的剥奪に留まらず文化的剥奪や関係的剥奪を伴うため，支援の内容や方法が一義的に定められない点にある。さらに解決を難しくしているのが，支援をする側の中心となるべき行政機構が，部署単位で構成されているため，支援が部署ごとに分節化して行われ剥奪状態を包括的に把握できない状態で支援が行われている点にある。こうした行政による支援のあり方への代替となる学校での包括的支援を紹介することで，学校やそれを支援する行政が今後何をどうすればよいのかという具体的内容と方法を本書は示してくれている。もちろん学校を拠点とした包括的支援が，教師の多忙化に拍車をかけるという点においてかなり慎重な議論が必要であるが，貧困解決の方法という一点だけでみれば，解決方法の道筋が示されているという点で，貴重な研究成果であるといえる。

　学校を貧困解決の場としてあえて評価した点についてもその意欲は評価したい。ただ，その取り組みが成功しているかは，次節の不明点に関わって留保しておく。

4．本書の不明点と問題

　本書には，不明点と問題だと思われる箇所が少なくない。三点に留めて記す。

　第一に，実践編においては調査とそこから得られたデータを使って解釈を導くことがなされているが，データと解釈の間に根拠が十分に示されているようには思えない箇所が散見される。例えば，子どもの成果発表の言葉を引用した後に，「かれらは，権利や尊厳という言葉こそ使用しなかったものの，人権保障や人間としての尊厳およびウェルビーイングと結びつけてケアを語っていた」（p.93）と著者は述べるが，どの言葉からそう解釈できるのか。別の箇所でも，「社会構造の問題について，子どもが自分の言葉で問いかけ，語りつつあるのがわかる」とか「自他の人権保障について学んでいるのがうかがえる」（p.99）と解釈しているが，そういえる根拠はどこにあるのか評者には分からなかった。そもそもここで記されている子どもの声は，生データなのであろうか。というのも，本書全体を通じて語りはほぼ

すべてが標準語になっているが，方言のままになっている箇所もあり（例「大変やの」p.88），データを著者が変換しているように思われる。そうだとすると，方言の変換のみならずそれ以外のものも変換している可能性が指摘でき，語りのデータの変換過程において，生データではなく著者の解釈が入り込んだデータとなっている疑いがある。そうしたデータは通常データとしての価値が疑われるため，そのデータから導かれた解釈は当然妥当性が問われることになる。

　第二に，教師の実践を過剰に正当化しているような印象を受ける。例えば第5章では地域への誇りを子どもに持たせる地域学習が貧困に抗するカリキュラムであると意義づけられているが，客観的にみるとそれは教育基本法第2条第5項の「郷土愛」を育む道徳教育のようにもみえる。著者は教師による価値強制の印象を回避するためなのか学習過程で教師が子どもの思いを大切にしていることを強調する。しかし実際に授業では「誇りをもつ」という明確な価値が据えられている。しかも学習の最後に「このまちの一番素敵なところは」という制約のなかで子どもが発言を迫られ，子どもは「いい人がいっぱいいることです」「外国人が楽しめるまちです」（pp.107-108）等という発言をしている。この発言は子どもの本心なのだろうか。教師が求める解を子どもが察しそう発言する，巷に溢れる道徳教育と重なるようにみえるのは評者だけであろうか。教師を取り巻く社会構造を考慮すれば教師の聞き取り情報を軸に解釈を導くことは慎重になるべきだろう。

　総じて本書は，データから解釈を導くというよりも，著者の規範的解釈が先行してあり，そこにデータをのせてきていると判断される余地を残したものになっている。研究者や教師の規範意識が不平等を再生産している学校の姿を覆い隠してきたことを見破ったのが文化再生産論であるが，学校の価値に先行的価値づけをすることで，そうした点を見落としてはいないだろうか。教育学研究に纏わりついている「こうあるべき」という規範意識を一旦相対化する姿勢が必要となろう。

　最後に本書のキー概念となっているケアや差異という概念について。こうした概念は社会哲学で先行使用されてきたが，本書の使用方法はそれらとズレがあるように評者にはみえる。概念の使用方法について丁寧な説明がいるのではないか。

　とはいえ，子どもの貧困解決へ向け迅速な対応と政策形成が急がれる状況において本書は，貧困解決に向けた具体的方法や提案が示されているという点で，研究者のみならず，学校教師や教育行政，そして一般行政やNPO法人など，貧困対応に関わる多くの関係者に読まれるべき価値ある書籍であると確信している。

（埼玉大学）

藤岡恭子著

『ジェームズ・カマーの学校開発プログラム研究
──米国都市における貧困家庭の子どもの学習支援の取り組み』
(風間書房，2020年，485頁)

後藤　武俊

1．本書の概要

　貧困家庭の子どもに対する学習機会保障が政策課題となって久しい。対策としては，スクールソーシャルワーカー（以下，SSW）の配置や高等学校等就学支援金制度などが普及し，民間レベルでも「子ども食堂」や無料塾といった取り組みが広がっているが，貧困を生み出す社会構造が厳然と存在するなかで，自治体や民間企業，NPO，あるいは有志の個人による様々な取り組みが統合されることなく散発的になされている状況といえるだろう。こうしたなかで，本書の刊行は大変時宜に適ったものと評価することができる。本書で示される米国における貧困家庭の子どもへの学習支援の成功事例は，すべての子どもが十全に学ぶ機会を保障されるために学校関係者に出来ること／すべきことの指針を日本の研究者・教育実践者に示すものとなっている。以下，本書の概要を簡単に紹介したうえで，その意義と残された課題について述べることとする。

　本書は序章と終章を含む全7章で構成されている。序章では，本書の対象である「学校開発プログラム（School Development Program）」（以下，SDPとする）の概略と本研究の分析枠組が述べられる。SDPは，コネティカット州ニューヘイブン学区教育委員会とカマー（James P. Comer）を中心とするイェール大学研究者との共同学校改善プログラムであり，同学区で学力最下位にあった2つの小学校の改善に取り組むものとして始まった。SDPの焦点は，学力向上を直接的に目指すというよりも，子どもの全面的発達を目指す「学校風土（school climate）」を創り出すこと，そのために親の学校参加や教師の専門職共同体の形成を重視するところにある。その最初の実践校は，黒人・貧困家庭の子どもが99％以上を占めていたが，10年間の取組を通じて学区で最上位の学力達成校へと変貌を遂げた。これを出発点として，

現在では全米で1,000校を超える学校でSDPが実践されているという。序章では，本研究がSDPの生成過程と「学校風土」開発の多様な側面に関する事例分析であることが示される。

　第1章では，SDPの生成過程とプログラムの理論的枠組みが分析されている。ここで注目されるのは，SDPの開始当初から，学校関係者の関係性の変容が重視され，なかでも多面的な親の参加が子どもを取り巻く大人たちの「肯定的な関係性の風土」（98頁）の土台として位置づけられていることである。これは，カマーが提示する「子どもの発達の理論的枠組み」の中心概念である大人同士，および大人と子どもの間の「肯定的な相互作用」にも通じるものであり，多様な主体の参加が理論の中核に位置づけられていることが分かる（100頁）。

　第2章では，初期のSDPにおけるカリキュラム開発の事例が検討されている。具体的には，「多様な他者との相互交流や多様な機会にアクセスする経験の不十分さ」（129頁）を克服することを目指した「ソーシャルスキル・カリキュラム」が開発され，当該地域の人々の「生活状況における制約を意識化し，その克服に向けた『考え方』を学ぶこと」，それを通じて「将来の市民としての社会的・政治的参加に通じる経験」の獲得が重視されてきたことが示される（144頁）。

　第3章では，人種的マイノリティや貧困家庭の子どもの学力向上について，70年代後半から有力な理論として提唱され，英米で実践されてきた「効果的な学校」研究との比較を通じて，SDPの特徴が描き出される。ここでSDPと比較されるのはエドモンズ（Ronald R. Edmonds）の「効果的な学校」研究である。両者は，学力向上への道筋の捉え方，親の関与の位置づけ，研究者の学校関与のあり方といった点で質的な違いがあることが明らかにされている。

　第4章では，SDPプログラムの構成要素である「生徒・教職員へのサポートチーム」の役割が分析されている。これは，校長のほか，学校心理士，ソーシャルワーカー，カウンセラーなどの援助専門職で構成されるチームであり，問題を抱える生徒への対応や，「学校風土」改善へのアドバイスを行う。その特徴として指摘されるのが，チーム内の援助専門職同士の関係だけでなく，教師や親への指導助言においても「対等性」が重視されていることである。特に，問題を抱えた生徒への対応においては，チームが親を指導するのではなく，チームの会議に親が参加する権利が保障され，「当該子ども・親と共に問題解決方法を探求するために必須の参加者として，親参加が位置づけられている」（198頁）とされている。

　第5章では，SDPを対象とした先行研究が再検討される。分析の対象はSDP関係者によるアクション・リサーチを中心としたものであり，この検討作業を通じて

SDPの「学校開発」の重要な指標が「学級風土」および「学校風土」の開発にあることがまとめられている。

第6章では，「学校風土」開発のツールとして用いられる，教職員，児童生徒，親それぞれを対象とした「学校風土調査」尺度の内容が詳細に分析されている。「学校風土調査」とは「生徒の成功に影響を及ぼす学校の諸要因」を分析し，教職員が「生徒の成功へのキャパシティを支援し発達させる」方法を検討するためのツールであり，SDP実践校の自己評価指標として活用されている（238頁）。ここでは，尺度内容の分析とともに，この「学校風土調査」の分析を行う大学研究者の学校支援のあり方が当事者へのインタビューに基づいて分析されている。

第7章では，SDPの実践を支える学区教育長のリーダーシップの性質と，そのもとで実践されている近年のSDPプロジェクトの具体例が検討されている。ニューヘイブン学区のメーヨー（Reginald R. Mayo）教育長が目指すのは，「すべてのステークホルダーの協働」による問題解決とそれを促進する「共有型リーダーシップ」の態勢づくりである（298頁）。具体的には「学区カマー・ファシリテーター」と呼ばれるSDP実践校へのアドバイザーを雇用し，このファシリテーターが各学校の様々な委員会に出席したり，教育長と親との「対話集会」を組織したりして「各学校の親リーダーのニーズを聴き取り，親と教育委員会との対話と協働を創り出す」（306頁）取組がなされている。こうした活動を通じて，学区教育委員会では，NCLB法の下にあっても，「テスト得点結果への懲罰的措置を下す指揮監督権を行使することなく」（320頁）学習環境の質的向上に向けた指導助言が実現していること，その重要なツールとなっているのが「学校風土調査」であることが明らかにされている。以上が本書の概要である。

2．本書の意義と残された課題

本書では，多面的な親の参加と専門職共同体の創出を中心とする組織運営のあり方を中心に，個別のカリキュラム開発から学区教育委員会による指導助言に至るまで，子どもの全面的発達保障の理念がニューヘイブン学区のSDP実践事例において一貫していることが明らかにされている。

注目されるのは，「学校風土」の改善にとって親の参加が中心的に位置づけられていることである。親の学校参加は，その必要性・重要性に反して実現が困難とされ，実現したとしても一部の親の意向の反映になりがちなことや，教師の専門的実践との葛藤が想定されるなど，理論的には多くの困難を抱えていることが従来指摘されてきた。しかし，SDPでは，貧困家庭の親の参加という最も困難な課題を改革

理念の中心に位置づけ，多面的・重層的な参加のルートが開発されてきた。近年の熟議民主主義論では，意思決定の場への参加だけでなく，それを支える意見形成の場の重要性も指摘されてきたことを踏まえれば，教育長と親との「対話集会」をはじめ本書で示される親参加の多様な手法は，今後の学校参加論の理論的・実践的深化にもつながると考えられる。

　また，第4章で分析されている援助専門職の学校組織運営過程における位置づけや活用のあり方も興味深い。近年，日本ではSSWの拡充が進んでいるものの，配置・派遣先となる学校内の組織運営上の位置づけが明確ではなく，その力を十分に発揮できていない場合も多いとされる。SDPでは，援助専門職同士の対等な関係性とお互いのエンパワメントが重視されているが，そうした関係性を生み出すための組織運営上の工夫からは多くの示唆を得られるだろう。

　一方で，本書はSDPに関する「分厚い記述」として高く評価できるものの，分析から得られた知見の一般化可能性や改革手法としての妥当性については十分に検討されているとは言いがたい。例えば，全米に1,000校近いSDPの実践校があるとされるが，本書で示されるような学区と大学研究者との協働的関係や，学区による「共有型リーダーシップ」を重視する指導助言行政といった好条件を持ちえない事例も多くあろう。そうした事例でもSDPは着実な成果を上げているのか，あるいは何らかの課題に直面しているのか。もちろん，SDPの実践は，学区や学校ごとに極めて多様であることが予想されるため，全米的な傾向を捉えることは難しいだろう。しかし，成功事例だけでなく不利な条件下でSDPに取り組んだ事例や失敗事例も加えた比較分析を行うことで，SDPの一般化可能性や個々の組織開発実践の妥当性を判断するためのより多くの材料が読者に提供されたであろうと考える。ニューヘイブン学区内でも実践校の間では改善の度合いに差異があったと考えれば，学区内での実践校間の比較があってもよかったかもしれない。

　また，親の参加に関しても，本書からは多様な手法が分かるとはいえ，実際にどの程度の親が参加しているのか，やはり一部の，貧困地区とはいえ意欲ある親のみの参加ではないのか，といった点は十分に検証されているわけではない。学校参加論における懸念事項は依然として残されている。

　しかしながら，文書資料のみではなく，当事者への詳細なインタビューと，プログラム内の各種実践に関するフィールドノーツをもとに，特定の改革プログラムの生成過程とその実践の内実を明らかにした本書の功績は非常に大きいと言える。これに続く著者の研究のさらなる発展に期待したい。

（東北大学）

●書評〈5〉

井深雄二著
『現代日本教育費政策史』
(勁草書房，2020年，1,374頁)

　　　　　　　　　　　　　　　　　　植竹　丘

1．はじめに

　本書は，本文だけで1,300ページを超えるという浩瀚な書物である。分量だけでなく，評者は本書の実証部分の議論の緻密さに圧倒された。一つ一つの議論の手続きの緻密さや史料との向き合い方からは，著者の研究者としての誠実さが感じられる。以下では，通例に従って本書の概要を記述した後，通読した中で感じた「違和感」について吐露したい。なにぶん全20章及び序，序章，終章にわたる大部な書物であるため，細かな点を指摘するのではなく（それは各研究者が論文の中で批判的に乗り越えていくべきものであろう），本書の方法論に焦点が当てられることになる。

2．本書の概要

　本書は，著者の前著（井深2004）の続編である（p.i）。前著との分担関係は時期区分に求められる。著者によれば，義務教育費国庫負担政策史は，「教育費政策の類型論」を前提に，大きく四つの時期に区分される（p.7）。すなわち，

　第一期：市町村義務教育費国庫負担法の制定から敗戦まで

　第二期：敗戦から占領下の民主化・分権化政策による義務教育費国庫負担制度の廃止（1951）を経てサンフランシスコ講和条約の締結まで

　第三期：戦後改革の見直しの開始から，義務教育費国庫負担制度の復活を経て，高度経済成長の歩みと共に同制度が拡充していく1970年代まで

　第四期：高度経済成長の終焉と共に財政赤字の累増が始まり，第2次臨時行政調査会の「増税なき財政再建」をキャッチフレーズとした国家社会の改造が開始され，新自由主義的構造改革の下で義務教育費国庫負担制度の批判（見直し）と縮小・解体が続いている今日まで

である。各期は後述の部構成と概ね一致している。

　このうち第一期は前著で扱われたとして，本書では第二期〜第四期の各政策について，一次史料に基づく過程追跡が行われている。

　「第Ⅰ部　戦後教育改革と公費教育主義下の義務教育費国庫負担政策」（第一章から第八章）では，ドッジ・ラインに基づく定員定額制の導入，実現を見なかった各法案（学校基準法案，学校財政法案，標準義務教育費法案），シャウプ税制勧告に端を発する1940年義務教育費国庫負担法の廃止や，産業教育振興法が取りあげられる。

　「第Ⅱ部　高度経済成長と教育補助金主義下の義務教育費国庫負担政策」（第九章から第一四章）では，1952年の義務教育費国庫負担法の成立，義務教育標準法の成立及び同法の1963年改正が取りあげられる。

　「第Ⅲ部　財政危機と受益者負担主義下の義務教育費国庫負担政策」（第一五章から第二〇章）では，1980年代以降の義務教育費国庫負担政策の見直し（縮小）に関する政策（旅費・教材費等の一般財源化，国庫負担比率の引き下げ等），学級編制にかかる政策（学級編制基準の引き下げ，少人数学級政策等）が検討されている。

　上掲の検討の後，終章で「総括と展望」が行われている。

３．若干の違和感

　前節のような内容を持つ本書は，戦後教育財政史研究にとって記念碑的労作であり，批判的検討の対象として乗り越えていくべき研究である。そのような評価を前提として，通読した中で評者が感じた違和感について吐露しておきたい。

　評者が感じた「違和感」とは，端的に言ってしまえば，「なぜ『通史』が書かれなければならなかったのか」ということである。本書は，「第二次大戦後の日本における義務教育費国庫負担政策を分析し，通史的に叙述すること」（p.1）を課題とし，「そのことにより，戦後日本の教育財政史研究に一つの礎石を置き，同時に，現下の義務教育費国庫負担政策論議に寄与することを期している」（同）という。国立教育研究所編（1973），三輪（1974），伊藤編（1976）が著されて以来書かれてこなかった，待望の戦後教育財政史の通史である。しかし，評者は，本書における「通史的な叙述」が「方法」なのか「目的」なのかが読み取れなかった。前者であれば社会科学的な研究，後者であれば歴史学的な研究として位置付けられるということになる（ルボウ2001/2003，p.97．遅塚2010，pp.269-294等）。以下では，この二つの視点から「違和感」を感じた要因についてそれぞれ指摘したい。

　社会科学の視点から見ると，「違和感」は先行研究の検討の部分（序章）から感じられる。社会科学的には，先行研究を批判的に検討する理由は，「これまで何が

明らかにされ，何が明らかにされてこなかったのか」を示し，当該研究における（Wh-questionを含む）リサーチクエスチョンを提出することにある。本書では，約40ページにわたって先行研究が「紹介」されている。中には難点や限界が指摘され，論点が提出されているものもあるが，特に批判的検討がなされていないものも多い。

　そして，評者を最も困惑させたのは，検討の結果から見出されたのがリサーチクエスチョンではなく，「義務教育費国庫負担政策史の通史的研究は概説の段階に止まっていて，共通の基盤となるような，一次資料に拠る通史的研究は未だ著されていない」（pp.55-56）ということである。それは先行研究を検討する前から分かっていたことではないか。繰り返しになるが，本書で行われている「通史的な叙述」は何かを明らかにするための「方法」なのか，それ自体が「目的」なのか。上述の課題認識からは前者であるようなのだが，何が明らかにされ，何が明らかにされていないのかが自覚的に言及されていない。本書で検討されるリサーチクエスチョン（及びサブクエスチョン）が最初に示されないことは，「何を明らかにしたくてこの叙述がなされているのか」を曖昧にし，読者に強度の緊張を強いることになってしまう。

　他方，歴史学的な視点から見ると，本書冒頭（p.7）で「教育費政策の類型論」をもとに時期区分がなされていることが，「通史的な叙述」の意義を曖昧にしてしまっているのではないか。確かに時期区分（時代区分）は，「歴史学の方法による世界認識の一つ」（朝尾1995，p.97）であるとか，「科学的な方法で時代を『正しく』区分することが，歴史学の目標ともいうべき重要性を付与されてきた」（岸本2002，p.75）と言われるように，歴史学の最も重要な認識枠組の一つである。では，時期区分はどのように行われるべきなのか。近世・近代史家の宮地正人によれば，「通史の最終目的は時代区分である」（宮地2010，p.9）という。このように，「歴史学のレンズ」からすれば，通史的な叙述の後に時期区分が提出（ないし修正）されることで，モノグラフには不可能な，「共通の基盤」となるような時期区分が可能になるのではないか。言うまでもなく，読者のために結論をあらかじめ示そうとしたという可能性はある。しかし「終章　総括と展望」では，新たに租税本質論に着目して「応益負担」と「応能負担」という負担原則を提出し，「教育費政策の類型論」を若干修正するのみで，それは「一次史料に基づく通史」という過程追跡をしなければ言えなかったのかというと疑問が残る。終章は何を「総括」したのか。「序章」及び「終章」と実証部分との関係をどう捉えればよいのか。

　ところで，青木ら（2019）において青木栄一は，教育委員会制度や教育財政制度

の歴史研究を例に挙げ，丁寧ではあるかもしれないが「社会科学のレンズ」がない（p.278）とネガティブに評価している。教育行政研究を離れても，対立しがちな社会科学と歴史学の対話・融合が志向されてきた（エルマン＆エルマン編2001/2003，保城2015等）。評者はこれまで主として歴史研究を行ってきたが，同時に，近年の教育行政学の「社会科学志向」についても親しんできた。そのような「境界人」から見てもなお，本書が社会科学として読まれたいのか歴史学として読まれたいのか，或いは両者を架橋したいのかは釈然としない。「違和感」たる所以である。

　冒頭でも述べたように，本書の実証部分の議論の緻密さは圧巻であり，後に続こうとする者にとっては大きな壁となるだろう。著者は本書を「中間報告」（p.1289）と位置づけている。直後で「最終報告」を委ねられた「若い研究者達」（同）に評者が含まれているかは心許ないが，もし含まれているのであれば，今後の研究の中で批判的に乗り越えていくことによって著者のエールに応えていきたい。

（共栄大学）

〈参考文献〉

青木栄一・下司晶・濱中淳子・仁平典宏・石井英真・岩下誠（2019）「座談会＝社会科学への一歩を踏み出す　教育行政学をめぐって」下司晶ほか編『教育研究の新章』（教育学年報11）世織書房，pp.273-282。

朝尾直弘（1995）「時代区分論」朝尾ほか編集委員『歴史意識の現在』（岩波講座日本通史別巻1）岩波書店，pp.97-122。

伊藤和衛編（1976）『教育財政史』（世界教育史大系29）講談社。

井深雄二（2004）『近代日本教育費政策史』勁草書房。

エルマン，C＆エルマン，M・F編〔渡辺昭夫監訳〕（2001/2003）『国際関係研究へのアプローチ』東京大学出版会。

岸本美緒（2002）「時代区分論の現在」歴史学研究会編『歴史学における方法的転回』（現代歴史学の成果と課題Ⅰ）青木書店，pp.74-90。

国立教育研究所編（1973）『日本近代教育百年史2 教育政策（2)』

遅塚忠躬（2010）『史学概論』東京大学出版会。

ルボウ，リチャード（2001/2003）〔宮下明聡訳〕「社会科学と歴史学」エルマン，C＆エルマン，M・F編『国際関係研究へのアプローチ』東京大学出版会，pp.97-121。

保城広至（2015）『歴史から理論を創造する方法』勁草書房。

宮地正人（2010）『通史の方法』名著刊行会。

三輪定宣（1974）「教員の給与法制史の変遷」有倉遼吉教授還暦記念論文集刊行委員会編『教育法学の課題』総合労働研究所，pp.171-202。

青木栄一編著
『文部科学省の解剖』
（東信堂，2019年，285頁）

渡辺　恵子

1．はじめに

　国家における官僚制研究は行政学の主要な研究分野の一つである。政策形成における官僚の役割や機能，政治家との関係を対象とした研究は行政学の根源的な関心を追究したものであるし，官僚制そのものの仕組みや，公務員制度の構造とその運用等に関する研究成果も多数積み重ねられてきている。ところが，『続・中央省庁の政策形成過程』（城山英明・細野助博編著2002中央大学出版部）などを除けば，官僚サーベイとして行われた「村松サーベイ（p.4）」が文部省を対象としなかったように，文部（科学）省（以下，「文科省」とする）を対象とした官僚制研究は，十分に行われてきたとは言い難い。一般歳出において「文教及び科学振興」は「社会保障」「公共事業」に次ぐシェアを占め，教育や科学技術に大きな影響力を持つ文科省であるのに，である。一方，教育行政学においては，行政学が国と地方のそれぞれについて官僚制研究も含む組織に関する研究と政策に関する研究を蓄積してきたことに比べると，政策に関する研究と地方レベルの組織である教育委員会に関する研究に重点が置かれ，国における教育行政組織の制度や実態への関心が薄かったことは否めないであろう。その理由についての考察は本書に譲るとして，そのような中，真正面から文科省という組織と向き合う学術書である本書の公刊は，行政学と教育行政学における空白を埋め，官僚制研究の一環としての文科省研究の進展に大きく貢献するものである。

2．本書の概要

　本書の目的は「文科省の知られざる『実態』」を読者に伝えることである（p.ⅲ）。第1章では，本書の研究のフレームワークや研究手法，成果の概要が示される。村松サーベイのノウハウを復興して実施された今回のサーベイは，文科省本省課長以上全員（114人）を対象とする調査で，回収された調査票は75人分（65.8%），調査を専門とする法人の調査員が個別にアポイントを取り，調査票を読み上げる形で2016年度後半に行われたことなどが示される。第2章では，サーベイ結果に基づき，村松サーベイとの比較を中心に文科省官僚の特徴が検討される。浮かび上がるのは，関係団体やいわゆる族議員との関係は良好だが，官邸との距離は遠く，財務省との関係に苦労する姿である。ただ，調査の実施時期が異なることから（村松サーベイの実施は1976年，1985年，2001年），省庁による違いなのか時期による違いなのかについてはさらなる検討が必要，と指摘される。第3章では，同じく文科省サーベイから文科省官僚は経済志向よりも格差是正志向が強いことが示される。その上で，サーベイ結果から得た個人間の格差是正と地方自治体間の格差是正それぞれについての賛否を基に4つの類型に分け，類型別に地方自治体への認識や行動を分析している。第4章では，サーベイ結果と事例分析から他省に対する内向的な姿勢を持つ「三流官庁」という消極的な印象を受ける一方で，府省間の室長相当職以上の人事交流のデータからは，他府省からの受入れが少なく送り出しが多いという「宗主国型」の姿が浮かび上がることを明らかにし，文科省の政策面と人事面でのギャップを垣間見せる。第5章では，人事データやサーベイ結果から，文科省が首相官邸とのコミュニケーション・チャンネルを構築しているにもかかわらず利用していないこと，また，官邸の影響力の大きさを認識していながらコミュニケーションをとっていないことを明らかにする。第6章では，執務空間の設計が組織内コミュニケーションに影響を及ぼすという視点から，2001年の中央省庁再編を執務空間の再編として捉えなおし，フロアの配置や大臣官房と研究三局の座席配置図を検討している。その結果，旧文部省と旧科学技術庁で分立的な側面が残存していることを指摘する。第7章では，サーベイ結果における文科系（旧文部省の採用者等）と科技系（旧科学技術庁の採用者等）の回答傾向の違いに着目した上で，旧科学技術庁を対象に，その創設時から省庁再編後までの期間にわたる変化の様相を検討しており，旧科学技術庁の解剖，とも言える章である。第8章では，人事データを用いて中央省庁再編後の幹部職員人事と地方自治体への出向人事を分析している。結果として示され

ているのは，組織規模の小さかった科技系が統合後の幹部職員人事では高いプレゼンスを獲得していることと，文部系の地方自治体への出向人事において都道府県教育委員会への出向割合が低くなり，首長部局や市町村教育委員会へと多様化していること，キャリア官僚以外の職員の出向が増えていることなどである。

　このように，本書は，サーベイ結果だけでなく，官僚制研究の第一人者や気鋭の研究者からなる執筆陣が，それぞれの得意とするデータや情報を収集分析し，多様な角度から文科省という組織の「実態」に迫った労作である。

3.「解剖」によって何が見えたのか

　文科省を多様な切り口から「解剖」した本書をどう読み解くか。限られた紙幅の中で，3点に絞って述べてみたい。

　まず，編者も述べているように（pp.7-8），今回のサーベイと村松サーベイの結果の比較から文科省の特徴を論じることの制約については意識しておかなければならない。村松サーベイが最後に実施されたのは2001年であり，その後の政権交代や官邸機能強化などの政策形成の環境変化と，財政再建のための予算制約の強まりなどは，霞が関全体に変化を生じさせていると考えられる。今回のサーベイ結果を村松サーベイにおける他省庁の結果と比較することは，他省庁と文科省の違いだけでなく，20世紀の終わり頃の霞が関とその約15年後との違いを含んでしまうことが避けられない。もちろん，研究費やエフォートの制約上やむを得ないことは理解できるし，村松サーベイの分析に関わった研究者を複数名含む執筆陣が，2001年以降途絶えていた官僚サーベイを復興させたことは素晴らしい実績であり，今回のサーベイの価値を下げるものではない。ただし，このことは，読み取る側も十分に意識しておかなければいけないこととして挙げておきたい。

　次に，他省庁との比較には制約がある一方で，第7章における文部系と科技系の比較は同時代比較として説得力があり，興味深い。例えば，日本国民にとっての最重要課題として文部系の多くが「教育」と答え（45.5％），「社会福祉・医療（22.7％）」「経済成長（11.4％）」と続く一方で，科技系は「科学技術（20.8％）」を差し置いて「経済成長（29.2％）」と答える者が最も多い（p168）。国立大学法人との接触頻度について「ある程度」以上と答えたのは，もともと所管していた文部系が45.5％で科技系は75.1％と，科技系の方が多い（p171）。このような結果を，大学行政におけるイノベーション重視の傾向と結びつけて考えるのは読み込み過ぎだろうか。一方で，第6章は文部系と科技系が組織の中で分立する状況を示唆している。

中央省庁再編の政策への影響と組織・人事の統合度には乖離があるということだろうか。この点についてはいまだ他府省における検証も十分に進んでいるとは言えず，中央省庁再編後の他府省も含めた官僚サーベイの実現が期待されるところである。さらに敷衍すると，このような傾向の違いを生む要因を探ることも，官僚制研究のフロンティアとして魅力的に思える。採用された省ごとに官僚の「らしさ」や組織文化が異なることは，官僚（経験者）から良く聞く話である。所管する行政対象の影響を受けるのか，歴史の中で積み重ねられてきた組織文化の影響なのか。興味深い研究課題となろう。

　最後に，読後に残った素朴な疑問であり，いささか興味本位な関心とも言えるが，文科省が首相官邸とのコミュニケーション・チャンネルを構築しているにもかかわらずコミュニケーションをとっていないこと（第5章）や，地方出向人事が多いにもかかわらず自治体関係者とあまり接触していないこと（第3章）は，何を意味するのだろうか。コミュニケーションを阻害する制度・慣習や環境があるのだろうか。第5章では，その理由を政策共同体内部の構造変化が生じたタイミングに着目して説明しているが，果たしてそれで十分な説明となるだろうか。さらなる解明を期待したい謎である。

4.「解剖」の先に

　厚生労働省のキャリア官僚を辞めた千正康裕は，官僚の劣化は国民の不利益になると主張する（『ブラック霞が関』2020新潮新書）。霞が関は，本書の刊行後も続く不祥事や，キャリア官僚の早期離職増と応募者減など，組織の劣化の危機に直面しているようにも見える。組織の現状を捉える研究には，組織の劣化の危機を見過ごさないという意義もあろう。編者らによる文科省研究がこの先どう展開していくのか。さらなる腑分けを行うのか，組織の在り方からパフォーマンスを説明するのか。編者が，本書の知見も基にした一般書（『文部科学省』2021中公新書）を刊行した後，次にどのような切り口で官僚制研究のフロンティアを広げていくのか，目が離せない。

　行政学を学ぶ者が『戦後日本の官僚制』（村松岐夫1981東洋経済新報社）とそれに続く村松サーベイの研究成果を一度は読むように，本書が教育行政学を学ぶ者にとって参照すべき一冊になることは間違いないであろう。教育政策を研究対象とする諸学の研究者にも，教育政策を生み出す中核とも言える文科省についてより深く考えるための一冊として，一読をお勧めしたい。　　　　　　　（国立教育政策研究所）

●書評〈7〉

浜田博文編著
『学校ガバナンス改革と危機に立つ「教職の専門性」』
(学文社, 2020年, 235頁)

藤村　祐子

1. 教職の専門性の再定位と再構築のための社会的装置

　本書は,「新たな学校ガバナンスにおける『教育の専門性』の再定位」という研究主題のもと,日本学術振興会科学研究費助成事業(学術研究助成基金助成金,挑戦的萌芽研究,課題番号：15K13172,研究代表者：浜田博文)の助成を受け,著者らが2015年度から2017年度の3年間にわたって実施した共同研究の成果をまとめたものである。

　「教職の専門性」は,本書において最も重要な鍵概念である。「教育の専門性」概念を敢えて用いながら,「教職の専門性」について論じているところに,本書の特徴がある。本書の中で,「教職の専門性」とは,「学校の教員という職業に不可欠で,かつ他の教育関係の職業に求められるものとは区別される固有の見識・知識・技能の総体をさす」ものであり,「「学校の教員という職業＝教職」が保証しなければならない独自の力量」と説明されている。それに対して,「教育の専門性」は,「何らかの教育という行為・活動,あるいは事業を実行するにあたって必要とされる固有の見識・知識・技能」であり,民間の予備校や学習塾,生涯学習機関等での教育などもここに含まれ,広い概念として捉えることができるとされる。また,教育政策や教育行政のレベルで教育問題を取り扱う際に必要とされる専門的な知識・経験などをも包含する意味を持つ,という。なぜ,より広い概念である「教育の専門性」を用いて,「教職の専門性」を論じるのか。そこに,著者らの持つ課題意識が反映されている。政府主導で進められる今日の学校ガバナンス改革は,教職を相対化する性質を持っている。また同時に,現代社会における教育の担い手が多様性を増し,非「教職の専門性」が「教職の専門性」を凌駕する傾向が強まっている。このような教職をめぐる社会的・政治的状況において,「教育の専門性」概念との対比の中

で，教職の専門性を再定位する試みが展開されている。

　本書の目的は，政府主導で学校ガバナンス改革が進められ，教職の専門性が置かれている危機的状況の内実を解明し，それを再構築するための社会的装置のあり方を追求することにある。今日の学校ガバナンス改革によって，これまで学校教育の制度と理論が依拠してきた「教職の専門性」概念は，重大な揺らぎに直面している。現代の公教育をめぐる制度改革は，「脱教職化」の様相を呈しており，従来のような「教職の専門性」概念の持つ自明性は，失われつつある。このような課題意識のもと，教職の専門性の保証はどうすればいいのか，正統化はいかなる要件を備えた装置であるべきか，あらためて教職の専門性の「正統性」を捉え直し，そのガバナンスの構築の必要性が提唱されている。

2．本書の構成

　本書は，序章，第一部から第四部，終章で構成される。序章で，本書の目的と問題の所在を示した上で，第一部では，学校ガバナンス改革において，教職が相対化され，公教育のあり方が「脱教職化」されていく傾向を教職の劣位化として捉え，教職の専門性を「自己規制」する必要性が提起されている。教職が相対化される中で，教職の専門性をどう捉えるべきか。著者らは，教職の専門性が依拠すべき「正当化根拠」が学校組織論（研究）であり，学校組織論研究の学術的基盤を確かなものにすることが研究者コミュニティの役割である，という。その際，教職実践者と研究者の持つ「実践知」と「フォーマルな知」の交流を通し，専門学術分野のコミュニティを創ることが大事であることが示されている。

　第二部では，学校ガバナンス改革の具体的事例として，大阪府の公立高校入試改革の過程，佐賀県武雄市の「官民一体型学校」の策定・実施過程，B市におけるコミュニティ・スクールの運営過程の3事例を取り上げ，教職の専門性をめぐる実態を明らかにした上で，教職の位置づけについての考察を行っている。

　第三部は，現職の教員自信が自分たちの専門性をどのように認識しているのか，どのような特徴が確認できるのか，「教職の専門性」の実存に迫ることを目的としている。ここでは，グループインタビューならびにグループダイナミックインタビューの手法を応用した座談会調査が採用され，あるテーマについての複数の教員の語りの内容を分析するという手法がとられている。小学校教諭3～5名の小グループを単位とする60分程度の座談会が6地域で実施された。座談会の題材として，第二部で事例として取り上げられた「官民一体型学校」の取り組みが用いられた。座談会調査を採用する意図として，その場でどんな話題が選択され語られるのか，

記事内容に関するどのような解釈や意見がやりとりされるのか，教員自身のディスカッションによってどのような論理が構築されるのか着目することによって，個人としての認識だけでなく，複数の教員間で共有されている問題意識や価値判断，教職の専門性に対する認識も明らかにできる，とされる。

第四部では，学校ガバナンス改革が日本よりも先行するアメリカの取り組みに注目し，教職の専門性の再構築の試みを明らかにし，教職の専門性の基盤を何に求めるべきか論じている。「社会正義（social justice）」の視点を持って草の根的に展開される教員レジデンシーと州横断的な非営利団体である全米教職専門基準委員会（National Board for Professional Teaching Standards: NBPTS）が創設する「優秀教員」資格証明の動向が取り上げられている。

これらの分析を踏まえ，終章では，教職における制度改革が，行政主導の色彩を強化し，「教職の専門性」保証における教員の自律性を脆弱化させていく中で，教職の専門性の再構築を目指す社会的装置のあり方について考察が行われている。本書は，浜田博文，山下晃一，朝倉雅史，安藤知子，高谷哲也，加藤崇英，大野裕己，高野貴大，照屋翔大の９名の研究者によって執筆されている。

3．本書の価値と成果

本書の面白さは，専門職としての自律性を確保するための知識基盤であり，当たり前のように存在するものとして自明視されてきた「教職の専門性」が，政策展開の中で軽視されつつある現状に危機感を抱き，これを正統化するための装置の必要性を提唱している点にある。「教員育成指標」や「教職課程カリキュラム」のように，専門職の業務を行政権限によって他律化しようとする動きに対し，危機感を抱いている者は多いだろう。他国の動きをみれば，基準は，その職業集団を，集団自体による自己統制として機能させうる可能性も有する。そのような政策であっても，自律的な自己統制に運用展開させることができない要因はどこにあるのか。評者も，他律的な規制が進められる中で，教職の専門性を保障するためにはどうすればいいのかという，著者らと同様の課題意識を持ち，研究を進めてきた。しかし，無意識のうちに，「教職の専門性」と真正面から向き合うことを避けてきたように思う。ところが，著者らは，教職のプレゼンスを高めるために，「教職の専門性」に正面から向き合い，「教職の専門性」の正当化を図り，それを正統化させるためにどのような社会的装置を埋め込む必要があるのか，具体的な提案を提示している。

もう一つに，教育の持つ特性を踏まえ，科学技術社会論の議論を参照しながら，正統化装置の提案を行っている点である。これまで，教職は，古典的な専門職とい

われる医師や法律家と比べて,「専門職」の諸要件を十分に満たしていないため「準専門職」と位置づけられてきたことは周知のとおりであろう。専門性を正当化させる「知」が学問的知識のみに依拠するわけではないという,教育における「専門知」の特性も,「準専門職」とされる所以であろう。教育という営為は,複雑性や多様性を有し,一人ひとりの個性やニーズに応じた教育実践が求められる。教育行為は,教育の担い手の持つ価値観や思考様式などの特性を切り離すことはできず,学問によって算出された知識の体系にのみ依拠して,実施されるものではない。また,社会の中で,子どもに対して,誰もが教育者として存在する。このような,教育の持つ多様性や公共性といった特性を踏まえ,公共性の高い課題には,課題解決に向けた「公共空間」が必要であるとされる科学技術社会論を用いて,多様なアクターが参加し,課題解決を図る「公共空間」の重要性を提案している点は面白い。教育学の場合,「専門家」は「研究者」と「実践者」を分けて捉える必要がある。そのどちらも含めた,研究者,実践者,市民,行政という四者が参加し,どの主体も「支配者」「被支配者」にならない「社会的合理性」を担保しうる公共空間の構想が示されている。

最後に,今後の期待も含めた課題を指摘して,本稿を閉じたいと思う。

第一に,著者らも指摘しているように,どの主体も「支配者」「被支配者」にならない「社会的合理性」を担保しうる公共空間の構築は実現可能なのかという点である。「支配・被支配」の関係とまででなくとも,多様なバックグラウンドや興味関心を持つアクターが,フラットな関係性で議論するためには,そのイニシアティブを図る存在は必要なのではないだろうか。また,その際の専門家の役割とは一体何であろうか。著者らが描く公共空間の実際を知りたい。

第二に,本書の中で,実践者らも知を構築するコミュニティの形成と,専門性の内実を明示し,自己規制する仕組みの構築が必要であると,教員集団の専門職組織としての成立が期待されている。多忙化により疲弊しきった学校現場で,主体性や自律性を失いつつある教員が,自ら専門職組織であるためのコミュニティを形成することは実現可能なのだろうか。また,実現可能にするためには,どのような環境を醸成すればいいのだろうか。

本書を通して,読者は,教職の専門性を考える上で,有益な知見を得ることができるだろう。今後,著者らの新しい提案の続きに期待したい。　　　　　　（滋賀大学）

広田照幸編

『歴史としての日教組』（上巻，下巻）

（名古屋大学出版会，2020年，上巻311頁，下巻303頁）

水本　徳明

　本書は編者を含め総勢16名による日本教職員組合（以下，日教組）の歴史的研究である。本書の動機となっているのは，日教組くらい「実像とかけ離れたイメージや言説がおびただしく作られ，巷間に流布しているような組織は珍しい」（上1頁）という認識である。上巻では，日教組の結成（1946年6月）直後から1950年前後までの数年間，すなわち日教組という組織の性格が確立し，50年代に運動の方向が明確になっていった時期を，労働運動とのかかわりの視点から考察している。下巻では，1980～90年代すなわち高度成長期に高揚した運動が情勢の変化の中で行き詰まり，運動の方向や手段の見直しや組織のあり方の問い直されていった時期を，やはり労働運動とのかかわりの視点から考察している。したがって，1960～70年代の「高揚」の時期，および教育運動体としての日教組の側面の分析は本書の対象外である。

　扱われている資料は，日教組が所蔵する非公開資料と，日教組OBなどのキイ・パーソンへの聞き取り及び提供された私文書などである。上巻では文書史料が，下巻では聞き取りやその対象者の私文書が中心的な素材となっている。

　上巻では「はじめに」において，上下巻を通じた問題意識と日教組の歴史の時期区分，使用される資料やデータについて述べられた後に，「第Ⅰ部結成と模索」が次の各章から構成されている。序章日教組の歴史を検証する，第1章総評結成前の立ち位置の選択，第2章一九四九年度中央執行委員の分類，第3章労働戦線分裂と政治情勢変化の中で，第4章法的地位の変化とその影響，第5章マッカーサー書簡，政令二〇一号と日教組，第6章スローガン「教え子を再び戦場に送るな」の誕生，第7章「教師の倫理綱領」の作成過程，結論に代えて。

　ここで問われているのは第一に「日本共産党の影響力はどれほどであったのか」である。そこで明らかになったのは，総評結成前の時期に「当時の官公労働者の組

合の多くが急進化・左傾化していった中で，日教組は労働戦線において比較的に穏健かつ中道の位置にいた」こと（第1章），中央執行委員会における共産党員・シンパは「61名中わずか6名，9.8％に過ぎなかった」こと（第2章），国内外の労働戦線の分裂と再編のなかで「右」の労働戦線に接近したり，「左」の労働戦線に接近したりという動揺を経ながらも，「どうすれば「労働戦線統一」が可能になるかを情勢を分析しながら勘案していた」結果，1949年の塩原大会における「転換」を経て「あくまでも中立系の単産と共に，左右どちらにも与しない形での戦線統一を目指していたこと」（第3章）である。

　第二は「日教組の法的な面での交渉力の問題」である。マッカーサー書簡と政令201号及びそれを受けての国家公務員法改正と地方公務員法制定によって公務員の労働基本権が制約され，日教組は法人格を得る道を塞がれ「労働組合法が保障する労働組合でも，地方公務員法が規定する職員団体でもない，任意団体となった」（第4章）。マ書簡と政令201号に対して，「実際は積極的に闘争を行っているように見えた時期でさえ慎重に議論をしており，できるかぎり戦闘的にみえないように配慮し，合法的に闘争を行っていた」（第5章）。結果的に日教組は「労働組合と職能団体という二つの顔」をもつこととなった。矛盾を含みつつそれが可能になったのは，「組織の存続という合目的的な理由にもとづいて」おり，「民主化は，労働組合と職能団体という異なる性格を併存させる決定的な要因となった」と説明される（第4章）。

　第三は，1950年代の保革対立の政治状況の中での，「日教組の運動の理念的な側面の形成」についての歴史的検証である。「教え子を再び戦場に送るな」は，1951年1月10日の中央執行委員会において運動方針の修正案に挿入することが提案，決定されたものが，中央委員会の「講和に関する決議」の一項目として決定され，「いくつかの場面で，まるでスローガンのような使い方がなされるように」なり，第8回定期大会の4日目6月1日にスローガンとして正式決定された（第6章）。「教師の倫理綱領」は，日教組のWOTP（世界教育者連合）参加をきっかけに作成された。情宣部によるメモの作成，教育学者数人の協力，単組からの修正意見の集約を経て，1952年6月の大会で「「行動綱領に準ずる」という重要な位置づけの文書として決定された」。そこで強調されるのは，「保守政党・文部省が日教組攻撃の材料として」用いてきた『解説 教師の倫理綱領』が，情宣部が独断で作成した，「「倫理綱領」の正式な決定とは無関係」で「多くの一般組合員の目に触れるようなものではなかった」ことである（第7章）。総じて，日教組の運動が目指していたのは，「憲法や教育基本法・労働法などの戦後改革の成果に拠りつつ，「平和」や

「民主主義」のような戦後改革の理念や枠組みを擁護する闘いであった」が,「教育行政当局やときの政権が教育の中立を脅かす政治に踏み出していったことによって,日教組の運動が「政治的だ」とレッテルを貼られて攻撃対象になっていった」とまとめられている(「結論に代えて」)。

下巻は「第Ⅱ部混迷と和解」が,次の章から構成されている。序章社会の変化と日教組,第1章1980年代の労働戦線再編の中で,第2章「400日抗争」の過程,第3章1989年の分裂,第4章文部省との「歴史的和解」の政治過程,第5章1990年代の路線転換と21世紀ビジョン委員会,第6章1995年の運動方針転換への合意形成過程,結論に代えて。最後に「あとがき」が付されている。

序章では,1980年代に日教組が直面していた課題が,「①進行中の労働戦線再編の動きにどういう態度で臨んでいくのか,②スト戦術の行使が困難になる中で,どのように交渉力の確保を進めていけばよいのか,③教育運動を旧来の批判・抵抗運動からどう脱皮させていけばよいのか」の3点にまとめられている。第1章以下で描かれるのは,1990年代までの日教組と外部との関係における流動的な労働戦線や政治状況への対応と,その過程における日教組内部での主流右派,主流左派,反主流派の動き及びそれと輻輳する日教組と単組の動きである。日教組は「400日抗争」を経て1989年に分裂し,1995年に運動方針の転換と文部省との「歴史的和解」を実現した。「表面的には人事問題の解決の様相をとりながら,労戦統一への方向性の決定がなされたという点が,四〇〇日抗争の本質だった」のであり,「連合への参加は,労働組合として,政府・与党へ否定的・対決的なそれまでの姿勢を変更するという軌道修正を意味するものであり(これは一九九五年の文部省との「歴史的和解」につながっていく),組織内の姿勢の分布の塗り替えは,連合参加に原理レベルで反対する反主流派を孤立させ,一九八九年の分裂を用意することになった」(第2章)。主流派・反主流派の対立は分裂を引き起こすような要因ではなかったものの,「労戦再編という外部からの圧力が,それらの内部要因と結びついて,日教組分裂という結果をもたらした」(第3章)。

分裂によって加盟単組の幹部の大半を主流派(社会党系)が占めるようになり,外部的には自社さ政権の成立もあって,日教組は「闘争的」な運動方針の見直し・転換を図りつつ文部省との「歴史的和解」を実現した。和解に向けた協議はごく限られた中心的幹部のみによって秘密裏に行われ,1995年の第80回定期大会での運動方針見直しにおいては,文部省との合意を誠実に反映させたことを明確に示すために「一字一句修正させないことが必要だった」(第4章)。その過程で21世紀ビジョン委員会の報告書は,運動方針の転換を「「譲歩」「妥協」としてではなく,今後の

社会の変化を見越した，積極的な意義をもつものとして説明できた」という役割を果たした（第5章）。運動方針の転換への合意形成過程では，主流派のインフォーマルなグループが活用され，また，日教組の運動方針に反対する単組は独自の路線を貫くこともできるという連合体としての日教組の特徴も活用された（第6章）。以上を踏まえて，路線転換の過程は，「「改良主義」への路線の選び直しだった」（「結論に代えて」）と総括されている。

　評者の理解では，本書で描かれているのは，外部の労働戦線や政治の変動に対して，日教組内部のヨコの関係（主流派―主流派左派―反主流派）とタテの関係（日教組―単組）が絡み合いながら適応しつつ，影響を与えていくダイナミズムである。本書は，未公開資料の発掘とキイ・パーソンへの聞き取りという丹念な作業を通じて，これまでの研究の不十分さを克服して日教組の実像に迫ることによって，とくに右翼や保守的な立場から描かれてきた日教組像の一面性や歪みを正すことに成功している。今後の教育行政の研究と実践にとって，よって立つべき知識基盤となるだろう。

　この研究グループの今後への期待も込めて，いくつか気になった点を述べる。

　第一は，日教組と単組，分会，組合員の関係についてである。日教組の公式決定や指示・指令については日教組が責任を負うべきであるが，単組や分会が独自方針や組合員が自分の思想・信条に基づいて行った行為については，「「日教組が……」というふうに名指しして攻撃するのは，明らかに間違っている」（上2頁）と述べられている。責任問題としてはそうかもしれない。しかし，日教組が公式，非公式に生み出す言説は，単組や分会の独自方針や組合員の思想・信条に影響を与えたのではないか。言説を通じた主体化という観点からの分析を期待する。

　第二は，労働組合と職能団体という二つの性格の併存についてである。1950年代の状況について，「日教組が労働組合と職能団体という機能を併設させたのは，組織の存続という合目的的な理由に基づいていた」とされ，「民主化は労働組合と職能団体という異なる性格を併存させる決定的な要因となった」と説明されている（上179頁）。評者には，この「組織の存続」と「民主化」の関係がよくわからなかった。労働組合と職能団体という二つの性格の関係とともに，組織の存続と理念（民主化，平和など）の追求の関係が緻密に探究されることを期待する。

　第三に日教組の今後の可能性についてである。下巻では「現場の声の代弁者として日教組が新しい役割を担いうる可能性」が指摘されている（下294頁）。ここで指摘されている「可能性」が現実ものとなるには何が必要なのか。それが歴史的分析の中から明らかにされることを期待する。　　　　　　　　　　　（同志社女子大学）

●書評〈9〉

大桃敏行・背戸博史編
『日本型公教育の再検討
　　——自由・保障・責任から考える』
（岩波書店，2020年，232頁）

武井　敦史

1．はじめに

　本書は「日本における一条校を核とした教育保障の仕組みを『日本型公教育』としてとらえ，その揺らぎや再編課題を考察」（1頁）することを目的に，9名の研究者が各視点から課題に切り込んだ成果を著作として刊行したものである。

　その特徴は「①現在の公教育の変容やそこからの離脱を，公教育の崩壊としてよりも次の公教育の形態への模索としてとらえ，変容の動態や再編課題を考察しようとしたこと，②日本型公教育の再検討において，対象を一条校に閉じることなく，広く一条校と家庭や地域との関係，教育と福祉との関係，学校教育と社会教育との関係も含めて検討を行ったこと，③アメリカとの比較の視点を取り入れ，日本の制度変容の特徴や改編課題をより明確にしようとしたこと」（231-232頁）の3点に整理されている。

　以下では本書の概要を簡単にまとめた上で，本書が提起する検討課題について検討を加えてみたい。

2．本書の概要

　本書は第Ⅰ部「『一条校』を核とした公教育のゆらぎ」（第一章〜第五章），第Ⅱ部「学校と家庭・地域との関係の変容」（第六章〜第九章）の2部より構成されている。

　第一章では一条校の設置者と教育の担い手の多様化の動態をふまえ，規制改革のなかでの教育保障に向けたアカウンタビリティ施策の日本的特徴を考察している。ここでは一条校の規制改革は，第一に国や地方公共団体の存在を前提とする目標の設定と評価による質保障の仕組みの構築に向けた動き，第二に公教育の仕組みの中に多様性を取り込むことによってその枠を広げようとする動きの2つの方向性によって特徴づけられると整理している。その上で「多様なアクターに開かれた意思

形成を機能させるメタガバナンスの仕組みの形成と，学校教育の専門性，それを担ってきた教員の専門性と責任の再定位，そして両者の関係の再設定」（34頁）と今後の公教育に関する制度課題がまとめられている。

　第二章は日本の義務教育制度の特徴を整理した上で，アメリカのホームスクールの制度を手掛かりに，親の教育の自由と国家の公教育責任の観点から就学義務制を再検討している。就学義務と一条校主義と年齢主義によって特徴づけられる日本の義務教育制度に関する議論は，十分には深められていない一方で，米国では特にホームスクールの在り方をめぐる制度問題として議論されてきた経緯をまとめている。その上で「新たな公教育制度への道は，教育機会をはく奪された少数者へのまなざしが拓いていく」（57頁）と今後に向けた展望を述べている。

　第三章は外国につながりのある子どもたちへの教育保障について論じている。アメリカではハイスクールの退学者などに多層的なオルタナティブ教育を整備している都市があるのに対し，日本では外国にルーツを持つ子どもたちへの教育保障は「例外的対象」として位置づけられるにとどまっている実態を指摘している。加えて，公教育の「本体」についても「子どもの教育に就学義務を課すこと，あるいは義務教育とは何を意味するのかが問われなければならない」（83頁）と問題提起している。

　第四章ではアメリカのオルタナティブ教育を参照軸に，教育の平等保障と責任の観点から公教育の射程の再検討を行っている。ここでは家庭環境や自身の多様性ゆえに一条校の枠組みと合わないケースが増えており，全日制・通信制・定時制を横断した単位取得や「学校プラットホーム」の拡充などにより，「教育保障のあり方をより柔軟にしていくこと」（107頁）が求められると結論づけている。

　第五章では就学前教育・保育に焦点をあて供給主体の多様化を中心に改革の課題と可能性を考察している。ここでは，近年の改革の「保育の供給主体の多様化が，全体としては市町村の責任の希薄化と相まって最低限の質保障に課題を抱えながらも，個別には保障の質を確保するのみならず，高める可能性も有している」（124頁）一方で，保育者の待遇面での課題も指摘している。

　第六章では保護者や地域住民の参加の制度化について，学校運営協議会と地域学校共同本部とを中核とする連携と協働の政策展開，およびチームとしての学校を中心とする他職種との連携や協働に伴う学校や教員の専門性の変化について検討している。これらの取り組みによって「保護者や住民を担い手として位置づけた学校教育への転換」（148頁）が図られようとしているが，その一方で，地域や保護者の違いが新たな格差として顕在化する可能性も課題として指摘している。

第七章は一条校と家庭の教育責任の変容を対象とし，学校と家庭の役割分担論などを経て親の第一義的責任論に至った戦後の政策展開をたどり，教育保障と教育責任の問題を考察している。その上で，2000年代以降の第一義的責任論により，国と地方自治体が「自らの責任を回避しつつ，親を支援する立場に立って家庭教育への介入ができるようになった」（170-171頁）ことを課題として指摘している。

　第八章は教育と児童福祉との関係に注目して政策展開を整理し，アメリカとの比較の視点を含めて教育と児童福祉の交錯について考察している。ここでは「日本の学校などのメンバーシップ型組織とそれに併せて編制された政策資源と，成果主義や専門分化の相性の悪さ」（200頁）が課題として指摘されている。

　第九章は社会教育を取りあげ，人々の自発的な学習の公的支援を本旨としてスタートした戦後社会教育が，生涯学習概念の登場による変容を経て，一条校に接近し関係を深めつつある変化の過程をたどっている。ここでは「個人の要望」や「社会の要請」に応えるだけではなく，「社会そのものを形成することにこそ社会教育の責任がある」（225頁）という視点の転換が求められていることを指摘している。

3．本書の提起する論点

　くしくも本年1月には中央教育審議会において，「日本型」を冠する答申『令和の日本型学校教育の構築を目指して～全ての子供たちの可能性を引き出す，個別最適な学びと，協働的な学びの実現～（答申）』（2021.1.26，以下「答申」）がまとめられた。「答申」では「児童生徒の状況を総合的に把握して教師が指導を行うことで，子供たちの知・徳・体を一体で育む『日本型学校教育』は，諸外国から高い評価」（答申概要）を受けていることが指摘され，その方向性の堅持が強調されている。

　本書では「日本型」の公教育の「変容」，またはそこからの「離脱」，と表現されているのに対して，「答申」では「構築」が目指されている。このことは，両者がその目指すべき方向性において矛盾・対立していることを意味するものではない。日本の公教育システムについて教育制度の次元で多様化されつつある経緯と実態を正確に把握するところに本書の主眼が置かれているのに対して，「答申」においては学校をはじめとする公教育全体の機能の次元において，時代の変化に即応したかたちで再構築することが目指されているものと捉えられる。

　とすれば，両者の表現の差異が由来するところを掘り下げていけば，本書の提起している課題の輪郭が，よりはっきりと浮かび上がるのではないかと評者は考えた。

　本書が分析の中核においているのは，一条校を中核として整備されてきた日本の公教育制度の成り立ちとその到達点である。そして従来の日本型公教育の「変容」

やそこからの「離脱」を促しているのは（きわめて大括りに述べるならば），グローバルなスケールで生起している公教育を取り巻く急激な環境変化とニーズの多様化であるといえるだろう。一方「答申」においては，そうした環境変化を前提にICTやAIも公教育の仕組みの中に組み込みながら，新たな子どもの学びのかたちを社会全体として「再構築」しようとする志向性を持つものであるものと整理できよう。本書は過去から未来へと向かうベクトルで語られているのに対して，「答申」は「Society 5.0」をはじめとする未来の社会像とそのための教育から，現状をバックキャスティングしてその実践的課題をまとめたものであると言えよう。

　とすれば，これら両者は架橋されうるのか，またするとすれば，それはどのようになされるのか，というところに今後検討を重ねるべき理論的・実践的課題があるといえるだろう。この問題については，本書にかぎらず現時点では議論は未成熟であるが，少なくとも以下の2点は欠かすことのできない論点として指摘できよう。

　第一に戦後日本の教育行政において中核的機能を果たしてきた教育委員会制度についての議論である。この点について本書はほとんど触れていない。本書で提起されてきた各課題は，近年の教育改革において制度面での多様性と柔軟性を組み込みながら展開しつつあるが，これらが新たな公共像を確立することに成功するか，新たな疎外と格差を生じさせるものであるかについては，国の制度設計と教育現場とを仲介する役割を担う，教育委員会（または首長部局）のあり方を抜きに考えることはできないのではないか。

　第二に制度の運用における経営資源の課題，とりわけ「人」に関する課題である。というのも，規制が緩和されより柔軟化した制度の下では，それを活用していく人のあり方が実質的に公教育の内実を規定する側面が強くなるはずだからである。加えて本書が課題提起しているように，新たな公教育が学校や教育委員会の職員にはかぎられない多様なエージェントによって構成されるとするならば，その担い手たり得る多様な人材を，どのように見出し，育て，活用し，全体として組織化していくかが焦点となるのではないか。「人」の問題に関しては本書においても第一章や第五章，第六章等でその一部は論じられているものの，全体としてはやはり手薄である感は否めない。

　もとより，これらの点は単一の著作において解答が出されうる種の問いではなく，今後様々な角度から問われていくべき課題であると言えよう。本書は日本の公教育の現在に至るまでの到達点と課題を明らかにし，整理して示すことによって今後に向けた議論のたたき台を用意しているという点で，非常に意義深い試みであると位置づけられるだろう。今後の議論の展開に期待したい。

（静岡大学）

日本教育行政学会会則

施行　　　1965（昭和40）年 8 月23日

最終改正　2019（令和元）年10月19日

第 1 章　総　　則

第 1 条（名称）

本会は日本教育行政学会（The Japan Educational Administration Society）という。

第 2 条（目的）

本会は教育行政学の研究に強い関心を有する者をもって組織し，学問の自由と研究体制の民主化を尊重し，国内的，国際的な連絡と協力をはかり，教育行政学の発達と普及に寄与することを目的とする。

第 3 条（事業）

本会は前条の目的を達成するために次の事業を行う。

1．研究発表会の開催

2．研究年報・会報等の発行

3．会員の研究・共同研究および研究体制上の連絡促進

4．内外研究団体との連絡

5．その他の本会の目的達成に必要な事項

第 2 章　会　　員

第 4 条（会員の要件・種類と入退会）

① 本会の目的に賛同し，教育行政学の研究に強い関心を有する者をもって会員とする。本会の会員は個人会員と機関会員の 2 種とする。

② 本会に入会するには会員 2 名以上の推薦による。入会金は1,000円とする。

③ 本会を退会する者は，毎年 3 月31日までに文書により申し出るものとする。

第 5 条（会費の納入）

① 会員は会費を負担するものとし，会費は年額8,000円とする。ただし，

学生の会員（有職のまま大学に在学する者は含まない）は年額6,000円とする。

② 会員のうち2カ年度会費納入を怠った者は，本会から除籍される。

③ 当該年度の会費未納者にたいしては，研究年報が送付されない。

第6条（名誉会員等）

① 理事会は，満70歳以上の会員で，本会理事（事務局長を含む）を3期以上歴任した者を名誉会員として推薦し，総会の承認を得るものとする。

② 名誉会員は会費を負担しない。

③ 名誉会員および機関会員は役員の選挙権と被選挙権および総会における議決権をもたない。

第7条（会員の異議申立て権等）

① 会員は理事会および諸会議を傍聴し，発言を求めることができる。

② 会員は，本会の運営について，役員に説明を求めることができる。

③ 会員は，本会の運営について，常任理事会に異議を申し立てることができる。

第3章 役 員

第8条（役員の種類）

本会の事業を運用するために次の役員をおく。

会長 1名，理事 若干名，常任理事 若干名，事務局長 1名，幹事 若干名，監査 2名

第9条（理事・理事会・事務局長・幹事・監査）

① 理事は会員のうちから選出する。理事は理事会を構成し，本会の重要な事項を審議する。

② 事務局長および幹事は会長が委嘱し，会務を処理する。

③ 監査は理事会が総会の承認を得て委嘱し，本会の会計を監査する。

第10条（会長・会長代行）

① 会長は全理事の投票により理事のうちから選出し，総会の承認を得るものとする。会長は学会を代表し，会務を統括する。会長は事務局を定め，理事会その他の諸会議を招集する。

② 会長はあらかじめ常任理事のなかから会長代行を指名する。会長に事故あるときは，会長代行がこれに代わる。

第11条（常任理事）

　　常任理事は，会長が理事のうちから指名し，理事会の承認をうける。

第12条（役員の任期）

　　役員の任期は3年とする。ただし再任を妨げない。

第4章　総　　会

第13条（総会）

　　総会は本会最高の議決機関であって年1回これを開き，本会の重要事項を
　　審議決定する。

第5章　委員会

第14条（委員会の種類・委員長と委員の選任等）

　　①　本会に年報編集委員会，研究推進委員会および国際交流委員会を置く。

　　②　委員長は，会長が理事のうちから指名し，理事会の承認をうける。委
　　　　員は理事が推薦し，被推薦者のうちから，会長と委員長が協議し委嘱
　　　　する。とくに必要な場合は，被推薦者以外の会員に委員を委嘱するこ
　　　　とができる。

　　③　委員会の組織，委員の選任その他委員会に関する事項は，理事会が定
　　　　める委員会規程による。

　　④　本会には臨時に特別委員会を設けることができる。特別委員会は研究
　　　　課題について調査研究し，総会に報告する。

第6章　学会褒賞

第15条（学会褒賞）

　　①　本会に学会褒賞を設ける。

　　②　褒賞の種類，選考手続その他学会褒賞に関する事項は，理事会が定め
　　　　る規程による。

第7章　会　　計

第16条（経費）

　　本会の経費は会員の会費その他の収入をもってあてる。

第17条（予算）

　　理事会は予算案をつくり，総会の議に附するものとする。

第18条（会計年度）

　　本会の会計年度は毎年4月1日に始まり，翌年の3月31日に終る。

第8章　雑　　則

第19条（会則の変更）

　　本会則の変更は総会の決議による。

第20条（細則・規程）

　　本会を運営するに必要な細則および規程は理事会が定め，総会に報告する。

日本教育行政学会年報編集委員会規程

施行　　2007（平成19）年8月10日

第1章　総　則

第1条　日本教育行政学会年報は日本教育行政学会の機関誌で，会則第3条により，原則として1年に1回発行する。

第2条　日本教育行政学会年報の編集のために，会則第14条1項により，年報編集委員会を設ける。

第2章　編集委員の選出および編集委員会の組織と運営

第3条　①編集委員は，理事による被推薦者のなかから，編集委員長と会長が協議のうえ，会長が委嘱する。

②理事による編集委員の推薦に当たっては，会員の所属ブロックや被推薦者数を制限しないものの，その選出に当たっては，理事選出の各ブロックから少なくとも1名を選出するものとする。

③前項による編集委員の選出に当たり，理事による被推薦者のいないブロックが存する場合は，編集委員長と会長が協議のうえ，当該ブロック所属会員のなかから会長が委嘱する。

④編集委員の定員は14名を上限とする。

⑤編集委員の任期は3年とし，連続2期を超えてこれを務めることはできない。

⑥編集委員長の再任は認められない。

第4条　①年報編集委員会は，編集委員長が主宰する。

②年報編集委員会に，編集副委員長および常任編集委員を置く。

③編集副委員長は，編集委員のなかから，編集委員長と会長が協議のうえ，会長が委嘱する。編集副委員長は，編集委員長を補佐し，編集委員長に事故あるときはその職務を代行する。

④常任編集委員には，編集副委員長のほか，編集委員の互選による編集委員若干名を当て，会長がこれを委嘱する。常任編集委員会は，編集委員長が主宰し，編集委員長の示した議案を審議する。

⑤委員会の事務を担当するために，編集幹事を置く。編集幹事は，編集委員長が会員のなかから委嘱する。

第3章　年報の編集

第5条　本年報には教育行政学に関係ある未公刊の論文，資料，書評などのほか，学会報告その他会員の研究に関する活動についての記事を編集掲載する。

第6条　①本年報に論文の掲載を希望する会員は，各年度の編集方針と論文執筆要綱にしたがい，原稿を編集委員会事務局に送付するものとする。

②編集委員は「研究報告」に投稿することができない。本学会に入会後いまだ研究大会を経ていない会員も同様とする。

第7条　①年報編集委員会は論文執筆要綱を定めるものとする。

②本年報の各年度の編集方針は，編集委員会が合議によりこれを決定する。

第8条　投稿された論文の採否は，編集委員会が合議によりこれを決定する。

第9条　①採用された論文について，編集委員会は形式的ないし技術的な変更をくわえることができる。ただしその内容に関して重要な変更をくわえる場合には，執筆者と協議しなくてはならない。

②校正は原則として執筆者が行う。

③論文の印刷に関して，図版等でとくに費用を要する場合は執筆者の負担とすることがある。

第10条　本規程の改正は，理事会の議決による。

日本教育行政学会著作権規程

施行　　2012（平成24）年7月1日
最終改正　2019（令和元）年10月19日

1．この規程は，独立行政法人科学技術振興機構（JST）が運営する科学技術情報発信・流通総合システム（J-STAGE）事業への参加にあたって，著作権の帰属と著作物の利用基準を定め，日本教育行政学会年報（以下，年報とよぶ）の電子化（インターネット上での公開）事業とその運用を適正に行うことを目的とする。

2．年報の電子化の対象は，原則として，年報フォーラム，研究論文，シンポジウム，課題研究報告，書評など，学会年報に掲載されたすべての著作物とする。

3．著作権（著作権法第21条から第28条に規定されているすべての権利を含む。）は学会に帰属するものとする。

4．学会は，著作者自身による学術目的等での利用（著作者自身による編集著作物への転載，掲載，WWWによる公衆送信等を含む。）を許諾する。著作者は，学会に許諾申請する必要がない。ただし，刊行後1年間は，編集著作物への転載，掲載については学会事務局の許諾を必要とし，WWWによる公衆送信については，原則として許諾しない。また，学術目的等での利用に際しては，出典（論文・学会誌名，号・頁数，出版年）を記載するものとする。

5．著作者が所属する機関の機関リポジトリでの公開については，刊行1年後に限って無条件で許諾する。著作者自身および著作者が所属する機関による許諾申請をする必要がない。ただし，出典は記載するものとする。

6．第三者から論文等の複製，翻訳，公衆送信等の許諾申請があった場合には，著作者の意向を尊重しつつ，常任理事会において許諾の決定を行うものとする。

附記　本規程は，2019年10月19日より施行する。

日本教育行政学会年報論文執筆要綱

1984年2月22日編集委員会決定・1985年9月1日改正・1986年4月1日改正・1988年10月14日改正・1990年10月6日改正・1991年9月1日改正・1993年9月1日改正・1996年9月27日改正・2002年8月18日改正・2004年1月30日改正・2006年2月11日改正・2012年7月1日改正・2014年8月2日改正・2020年10月9日改正

1. 論文原稿は日本語，未発表のものに限る。ただし，口頭発表及びその配布資料はこの限りでない。

2. 原稿はワープロ等による横書きとし，A4判，天地余白各65mm，左右余白各50mm（10〜10.5ポイントフォント使用），34字×29行×17枚以内とする。ただし論文タイトル及び日本語キーワード（5語以内）に9行とり，本文は10行目から始め，小見出しには3行とる。注・引用文献については1枚あたり36字×33行の書式とする。図表は本文に組み込むことを原則とする。図表を別紙とする場合，本文にそれを組み込む位置を指示し，それに必要な空欄を設ける。なお，注・引用文献については，規定の文字数と行数で記述できるよう左右余白を調整することができる。

3. 原稿には氏名，所属等を記入しない。また，論文中（注釈を含む）に投稿者名が判明するような記述を行わない。

4. 論文は，電子メールと郵送（1部）により送付するものとする。電子メールでは，執筆者名がプロパティ等に記載されないように注意してPDFファイルの形式で保存した論文を送信する。

5. 別紙1枚に，論文タイトル，氏名，所属，職名等，連絡先，投稿時に他の紀要等に投稿している論文のタイトル（投稿先の学会名や紀要名は記さない。他に投稿している論文のない場合は，その旨を記す。）を記入し，論文本体には綴じないで，論文（1部）と共に郵送する。

6. 英語のキーワード（5語以内）を含め，論文本文と同様の書式で2枚以内の英文アブストラクト及びその日本語訳を，その電子データとともに提出する。英文アブストラクト及びその日本語訳には，氏名，所属等を記載しない。その提出期限は，編集委員長が，第一次査読結果に基づいて提出が必要と判定された投稿者個々に通知する。

7. 論文等の投稿については，毎年，1月末日までに，年報編集委員会指定の様式の投稿申込書を，電子メールもしくは郵送にて送付し，投稿の意思表示をする。

　3月末日までに電子メールと郵送によって論文を提出する（いずれも郵送の場合
　は消印有効）。

8．校正は原則として1回とする。執筆者は校正時に加筆・修正をしないことを原
　則とする。

9．抜刷を希望する執筆者は，原稿送付のときに申出ることができる。抜刷の印刷
　費は執筆者の負担とする。

10．本誌に掲載された論文等の著作権については，本学会に帰属する。また，著
　作者自身が，自己の著作物を利用する場合には，本学会の許諾を必要としない。
　掲載された論文等は国立情報学研究所電子図書館（NII-ELS）に公開される。

＜注および引用文献の表記法について＞
次のいずれかの方法で表記すること。

【表記法1】

①論文の場合，著者，論文名，雑誌名，巻，号，発行年，頁の順で書く。

　例

　　1）持田栄一「教育行政理論における『公教育』分析の視角」『日本教育行政
　　　学会年報』第1号，昭和50年，68頁。

　　2）Briges, Edwin M., and Maureen Hallian, Elected versus Appointed
　　　Boards : Arguments and Evidence, *Educational Administration Quarterly*, Ⅷ,
　　　3, Autumn 1972, pp. 5-17.

②単行本の場合，著者，書名，発行所，出版年，頁の順で書く。

　例

　　1）皇至道『シュタイン』牧書店，昭和32年，142-143頁。

　　2）Morphet, Edger L., et al., *Educational Organization and Administration:
　　　Concepts, Practices, and Issues*（4th ed.）, Englewood Cliffs, N. J. : Prentice-
　　　Hall Inc., 1982, p.160.

【表記法2】

①引用文献と注を区別する。注は文中の該当箇所に（1），（2）……と表記し，論
　文原稿末尾にまとめて記載する。

②引用文献は本文中では，著者名（出版年），あるいは（著者名出版年：頁）とし
　て表示する。同一の著者の同一年の文献については，a, b, c……を付ける。

例

しかし，市川（1990）も強調しているように……，……という調査結果もある（桑原1990a, 1990b）。

OECDの調査によれば，「……である」（OECD1981 : pp. 45-46）。

③引用文献は，邦文，欧文を含め，注のあとにまとめてアルファベット順に記載する。著者，（出版年），論文名，雑誌名，巻，号，頁の順に書く。

例

Holmberg, B.（1989）*Theory and Practice of Distance Education*, Routledge, pp. 182-189.

木田宏（1989）『生涯学習時代と日本の教育』第一法規。

Muranane, R. J. and Cohn, D.K.（1986）Merit pay and the evaluation problem : why most merit pay plans fail a few survive. *Harvard Educational Review,* vol. 56（1）, pp. 1-7

Bulletin of JEAS
CONTENTS

I. BULLETIN FORUM——Today's Social Situation and Issues of Educational Administration

Editor's Notes

Kazuhiro KOGA : The Actual Conditions and Serious Problems of Academic Administration and Educational Administration in Japan —Rejection of Appointment as Members of Science Council of Japan—

Daisuke SONOYAMA, Kemma TSUJINO, Diana ARIE, Nagomi NAKAMARU
: Features and Challenges in Educational Administration Through Comparative Analysis of Measures Against COVID-19: Focusing on Compulsory Education

Yasuhiko KAWAKAMI : How Does Educational Administration Research Analyze Problems of Teacher Supply? : Focuses on Labor Market Analyses and the Politics of Evidence

Haruo AUCHI : Teachers' Expertise and Civil Instruments –Focusing on the Assembly as a Civil Representative

Satoshi TANIGUCHI : Policies to Implement Informatization of Schools Pursuant to Policies to Growth Strategy:
Primarily Based on the Concepts of "Adaptive Learning" and "Data-Driven Education"

Tomoaki CHIKUSA : The Current Crisis and Challenges in Educational Administration

II. RESEARCH REPORTS

Shohei ASADA, Yoshihiro SAKAKIBARA, Chizuru MATSUMURA
: Dynamics of Teacher Personnel Changes Associated with School Consolidation
—Teacher Personnel Study Focusing on Teacher Organization in Unit Schools—

Saiko SADAHIRO : Institutional Principles and Systems to Allocate Educational Resources Considering the Socioeconomic Backgrounds in Sweden

Ⅲ. THE FIFTY-FIFTH ANNUAL MEETING: SUMMARY REPORTS

Public Symposium ——Issues in Legislation and Educational Administration
　　　　　　　　　　　Concerning the Ainu

Introduction　　　: Kimihito ATAKU, Yasuyuki TAMAI
Lectures　　　　　: Teruki, TSUNEMOTO, Mokottunas KITAHARA, Yukihito AKAMA
Discussion　　　　: Masahito OGAWA
Conclusion　　　　: Kimihito ATAKU

Research Focus Ⅰ ——Challenges of Research and Practice of Educational
　　　　　　　　　　　Administration Faced with Emergency Situations (1)

Summary　　　　　: Masaaki KATSUNO, Kazuko TAKANO
Presentation　　　: Tetsuhiko NAKAJIMA, Yoichi WATARI, Kaori SUETOMI
Conclusion　　　　: Masaaki KATSUNO, Kazuko TAKANO

Research Focus Ⅱ ——Inheriting and Developing the Essential Concepts and
　　　　　　　　　　　Propositions in the Study of Educational Administration:
　　　　　　　　　　　Interaction between Normative Theory and Empirical
　　　　　　　　　　　Analysis in the Post-War Era

Summary　　　　　: Natsuyo SEIDA
Presentation　　　: Hiroko HIROSE, Kazuhiko KONO, Toshiyuki OMOMO
Discussion　　　　: Koichi YAMASHITA
Conclusion　　　　: Satoshi TAKAHASHI

Workshop of the Young Scientists' Network——Career Development of Early Stage
　　　　　　　　　　　　　　　　　　　　　　　Researchers
　　　　　　　　　　　Midori UEDA, Masahiro MOTOKANE, Tomoaki CHIKUSA, Madoka
　　　　　　　　　　　ONO

Ⅳ. BOOK REVIEW

No.47 October 2021

The Japan Educational Administration Society

編集後記

　年報第47号を上梓いたします。新型コロナウイルス感染症の影響で，学会活動が著しく制約されている中で，例年通りに刊行することができました。ご協力いただきました会員の皆様に，心より御礼申し上げます。

　さて，年報フォーラムでは，新型コロナウイルス感染症のまん延，学術会議委員任命拒否などに象徴されるような今日の社会状況での教育行政学の課題を考えることをテーマとしました。会長にも学術会議委員任命拒否の問題に対する学会の対応も踏まえて，今後の課題について問題提起していただきました。各執筆者には，常任編集委員会での検討を踏まえて，その要望，意見に対応して論文を完成していただきました。

　研究報告は，投稿申し込みが34件あり，実際に投稿されたのは20件でした。この20件について，編集委員会で厳正な審査を行った結果，2件が掲載可となりました。掲載に至らなかった論文の中にも，テーマの興味深さ，着眼点の研究上の意義が認められるものは少なくなかったです。課題として指摘されたのは，結論に至る論証，学問研究上の意義，研究方法やデータの問題などです。研究論文としての基本を大切にして，十分に推敲を重ねて投稿されることを期待したいと思います。

　大会報告につきましては，公開シンポジウム，課題研究Ⅰ・Ⅱ，若手ネットワーク企画の各報告を掲載しております。課題研究については，Ⅰは10月の大会時に，Ⅱは12月に特別に開催されたものです。取りまとめていただきました会員の皆様，ご執筆いただきました皆様に御礼申し上げます。

　書評は，共著のものも含めて9冊を取り上げています。書評をご執筆いただきました会員の皆様に御礼申し上げます。

　英文校閲は，引き続き千葉大学のBeverley Horne先生にお願いいたしました。ていねいな校閲をしていただきました。どうもありがとうございました。引き続きお世話になります。どうぞよろしくお願い申し上げます。

　なお，本号より，年報の体裁を若干変更しております。一つは，ビニールカバーを廃止いたしました。ページ数確定後にビニールカバーを作成する必要があるため，刊行スケジュールを圧迫していました。昨今はそうした体裁の書籍がほとんど見られなくなったこともあり，廃止して，余裕をもって編集作業に当たりたいと考えた次第です。もう一つは，販売促進上の理由から，裏表紙にバーコードを印刷し，英文目次を巻末に印刷することといたしました。いずれも，教育開発研究所からのご提案，ご要望をいただいた変更点です。また英文アブストラクトは，抜き刷りの作成を考えて，各論文の後に印刷することといたしました。上記の変更は，編集委員会，常任理事会で検討のうえ，決定いたしました。

　最後になりましたが，教育開発研究所の福山社長，編集部の尾方様には，新型コロナウイルス感染症拡大の時期に関わらず，例年通りの刊行に向けて，多大なご支援，ご協力を賜りました。心より感謝申し上げます。

（2021年8月23日　第19期年報編集委員長　竺沙　知章）

日本教育行政学会年報47

今日の社会状況と教育行政学の課題

———————————————————————

2021（令和3）年10月1日　発行

編　　集
発 行 人　日本教育行政学会

発 売 元　㈱教育開発研究所

〒113-0033　東京都文京区本郷2-15-13

電　　話　03-3815-7041㈹

振　　替　00180-3-101434

———————————————————————

ISBN978-4-86560-545-7 C3037